KB274337

21세기의 한미동맹은 어디로?

21세기의 한미동맹은 어디로?

정 욱 식 지음

한울

이 도서의 국립중앙도서관 출판시도서목록(CIP)은 e-CIP 홈페이지(http://www.nl.go.kr/ecip)에서
이용하실 수 있습니다.(CIP제어번호: CIP2008001198)

사랑하는 아내 김혜련과 딸 지민이,
그리고 양가 부모님께 이 책을 바칩니다.

머리말

이 책의 본문 초고를 마무리하고 머리말을 쓰려던 참에, 이명박 대통령과 부시 대통령 사이의 첫 한미정상회담에 대한 소식을 접했다. 4월 중순에 이명박 대통령이 미국을 방문해 한국 대통령으로는 처음으로 워싱턴 인근 캠프 데이비드 별장에서 부시 대통령을 만날 예정이라고 한다. 핵심적인 의제는 '한미동맹 강화'다. 부시-노무현 시기 한미동맹에 정통한 마이클 그린 전 NSC 아시아담당 선임보좌관이 "노무현 대통령의 한미동맹에 대한 기여도는 전두환, 노태우 이상"이라고 말할 정도로 이미 한미동맹은 강화되었는데, 얼마나 더 강화하겠다는 것인지 걱정이 들지 않을 수 없다.

또 한 가지 떠오른 것은 부시 대통령이 이명박 대통령을 캠프 데이비드에 초청하기 일주일 전에 한반도의 북쪽 지도자를 향해 한 말이었다. 부시는 "나는 김정일과 개인적인 유대를 맺지 않을 것이다. 그런 관계는 불가능하다"라고 말했다. 예단할 필요는 없지만, '김정일과 부시가 만나 한반도와 동북아 역사에 새로운 장을 열 것'이라는 기대감에 찬물을 끼얹는 발언이 아닐 수 없었다. 미국 대통령이 북한의 지도자와는 개인적인 유대를 맺고 싶지 않다고 하고, 남한의 대통령과는 개인적인 유대를 강화하기 위해 자신의 별장에 초대한 것만큼 오늘날 남·북·미 3자관계에 큰 시사점을 주는 것도 없다. 더구나 김정일은 "목이 마를 정도로 부시 대통령과 춤을 추고 싶다"고 하지 않았던가?

최근 한반도 정세를 보면, 냉전 시대로 되돌아간 느낌마저 든다. 때 아닌 한미동맹 강화론이 서울과 워싱턴에서 맹위를 떨치고 있고, 이명박

정부의 선미후북(先美後北) 노선과 '비핵·개방 3000' 구상에 실망한 북한
은 연일 대남 공세를 퍼붓고 있다. '2008년 낙관론'의 기초를 제공했던
북미관계마저 심상치 않다. '한미동맹이 강화되면 남북관계도 북미관계
도 좋아질 것'이라던 이명박 대통령의 공언과는 반대로, 한미동맹만 강화
되고 남북관계와 북미관계 모두 거꾸로 가는 것이 아닌지 걱정이다.

개인적으로 이 책은 『미군없는 한국을 준비하자』와 『동맹의 덫: 지독한 역설, 두 개의 코리아와 미국』에 이어 세 번째로 쓴 한미
동맹과 주한미군에 대한 글이다. 평화운동과 연구를 막 시작했을 때 내놓
은 『미군없는 한국을 준비하자』는 친미와 반미 모두 '미국 중심주의'에
갇혀 있다는 문제의식을 바탕으로, 상대방에 대한 '이념적 낙인찍기'라는
재단의 칼을 내려놓고 소통과 공론화 구조를 마련해보자는 취지를 담았
다. 한반도 핵위기가 정점에 달하고 한미동맹이 퇴행적으로 재편되고
있던 2005년에 출간된 『동맹의 덫』은 숭미(崇美)와 공미(恐美)가 혼합된
남한의 '친미 사대주의'와 북한의 '반미 사대주의' 모두 한반도의 운명을
타자화하고 있다며, 남북한이 남북관계를 중심에 놓고 '탈미(脫美)'를 모
색할 때 비로소 지난 세기와는 다른 미래 설계가 가능하다는 주장을
담았다.

이 책은 이러한 문제의식의 연장선상에 있다. 한미동맹과 주한미군에
대한 기존의 문제의식을 발전시켜 이 책에 담은 관점과 철학은 크게
세 가지다. 첫째, 미국을 바라보는 선과 악의 이분법적 시각의 극복이다.

친미주의에 내재되어 있는 대미관은 미국의 정체성과 세계관을 보편주의로 수용하면서 '한미관계의 강화가 곧 국익이고 국제사회에 기여하는 것'이라는 프레임에 갇혀 있다. 때때로 그것이 '용미론'으로 포장되기도 하지만, 이러한 실용적 수사는 맹목에 가까운 친미주의를 은폐하는 기능 이상을 하지 못하고 있다. 반면 반미주의에 만연한 대미관은 '미국은 한반도의 평화와 통일을 가로막는 걸림돌이자 몰아내야 할 외세'라는 인식에 기초해 있다.

이와 같은 미국에 대한 이분법적 시각은 북한에 대한 인식과도 맥락이 닿아 있다. '친미＝반북', '반미＝친북'이라는 프레임이 우리 사회에 여전히 강한 것은 결코 우연이 아니다. 이러한 이분법적 시각은 미국에 대한 객관적이고 냉철한 이해를 저해할 뿐만 아니라, 한국의 상상력과 실천력을 제약하는 부작용을 낳고 있다. 이에 따라 필자는 미국에 대한 도덕주의적·선험적·정태적 규정을 거부한다. 이에 대한 대안으로 '있는 그대로의 미국'을 바라보도록 노력하고, 사안에 따라 미국에 대한 평가를 달리하며, 시대와 정권에 따라 미국은 다를 수 있다는 관점에서 접근하려고 한다. 이러한 관점은 현실적·실용적·동태적 접근법이라고 할 수 있다.

둘째, 한미동맹과 주한미군을 목적이 아닌 수단으로 바라보는 관점이다. 이라크 파병, 주한미군 재배치 및 이전 비용, 반환기지 환경치유, 대북정책 등 지난 수년간 한국 사회를 뜨겁게 달구었던 논란에서도 잘 드러난 것처럼, '한미동맹을 위해서'라는 말 한마디는 모든 이성을 압도하는 현실적인 힘이 되어왔다. 한미동맹 자체를 목적으로 하지 않고서는 가능하지 않은 일들이다. 이처럼 한미동맹을 목적으로 간주하면 수단과 목적의 전도 현상이 발생한다. 냉전과 남북대결 시대에 한국의 핵심적인 목적은 북한의 남침을 억제하고 한반도 정전체제를 안정적으로 관리하는 것이었고, 주한미군을 비롯한 한미동맹은 이를 위한 유력한 수단으로 기능했다. 그러나 이러한 '소극적 목적'을 지나 한반도와 동북아의 평화체제 구축, 평화적 통일 실현이라는 '적극적 목적'을 추구해야 할 시점에도 한미동맹 자체를 목적으로 간주하게 되면, 목적이 수단에 종속되는 결과를 초래하게 된다. 이명박 정부가 한반도 평화체제 구축보다 한미동맹 강화를 우선하고 있는 것은 이와 같은 목적과 수단의 전도 현상을 잘 보여준다.

이러한 문제의식을 바탕으로 필자는 한미동맹을 '수단'으로 바라보려 한다. 주한미군의 주둔 여부를 비롯한 한미동맹의 존속 여부에 대해 선험적인 결론을 내리기에 앞서, 우리가 추구해야 할 목적이 무엇이고 그 목적에 따라 한미동맹을 어떻게 자리매김하는 것이 바람직한지 따져보는 방식으로 접근하고 있는 것이다. 이러한 관점을 바탕으로 필자는 한미동맹의 자연스러운 종결을 선호한다. 즉, 한반도와 동북아의 평화체제 구축, 평화적 통일 실현이라는 적극적 목적과 한미동맹 사이의 상관관계를 분석하면서, '목적의 적극적인 달성'과 '수단의 자연스러운 종결' 간의 조합을 도모하고 있다.

셋째, 미시와 거시, 자아와 타자를 함께 바라보는 '통합적' 관점이다. 한미동맹의 재편 원인과 성격은 미국의 신군사전략을 제대로 분석하지 않고서는 이해하기 어렵다. 전자가 미시라면 후자는 거시에 해당된다. 미사일방어체제(MD)를 액면 그대로 '방어용 무기'로 이해하는 것은 미시적 사고다. 반면 미국의 예방적 선제공격 전략을 포함한 거시적 전략을 함께 이해하면, MD에 대한 통합적 접근이 가능해진다. 한미동맹의 미래와 전략적 가치를 접근할 때에도 마찬가지다. 한미동맹을 한미관계나 한반도 차원이라는 미시적 수준에 가두지 않고, 미국 패권의 쇠퇴, 중국의 부상, 러시아의 부흥, 일본의 우경화, 중동 정세의 불안, 유럽의 통합 등 좀 더 거시적인 수준에서의 세계 권력 지도의 재편이라는 맥락에서 바라볼 때, 나무는 보되 숲을 보지 못하는 어리석음을 줄일 수 있을 것이다.

자아와 타자 간의 통합적 관점도 중요하다. 한미동맹은 유력한 안보 수단이고, 안보는 상대가 있는 게임이다. 그런데 자아에 해당하는 한미관계와 타자에 해당하는 북한, 중국, 러시아 등을 함께 바라보지 못하면, 진단도 처방도 제대로 나올 수 없다. 한미동맹 강화를 통해 자아의 안보를 강화하려는 시도가 타자의 반작용을 야기해 오히려 자신의 안보를 위태롭게 하는 '안보 딜레마'를 야기하기 때문이다. 자아와 타자의 구분은 국가 간의 관계에만 한정되는 것이 아니다. 다원적 민주주의 국가인 한국 사회에서 한미동맹만큼 다양한 스펙트럼이 드러나는 이슈도 드물다. 가령 이명박 정부가 한미동맹 강화를 위해 방위비 분담금을 크게 올리거나 MD 등 미국 주도의 세계전략에 정식 참여할 경우, 한국의 진보적·개혁적 시민사회 진영과 정면으로 충돌할 수밖에 없다. 이는 한미동맹에 대한 국민의 지지도를 약화시키고 한미관계의 건강한 발전에 커다란 장애요인이 될 수 있다. 민주화되고 역동적인 시민사회를 갖고 있는 한국은 더 이상 '단일한 행위자'로 존재하지 않는다는 것이다.

이 책은 모두 일곱 개의 장과 보론, 그리고 부록으로 구성되어 있다. 제1장에서는 한미동맹의 '상식 밖'의 변화를 개괄하고 그 지속 가능성을 시론적 차원에서 검토했다. 이 책의 서론이라고 할 수 있다. 제2장에서는 부시-노무현 시기에 한미동맹이 근본적으로 바뀌게 된 원인을 추적했다. 특히 '자주'를 앞세운 노무현 정부 때 한미동맹이 퇴행적으로 재편된 이유를 규명해보려 했다. 아울러 한미동맹 비대칭성에 대한 새로운 이론화를 시도해보았다. 제3장에서는 한미동맹 재편의 구조적 원인으로서 미국의 신군사전략이라고 불리는 '부시 독트린'을 자세히 해부했다. 이는 부시 독트린과 한미동맹 사이의 관계를 밝히는 데 가장 중요한 부분이다. 제4장에서는 한미동맹 재편의 특징과 성격을 다뤘다. 이 책에서 가장 중요한 부분으로, 한미동맹이 과거와 어떻게 달라지고 있고 그것이 왜 문제인지를 보여주려 했다.

제5장에서는 동맹의 지속성을 고찰했다. 한미동맹의 지속성을 평가하기 위한 분석틀을 모색하고, 한미 양국이 동맹의 종결을 선택할 가능성을 검토해보았다. 제6장에서는 한미동맹에 근본적인 질문을 던진다. 전략적 유연성과 한국의 생존은 양립할 수 있는지, 한미동맹을 유지한 상태에서 한반도 평화통일과 동북아 평화체제 구축이 가능한지 등을 종합적으로 묻고 따져보았다. 결론에 해당하는 제7장에서는 한미동맹은 결코 안정적인 '보험'이 아니라고 보면서, 한미동맹의 대안과 '주한미군 없는 한미관계'의 미래상을 제시해보았다. '이명박 시대의 한미동맹'을 다룬 보론에서는 '실용주의'라는 정치적 수사와는 달리 이명박 정부가 '한미동맹 강화=국익'이라는 프레임에 갇혀 오히려 국익을 저해하는 대미외교를

펄칠 가능성을 경계했다. 책 말미의 부록에는 상호방위조약을 비롯한 한미동맹 관련 주요 문서들을 모아두었다.

이 책의 전반부는 필자의 석사논문을 수정·보완한 것이다. 이 자리를 빌려 논문심사 과정에서 애정 어린 비판과 충고를 해주신 북한대학원 대학교(이전 명칭 경남대 북한대학원)의 함택영 교수님, 구갑우 교수님, 양무진 교수님께 감사의 말씀을 드리고자 한다. 또한 이 책의 출판을 흔쾌히 수락하고 교정·편집하느라 고생하신 도서출판 한울 식구들에게도 감사의 뜻을 전한다. 끝으로 지난 9년간 평화네트워크를 물심양면으로 도와주신 많은 분들과 필자와 함께 '평화를 만드는 작지만 큰 힘'이 되고자 열악한 환경에서도 열심히 일하고 있는 활동가들에게도 고마움을 표하고 싶다.

2008년 4월 필운동 사무실에서

정욱식

차례

제 **7** 장 결론: '미군 없는 21세기의 한미관계'를 위하여

보론 이명박 시대의 한미동맹

부록 한미동맹 관련 문서

제1장

문제 제기

"노무현 대통령은 국내를 의식한 반미 발언으로 미국을 당혹하게 했다. 그러나 한미동맹에 그가 한 기여는 전두환·노태우 이상이다." *

1. 한미동맹 이대로 좋은가?

1) 불만 뒤에 숨어 있는 미국의 미소

오늘날 한미동맹을 진단하는 목소리는 다양하다. 김대중-노무현 정부의 반미 노선으로 한미동맹이 최악의 위기에 빠졌다는 평가에서부터 한미동맹이 미국 패권주의의 도구로 변질되고 있다는 평가에 이르기까지, 한국 사회의 이념적 양극화를 상징하듯 스펙트럼은 매우 넓다. 2007년 한국 대선에서도 이러한 경향은 그대로 반영되었다. 이회창 전 한나라당 총재는 "우리 안보의 보루였던 한미동맹이 존폐의 기로에 서 있다"며 '대한민국을 살리겠다'는 슬로건을 내걸고 출사표를 던졌다. 반면 민주노동당의 권영길 후보는 "한미동맹이 해체되고 주한미군이 철수되어야

---

* 마이클 그린 前 백악관 NSC 아시아 담당 선임보좌관, 2008년 2월 15일자 ≪중앙일보≫ 인터뷰.

한반도의 진짜 평화가 실현된다"며, 한미동맹 해체를 핵심적 공약으로 내세웠다. 결국 '경제 살리기'를 전면에 내건 한나라당의 이명박 후보가 당선되었는데, 이명박 대통령은 '한미동맹 강화'를 핵심적인 목표로 제시하고 있다.

노무현 정부 시기의 한미동맹을 평가하는 미국의 시각도 역시 흥미롭다. 미국외교협회(CFR)는 미국의 여러 전문가와 언론의 평가를 종합해 한미동맹은 대단히 취약한 상태에 있다고 지적했다.[1] 또한 키신저(Henry Kissinger)는 북핵 문제에 대한 한국의 미온적 태도를 비판하면서 "한국은 미국과의 동맹보다는 미중 양국 사이의 등거리 외교를 추구해왔다"고 주장했다.[2] 여기서 더 나아가 북핵 문제를 둘러싼 한미 간의 갈등과 한국의 탈미친중(脫美親中) 경향으로 한미동맹이 지속되기 어려울 것이라는 전망까지 나왔다.[3]

그러나 정작 미국 정부는 상당히 만족한 기색이다. 미 국무부는 「2004 회계연도 업무 및 회계 평가 보고서」에서 2사단 재배치는 "목표 달성"했고, 용산기지 이전 합의는 "초과 달성(above target)"했다고 말했다. 언론 플레이를 통해 한국 정부에 자주 불만을 토로했던 리처드 롤리스(Richard P. Lawless) 국방부 부차관보 역시 2006년 9월 27일 미 의회 청문회에서 "용산기지와 2사단 이전은 정치적으로 쉽지 않은 문제였고 대단히 야심에 찬 계획"이었음에도 불구하고 대단히 빠른 시일 내에 합의에 도달할

---

1) http://www.cfr.org/publication/11459/fragile_ussouth_korea_alliance.html.

2) Henry Kissinger, "Denuclearizing North Korea," *Washington Post*(November 12, 2006).

3) Patrick M. Morgan, "The US-ROK Alliance: An American View," *The US-Korea Relations in the 21st Century: Challenges and Prospects*, ICKS-KAUPA-SIGUR Annual Conference 2006(October 6~8, 2006).

수 있었다고 강조했다. 특히 그는 이에 적극적으로 협력한 노무현 정부는 "인정받을 가치가 있다"라고 말하기도 했다. 그리고 마이클 그린(Michael Green)은 "한미동맹에 대한 (노무현 대통령의) 기여는 전두환·노태우 이상이다"고 말했다. 한국과 미국 사이에 '한미동맹 위기론'이 뜨겁던 시기에, 미국 정부는 상당한 만족감을 갖고 있었던 것이다.

그리고 '한미동맹 강화'를 내세운 이명박 후보가 당선되면서, 미국 내에서는 한미동맹이 새로운 전기를 맞이하게 되었다며 환영의 목소리가 높다. 이러한 분위기를 반영하듯, 이명박 대통령 당선 직후 한미관계에는 '최초'가 잇따라 나오고 있다. 1월 하순 이명박 당선인의 특사로 워싱턴을 방문한 정몽준 일행을 미국 대통령이 '최초로' 면담했고, 그 직후 미국 하원과 상원은 이명박 당선 축하 결의안을 '최초로' 채택했으며, 부시 대통령은 1942년 캠프 데이비드 개장 이후 '최초로' 한국 대통령을 초청 했다.

2) 반세기를 능가한 5년간의 변화

이처럼 한미동맹 재편을 바라보는 시각이 다양하지만 한 가지 분명한 것은 한미동맹이 근본적으로 바뀌고 있다는 점이다. 이와 관련해, 노무현 대통령은 "내가 대통령이 되고 난 뒤 한미동맹 관계에 여러 많은 변화가 있었다"며 이는 "피할 수 없는 변화"라고 말했다.[4] 버웰 벨(Burwell B. Bell) 주한미군 사령관 역시 2006년 3월 초 미 상원 군사위원회 청문회에 서 한미동맹이 북한의 남침 억제 및 억제 실패 시 격퇴라는 "단일한 목적의 동맹에서 공유된 민주적 가치와 공동의 이익에 기반을 둔 포괄적

---

4) 청와대 브리핑, 2005년 6월 8일.

인 동맹으로 발전해왔다"라고 설명했다.[5]

　실제로 2002년 말부터 2007년까지 한미동맹은 괄목할 만한 변화를 보여왔다. 김대중 정부 말기인 2002년 12월 워싱턴에서 열린 제34차 한미연례안보협력회의(SCM: Annual ROK-US Security Consultative Meeting)에서 한미동맹 재편을 추진하기 위한 미래한미동맹정책구상회의(FOTA: Future of the ROK-U.S. Alliance Policy Initiatives)를 발족하기로 합의했고, 2003년 5월 노무현 대통령과 조지 W. 부시(George W. Bush) 대통령은 워싱턴 한미정상회담에서 공동성명을 발표해 한미동맹을 "현대화"하기로 했다. 또한 2004년 8월에는 한미 양국 정부가 용산기지 이전 협정과 연합토지관리계획(LPP: Land Partnership Plan)에 가서명하고 그해 12월 국회 비준 절차를 거침에 따라, 용산기지와 2사단을 평택권으로 이전하기로 합의했다. 2005년 11월 경주에서 열린 한미정상회담에서는 한미동맹의 지역적 역할 강화 및 가치동맹으로의 발전을 골격으로 하는 '한미동맹과 한반도 평화 공동선언'이 채택되었고, 2006년 1월 한미 간의 첫 전략대화에서는 주한미군의 전략적 유연성에 대한 합의가 이뤄졌다.

　그리고 2006년 10월 제38차 SCM에서 "2009년 10월 15일 이후부터 2012년 3월 15일 사이에 신속하게 한국으로의 전시작전통제권(전작권) 전환을 완료하기로 합의"한 데 이어, 2007년 2월 23일 한미국방장관회담에서는 2012년 4월 17일까지 전작권을 환수하고 한미연합사령부도 해제하기로 했다. 또 2007년 11월 7일에 열린 제39차 SCM 회의에서는 유엔사, 실질적으로는 주한미군이 맡아온 정전관리 책임을 2012년 4월 17일 이전에 한국군으로 이양하기로 했다. 이러한 일련의 양상들은 노무현 정부 임기 5년 동안의 변화가 그 이전 50년간의 변화를 능가하고 있다고

---

5) http://www.pacom.mil/speeches/sst2006/060307-SASC-FY07.shtml.

해도 과언이 아님을 보여준다.

이러한 괄목할 만한 한미동맹의 변화는 많은 의문을 낳고 있다. 1990년대 초와는 반대로 북핵 문제가 악화되는 등 한반도 안보 환경이 크게 바뀌지 않았음에도 한미동맹 재편이 이뤄진 이유는 무엇인가? 한미동맹이 바뀌고 있다면 무엇이 달라지고 있고, 그 변화의 목적은 무엇인가? 한미동맹은 강화되고 있는가, 약화되고 있는가? 강화되고 있다면 그 이유는 무엇이고, 약화되고 있다면 그 이유는 무엇인가? 미국의 요구를 대부분 들어주었는데도 왜 '미국이 한국을 믿지 않는다'는 논란이 끊이지 않는가? 한미동맹의 재편 결과는 한미상호방위조약에 위배되는 것인가? 한미동맹 재편이 미국의 세계전략에 따른 것이라면, 10조 원에 달하는 주한미군 기지 이전비용을 대부분 한국이 부담하게 된 이유는 무엇인가? 전시작전통제권이 환수되면 한국의 군사주권은 회복되는 것인가? 주한미군의 전략적 유연성과 원하지 않는 분쟁에의 불개입은 양립 가능한 것인가? 한미동맹 재편은 한반도 평화체제와 통일, 그리고 동북아 평화체제 실현과 양립 가능한가? '자주'를 표방한 노무현 정부 시기에 부시 행정부가 원하는 방향으로 동맹이 재편된 까닭은 무엇인가?

이러한 많은 의문 가운데, 이 책에서는 한미동맹이 '어떻게' 바뀌고 있고 그 이유는 무엇인가를 규명하는 데 우선 초점을 맞췄다. 한미동맹 재편의 양상과 성격, 그리고 그 원인을 규명하는 것은 앞에서 제기한 질문 중 많은 것들을 포괄하고 있을 뿐 아니라, 포괄하지 못한 의문을 푸는 데 기초가 되기 때문이다.

이러한 접근법을 통해 입증하고자 하는 주장은 크게 두 가지다. 하나는 한미동맹의 성격이 근본적으로 변하고 있다는 것으로서, '한국 방위의 한국화', 방어형에서 공격형으로, 한국 방위에서 지역동맹으로, 군사동맹에 가치동맹이 부가하는 형태로 변화되고 있다는 것이다. 다른 하나는 이러한 결과를 낳게 된 원인으로서, 한미 양국 정부가 모두 동맹 재편의 의지를 갖고 있었으나 부시 행정부는 구체적인 계획과 목표를 갖고 있었고 노무현 정부는 그렇지 못해, 결과적으로 미국의 신군사전략에 한미동맹이 포섭되는 결과를 낳았다는 것이다. 이는 한미동맹 재편이 미국에게 유리하게 전개된 이유에 힘의 불균형 등 구조적 요인 못지않게 한미 양국 사이의 '준비의 불균형'과 '협상 전략의 불균형' 등 주체적 요인도 있음을 뜻한다.

　이러한 두 가지 주장의 기저에는 노무현 정부 시기에 '한미동맹이 약화되었다'는 통념과는 달리, 그리고 노무현-부시 시기 한미 양국 사이의 '신뢰의 위기'에도 불구하고, 군사능력과 미국의 세계전략의 관점에서 볼 때 한미동맹은 강화되었다는 판단이 깔려 있다.

3) 한미동맹, 무엇이 문제인가

　앞서 언급한 것처럼, 노무현-부시 시기의 한미동맹에는 미국의 신군사전략이 강하게 투영되었다. 이는 크게 세 가지로 정리할 수 있다. 첫째는 한미 양국이 공동의 적으로 삼아왔던 북한에 대한 목표와 한미 간 역할의 변화다. 이는 북한의 남침 억제 및 억제 실패 시 격퇴를 골자로 한 기존의 '방어형 동맹'에 더해, 북한에 대한 예방적·선제적 군사 개입을 포함한 '공격형 동맹'의 성격이 부가되는 방향으로 진행되고 있다. 이러한 성격 전환에서 한미 간의 역할 분담이 이뤄지고 있는데, 전통적인 한미동맹의 임무인 대북 억제 및 방어의 주도적인 역할은 한국군이 맡고, 주한미군을 포함한 미군은 대북 억제 및 방어에는 보조적인 역할을 하면서 북한의 대량살상무기(WMD) 보유 및 확산 저지를 주된 임무로 삼고 있다. 이러한 성격 전환은 부시 행정부의 '예방전쟁' 개념과 노무현 정부의 자주국방

의지가 한미동맹에 강하게 투영된 결과이기도 하다.

둘째는 한미동맹의 지리적 범위 및 역할과 관련된 것으로서, 한국 방위 동맹에서 '지역동맹'으로의 확대다. '한국 방위의 한국화'를 통해 대북 억제 및 방어의 주된 임무를 한국군에게 넘긴 미국은 주한미군의 전략적 유연성을 확보해, 중국이 미국의 전략적 경쟁자로 부상하는 것을 예방하고, 봉쇄하는 것을 비롯한 지역적 역할 강화를 추구하고 있다. 이는 부시 행정부가 중국을 군사적인 측면에서 '전략적 경쟁자'로 규정하고 중국이 미국과 대등해지려는 노력을 좌절시키겠다(dissuade)는 대중국 군사전략이 한미동맹에도 적용되고 있다는 것을 의미한다.

셋째는 한미동맹에 '가치동맹' 개념을 부가해, 한미동맹의 지리적 범위를 전 세계로 확대하고 있다는 점이다. 한미 양국은 한미동맹이 군사적 위협에 대처하기 위한 것일 뿐만 아니라 전 세계에 걸쳐 민주주의, 시장경제, 자유와 인권이라는 공동의 가치를 증진하는 것도 그 목적이라고 밝혔다. 그리고 특히 테러리즘 및 WMD 확산이 이러한 가치를 위협하는 핵심적인 요소라고 규정하고 이에 대한 공동 대응을 강조하고 있다. 이는 2기 부시 행정부가 자유와 민주주의의 확산을 대외정책의 기조로 내세우면서 미국식 체제를 세계화하려는 전략적 의도가 한미동맹에도 반영된 것이라 하겠다. 아울러 한미 FTA가 체결되면서 가치동맹은 더욱 가속화되고 있다.

이처럼 미국이 규정한 새로운 위협에 대처하는 방향으로 한미동맹이 재편되면서, 여러 가지 중대한 문제점이 드러나고 있다. 첫째, 동맹 재편의 한 당사자인 노무현 정부의 의도 여부와 관계없이 한국에 대한 안보 위협이 증대될 수 있다는 점이다. 한국에 대한 테러 위협이 증대되고 북핵 문제가 평화적으로 해결되지 않을 경우 미국의 대북 군사행동에 유리한 군사적 환경이 조성될 수 있으며, 미중 간의 군사 충돌에 휘말릴 위험성도 이전보다 높아지고 있는 것이다.

둘째, 한미동맹이 한반도 평화체제 구축 흐름과 역행하고 있고, 또 평화체제 구축을 어렵게 할 수 있다는 점이다. 한반도 냉전체제의 핵심이 군사 문제고 또한 다른 분야에 비해 군사 문제의 진전이 더딘 반면, 한미동맹이 전력증강에 기반을 둔 공격적 성격으로 재편되는 것은 한반도 군사적 신뢰구축 및 군축을 더욱 어렵게 할 것이다.[6] 아울러 한반도를 완충지대로 삼아온 중국의 경계심을 자극해, 중국이 한반도 체제 현상유지를 더 선호하게 될 공산도 크다.

셋째, 첨예해지고 있는 동북아의 군비경쟁에 한국이 휘말려들고 동북아 다자간 안보협력체제의 구축이 더욱 어려워질 수 있다. 투입 가능성의 높고 낮음을 떠나 주한미군의 전략적 유연성이 미중 간의 군사 충돌에 대비하기 위한 속성을 갖는다면, 중국도 주한미군 기지를 미사일 공격 대상에 포함시키는 등 대비책을 세우게 될 것이다. 이렇게 되면 한국 내에서 '중국위협론'이 고조될 수 있는데, 이는 한국의 전력증강과 한미동맹 강화론으로 귀결될 것이다.

넷째, 동맹 유지비용과 자국의 전력증강비는 반비례 관계인 것이 보통인데, 오늘날의 한미동맹 재편은 동맹의 유지비용과 한국의 국방비를 함께 끌어올리고 있다는 점이다. 미국은 병력을 감축하면서도 방위비 분담 의지를 '우정의 척도'로 삼겠다며 한국에 방위비 분담금 증액을 요구하고 있다. 또한 노무현 정부는 자주국방과 국방개혁이라는 미명하에 군비를 대폭 증강시켰고, 일례로 임기 5년간 국방비 증액률은 무려 56%에 달했다. 이는 남북관계와 주변국 관계에 외교안보적 영향을 미친

---

6) 한국의 국방정책이 평화체제 구축이라는 관점을 반영해야 할 필요성에 대한 글로는 함택영, 「한국 국방정책의 도전과 선택」, ≪한국과 국제정치≫, 제19권 4호(2003) 참조.

것은 물론이고, 양극화 해소 등 국민의 삶의 질 개선과 복지 증진에 사용되어야 할 소중한 예산을 낭비하는 결과를 낳았다.

물론 한미동맹 재편이 완결되지 않았기 때문에, 이와 같은 성격 규정과 그 문제점은 '잠정적인 것'이라고 할 수 있다. 남북관계와 북미관계, 그리고 갈수록 그 중요성이 더해지고 있는 미중관계의 변화 양상에 따라 한미동맹은 또 다른 형태로 바뀔 가능성이 얼마든지 있다. 또한 지난 5년간 한미동맹 재편이 노무현 정부와 부시 행정부라는 핵심적 행위자의 조우에 상당한 영향을 받은 만큼, 향후 한미 양국의 정치 리더십의 성향과 정책도 중요한 변수다. 이와 관련해 한국에서는 한미동맹 강화를 주창해 온 이명박 한나라당 후보가 대통령에 당선되었고, 미국은 2008년 11월에 대선이 예정되어 있다.

한미동맹의 미래가 결정된 것이 아니라면, 그 미래상에 대한 다양한 검토와 공론화가 필요하다. 이와 관련해 보수적 학자들이 주축을 이루고 있는 동아시아연구원(EAI)은 기존의 한반도 방위 동맹이나 한국국방연구원(KIDA)과 미국 RAND 연구소가 제안한 지역안보동맹을 넘어 '포괄적·다층적 동맹'을 미래상으로 제안했다. 이는 한미동맹이 포괄적인 안보위협에 대처하고, 군사 영역뿐 아니라 정치·경제·사회·문화 등 다양한 분야에서 포괄적 협력을 추구하며, 안보협력지역을 아시아–태평양 지역을 포함해 전 세계로 확대하는 것을 골자로 한다.[7] 그러나 이러한 형태로의 한미동맹 재편은 '현재진행형'이라는 점에서 이를 두고 대안이라고 말하기는 어렵다.

이와는 다른 시각에서 이삼성은 미래 한미동맹의 대안으로 '한미동맹의 유연화'를 제시했다. 한미동맹의 유연화란 주한미군의 주둔을 전제로

---

7) 하영선 외, 『한미동맹 로드맵: 한미동맹의 비전과 과제』(동아시아연구원, 2006).

하지 않고 미국의 위협 인식 및 대응 전략에 편승하지 않으며 한국이 상당한 수준의 자율성을 확보하는 것을 의미한다.[8] 이보다 중도적인 대안으로 박건영은 새로운 동맹관계의 비전으로 "사려 깊고 성숙한 동반자 관계(Reflective and Mature Partnership)"를 제안하면서, 이를 위해 한미 양국은 전략적 유연성 문제를 슬기롭게 풀고 전시작전통제권을 조기에 한국에 이전해 연합방위체제에서 합동방위체제로 전환하며, 주한미군지위협정(SOFA) 개정 등을 통해 한국의 반미감정을 해소하는 데 노력해야 한다고 주문했다.[9]

이와 같이 한미동맹의 미래에 대해 다양한 관점에서 문제점을 진단하고 대안을 제시하는 것은 한국 사회를 오랫동안 짓눌러왔던 이념적 경직성에서 탈피해 공론의 장을 마련하고 있다는 점에서 긍정적이다. 그러나 대체로 한미동맹에 대한 지금까지의 연구는 현실의 변화를 쫓아가지 못하는 경우가 많았다. 또한 보수적 학자들의 주장은 노무현 정부에 대한 정치적 공세의 성격도 강했다. 앞으로 한미동맹에 대한 우리 사회의 연구와 공론화가 크게 보완되어야 할 까닭이기도 하다.

안보전략에서 가장 지혜로운 방법, 특히 북한과 군사적으로 대치 중이며 강대국에 둘러싸여 있는 지정학적 현실을 고려할 때, 한국에 가장 요구되는 지혜는 불필요한 위협을 만들지 않는 것이다. 그러나 오늘날 한미동맹이 '위협 대응형'에서 '위협 초래형'으로 바뀌고 있는 것이 아닌지 심각하게 되물어야 한다. 이는 국가안보를 위해서는 다른 가치의 손실

---

8) 이삼성, 「한미동맹의 유연화를 위한 제언」, ≪국가전략≫, 제9권 제3호(세종연구소, 2003).

9) Kun Young Park, "A New U.S.-ROK Alliance: A Nine-Point Policy Recommendation for a Reflective and Mature Partnership," *CNAPS Working Paper Series* (September, 2005).

을 일정 부분 감수해야 한다는 한미동맹 유지론의 근본 전제가 잘못된 것일 수도 있다는 뜻이다. 사정이 이렇다면 이제는 한미동맹의 득과 실을 냉정하게 따져보고, 또 하나의 대안으로 한미동맹의 종결까지도 담론의 장에서 논의할 수 있어야 할 것이다.

2. 한미동맹은 지속 가능한가?

1) 한미동맹, 그 '성공의 역설'은 올 것인가?

이 책의 전반부가 주로 한미동맹 재편의 원인과 성격에 관한 것이라면, 후반부에서는 한미동맹의 득과 실을 따져보고 한미동맹의 지속 가능성을 전망하며, 한반도의 생존 유지 및 평화체제와 통일, 그리고 동북아 평화체제 실현이라는 최상위의 전략 목표에 부합하는 한미동맹의 미래상을 그려본다. 이를 위한 대전제는 한미동맹의 미래를 둘러싼 다양한 변수를 차분히 검토해보는 것이다.

기실 한미동맹 재편 합의가 거의 마무리되었던 2006년 이후 한미동맹의 미래상과 국내 정치 지형과 관련해 두 가지 중대한 변화가 일어났다. 하나는 국내외 보수파로부터 '반미'로 공격받았던 노무현 정부가 국내 개혁진보세력의 강력한 반발에도 불구하고 미국과의 자유무역협정(FTA)을 체결했다는 것이다. 그리고 다른 하나는 대북 강경책으로 일관했던 부시 행정부가 대북정책을 전환해 북한을 진정한 대화 상대로 인정하고, '임기 내 북핵 해결'을 결심해 북한과의 주고받기식 협상에 나섰다는 것이다.

이 두 가지는 한미동맹과 관련해 중대한 영향을 미쳤다. 우선 한미

FTA 체결 이전까지 노 대통령은 보수진영으로부터 '친북반미', 진보진영으로부터는 "말로만 반미자주"라는 비판을 받았다. 그러나 FTA 체결로 보수진영의 공세는 '근거 없는' 것이었음이 드러났다. 또한 FTA 체결은 한미동맹이 기존의 군사동맹에 경제동맹의 성격까지 부여함으로써 한미동맹을 새로운 궤도에 올려놓고 있다.

부시의 대북정책 전환이 미치고 있는 영향은 더욱 심대하다. 부시의 정책 전환은 대북정책을 둘러싼 한미 간의 갈등을 해소하고 한국 내 반미감정을 완화하는 데 큰 기여를 하고 있다. 그러나 동시에 부시의 대북협상 노선은 국내 일부 보수파들이 '반미'로 돌아서게 하고 있다. 부시가 '반북 노선'에서 이탈한 것에 대해 '미국도 믿을 수 없다'는 배신감과 분노를 표출하면서 독자적인 핵무장을 비롯한 자구책을 마련해야 한다는 주장이 나올 정도다. 이는 적어도 미국의 대북정책과 관련해서 국내 친미와 반미 구도가 흔들리고 있음을 보여준다. '친미'보다 '반북'에서 자신의 정체성을 찾아온 일부 보수세력을 두고 '반미 보수'의 등장 가능성까지 점쳐지고 있는 것이다.

부시의 대북정책 변화가 가져올 파장은 여기에서 끝나지 않는다. 부시의 정책 전환이 대북정책을 둘러싼 한미 간의 갈등을 해소하고 반미감정을 완화함으로써 한미동맹을 더욱 공고히 하는 근거로 작용할 수 있다. 그러나 한반도 비핵화와 평화체제 구축, 북미·북일관계 정상화가 이뤄지면, 한미동맹이 '공동의 적'으로 삼아온 북한은 더 이상 한미동맹의 존재 이유가 되기 힘들어진다. 한미동맹은 정전협정과 함께 한국전쟁이 낳은 '역사적 쌍생아'다. 이는 정전체제가 평화체제로 전환되면, 한미동맹이 근본적인 도전을 피할 수 없게 된다는 것을 의미한다. 한미동맹이 정전체제의 유지·관리라는 소임을 다하면서 겪게 되는 일종의 '성공의 역설'이라고 할 수 있다.

물론 한반도 평화체제가 구축되어 북한이라는 '공동의 적'이 더 이상 설자리가 없어진다고 해서 한미동맹이 해체되는 것은 아니다. 한미동맹은 한미 간의 양자동맹이므로 주한미군 주둔을 비롯한 동맹의 존속 여부는 한미 양국의 선택에 달려 있다. 또한 미국의 적대정책이 해소되고 주한미군이 공정한 균형자 역할을 한다면 주한미군의 주둔을 양해할 수 있다는 것이 북한의 입장이기 때문에, 북한이 한미동맹 해체나 주한미군 철수를 강력하게 들고 나올 가능성도 낮아 보인다.

무엇보다도 한미 양국 정부는 한미동맹을 유지할 새로운 명분을 찾고 있다. 그것이 적실성을 갖든 그렇지 못하든, 새로운 명분은 한미동맹에 이미 강하게 투영되고 있다. 앞서 언급한 한미동맹의 지역동맹화 및 가치동맹화는 이러한 기류를 잘 보여준다. 또한 이명박 정부는 한반도 평화체제 구축 및 통일 이후에도 한미동맹의 존재 이유를 분명히 하기 위해 '한미동맹 업그레이드'를 준비하고 있다. 주한미군 사령관인 버웰 벨도 한국의 전략적 가치와 미국의 경제적 이익을 강조하면서 미군 근무 기간을 1년에서 3년으로 늘리는 데 동의해달라고 미국 국방부와 의회에 강력히 요청하고 있다. 주한미군의 영구 주둔을 염두에 두고 있는 것이다.

2) 한미동맹의 위기는 미국에서 온다?

한미동맹과 관련해 국내의 이견들은 흥미로운 양상을 보인다. 대체로 국내의 보수세력은 '미국의 요구를 들어주지 않으면 주한미군을 철수하는 등 미국이 한국을 버릴 수 있다'는 우려를 제기하면서 자신들의 '친미론'을 정당화해왔다. 반면에 필자를 포함한 개혁진보세력은 미국이 주한미군을 주둔시키고 있는 것은 자신의 전략적 필요와 이익 때문이므로 미국이 스스로 주한미군을 철수시킬 가능성이 없다고 보고 미국에게

당당해지자고 요구해왔다. 역설적으로 보수세력은 미국의 안보공약을 그다지 신뢰하지 않았고, 진보세력은 미국의 안보공약을 신뢰해왔던 셈이다.

그러나 최근 몇 년간의 미국의 변화와 앞으로 직면할 상황을 종합해보면, 미국이 주한미군을 철수시키거나 한미동맹을 해소하자고 나설 가능성도 있다. 우선 역사를 살펴보자. 조미수호조약이 있었는데도 미국은 1905년 가쓰라-태프트 밀약을 통해 한국을 일본의 통치권하에 넘겨주었다. 또한 1949년에는 북한의 남침을 예견할 수 있었음에도 애치슨라인을 발표하여, 주한미군을 철수함으로써 한국전쟁의 주된 요인을 제공했다.

1953년 10월에 한미상호방위조약이 체결된 이후도 마찬가지였다. 한미동맹의 네 차례의 큰 변화는 상당 부분 한반도 정세와 무관하게 미국의 일방적 결정에 따라 이뤄졌다. 1969년 이른바 닉슨 독트린, 1970년대 후반 카터 행정부의 주한미군 철수 계획, 1990년을 전후한 주한미군 3단계 감축 계획, 그리고 21세기 초엽 부시 행정부의 한미동맹 재편 계획은 한반도 정세 변화에 대응한 것이라기보다는 세계 정세 및 미국의 세계전략 변화에 기인한 것들이었다.

따라서 앞으로 관건은 미국이 또 다시 한미동맹에도 엄청난 영향을 몰고 올 세계전략의 변화를 추진할 것인가다. 클린턴 행정부의 '확장과 개입(enlargement and engagement) 전략', 부시 행정부의 '테러와의 전쟁' 및 '민주주의 확산 전략'은 한미동맹을 포함한 양자 간, 다자 간 동맹을 미국 세계전략의 필수 요소로 삼도록 했다. 따라서 미국이 앞으로도 '세계 경찰'을 자임하면서 동맹을 패권전략의 핵심 요소로 삼게 되면, 한미동맹이 지속될 가능성이 높다.

그러나 미국이 앞으로도 세계경찰을 자임할 수 있을지는 불확실하다. 이라크 전쟁의 여파로 미국 내에서는 과도한 팽창주의에 대한 비판 여론이 상당히 높아지고 있다. 중국과 인도의 부상, 유럽 통합, 러시아의 부흥, 중동 질서의 혼란 등으로 미국 단극체제의 종말이 다가온다는 목소리도 커지고 있다. 서브프라임 사태로 촉발된 금융위기와 달러화 가치의 폭락으로 상징되는 미국식 경제체제의 한계는 '팍스 아메리카나'의 물적 토대가 흔들리고 있음을 보여준다. 이는 미국이 단극체제를 유지·강화하기 위해 취해온 개입주의와 팽창주의가 한계에 봉착하고 있다는 것을 의미하며, 동시에 미국 세계전략의 변화를 예고한다. 그것이 고립주의를 의미하지는 않더라도, 전략적으로 중요성이 떨어지거나 미국이 임무를 완수했다고 해석될 수 있는 지역에서 발을 뺄 가능성은 충분히 있다.

북핵 문제가 해결되고 북미관계가 정상화되며 한반도 평화체제가 구축된다면, 한국은 미국의 세계전략 변화에 상당한 영향을 받는 유력한 후보가 될 것이다. 이것이 한미동맹 강화와 자유무역협정(FTA) 너머를 볼 수 있는 지혜가 필요한 까닭이기도 하다. 한미동맹을 강화하겠다며 벽돌을 쌓은 사이에, 한미동맹의 하부구조는 이미 미국에서 허물어지고 있을지도 모르기 때문이다.

한미동맹은 왜 바뀌었나?

"53년 전 미국이 우리 한국을 도와주지 않았다면 저는 지금쯤 (북한의) 정치범 수용소에 있을지도 모릅니다." *

"한신 장군은 어렸을 때 동네 부랑아에게 고개 숙이고 가랑이 밑을 기었다." **

1. 동맹 재편의 미국 측 요인

1) 미국에게 '동맹'이란 무엇인가?

미국은 1990년을 전후한 세계적 수준의 냉전 해체기부터 전반적인 동맹관계의 검토에 들어갔다. 냉전 시대 미국 주도의 동맹체제는 '공산주의 확산 저지' 및 '소련 봉쇄'라는 전략적 목표를 동맹국 사이에 공유하고 미국이 동맹국의 안보를 보장하는 성격이 강했다. 그러나 냉전이 해체되면서 일부에서는 이와 같은 동맹의 목적을 달성한 만큼 동맹을 해소하거나 획기적으로 완화해야 한다는 주장이 제기되었다. 그러나 동맹 유지가 미국의 단일 패권 유지에 필수적이라는 인식이 강해지면서 동맹의 '해소'보다는 동맹의 '변화'를 추구하게 되었다. 이에 따라 미국은 북대서양조

---

* 노무현 대통령, 2003년 5월 13일 뉴욕 코리아 소사이어티 주최 연설 중에서.
** 노무현 대통령, 2003년 5월 18일 전남대 연설에서 '대미관·대북관이 바뀐 것이 아니냐'는 질문에 대한 답변.

약기구(NATO) 회원국과 일본 등 핵심적인 동맹국에 역할과 비용의 부담을 강하게 요구했다. 소련이라는 공동의 적이 사라지면서 미국이 일방적으로 안보를 보장하는 면은 완화되고 위험과 비용을 함께 부담해야 한다는 '파트너십'이 강화된 것이다.[1]

그러나 한미동맹은 이와 달랐다. 1990년을 전후해 미국은 한미동맹 역시 변화된 안보 환경에 맞게 '한국 방위의 한국화'와 '한미동맹의 지역적 역할 강화'를 골자로 재편을 구상했다. 그러나 1990년대에 들어 북핵 문제가 불거지는 등 한미동맹이 '공동의 적'으로 삼아온 북한의 위협이 해소되지 않았기 때문에 이러한 구상은 실현되지 않았다. NATO와 일본의 핵심적 위협은 소련이었고 소련의 몰락과 함께 NATO와 미일동맹을 재편할 수 있는 기반은 구축되었던 반면에, 한반도의 냉전 상태는 해소되지 않았기 때문에 한미동맹 재편은 지연되었던 것이다. 물론 당시 미국이 3단계 주한미군 감축 계획을 중단한 데는 군사패권주의를 강화하려면 한국을 비롯한 동맹국에 대규모의 미군을 주둔시켜야 한다는 네오콘들의 전략도 강하게 반영되었다. 아버지 부시 행정부 때 국방부 장관이었던 딕 체니(Richard B. Cheney), 차관이었던 폴 월포위츠(Paul Wolfowitz), 체니의 보좌관이었던 루이스 리비(I. Lewis Libby) 등은 중국 등 미국의 전략적 경쟁자가 부상하는 것을 예방하고 미국식 체제를 세계화시키기 위해서는 강력한 동맹 유지가 필수적이라고 판단했던 것이다.[2]

---

1) Patrick M. Morgan, "The US-ROK Alliance: An American View," *The US-Korea Relations in the 21st Century: Challenges and Prospects*(ICKS-KAUPA-SIGUR Annual Conference 2006, October 6-8, 2006).

2) 미국이 주한미군 3단계 감축 계획을 1단계가 끝난 직후 중단한 가장 큰 원인이 북핵 문제인지, 아니면 미국의 세계전략 변화에 따른 것인지를 명확히 하는 것이 대단히 중요하다. 일반적으로 알려진 것은 전자지만, 최근 비밀 해제된 미국 문서를 보면 후자가 더 근본적인 원인이었다고 해석할 수 있기 때문이다. 1991~1993년

이러한 맥락에서 볼 때, 오늘날 한미동맹의 재편은 1990년대의 재편과 배경, 전제조건, 성격이 다르다. 냉전 상태가 해소되기는커녕 북핵 문제의 재발로 한반도의 안보 상황은 오히려 악화되고 있었는데도 한미동맹은 대단히 빠른 속도로 재편되어왔기 때문이다. 이는 부시 행정부가 이전 정부와는 다른 세계관에 기초한 군사전략을 갖고 있었고 이를 한미동맹에도 적용하려 했던 데서 근본적인 이유를 찾을 수 있다.

군사력을 통한 '미국식 평화(팍스 아메리카나)'를 추구해온 부시 행정부는 동맹관계도 이러한 목적에 부합하는 형태로 재편하려 해왔다. 2000년 대선 유세 때, 부시 진영은 국제 문제의 개입과 행동에 전통적인 동맹관계를 기축으로 삼겠다는 의지를 밝혔고, 이를 보여주듯 콘돌리자 라이스(Condoleezza Rice)는 "공화당의 대통령은 1998년 클린턴 대통령이 베이징을 9일간 방문하면서 도쿄와 서울을 방문하지 않았던 것과 같은 행동을 절대로 하지 않을 것"이라고 선언하기도 했다.[3]

그러나 부시 행정부는 출범 이후 일방주의로 동맹국들과 잦은 마찰을 빚기도 했다. 집권 초기 갈등의 중심에는 미사일방어체제(MD)가 있었다. 일본을 제외한 미국의 많은 동맹국과 우방국들이 미국 주도의 MD가 새로운 군비경쟁을 야기해 국제평화를 위협할 수 있다고 판단했기 때문이다. 부시 행정부는 2001년 3월 워싱턴을 방문한 김대중 대통령에게 노골적으로 MD 참여를 요구하면서 대북 강경 입장을 드러내 한미동맹을 최악의 상황에 빠뜨렸다. 이러한 갈등은 MD가 새로운 군비경쟁을 야기할 수 있다고 우려한 NATO 동맹국들과의 관계에서도 흡사하게 나타났다.

미국의 세계전략 변화에 대한 비밀 문서는 http://www.gwu.edu/~nsarchiv/nuke vault/ebb245/index.htm에서 볼 수 있다.

3) Condoleezza Rice, "Promoting the National Interest," *Foreign Affairs*(January/ February, 2000).

이렇듯 MD를 둘러싼 주요 동맹국들과의 갈등은 9·11 테러가 발생하면서 바뀌게 되었다. "초상집에 가서 빚 독촉하지 마라"라는 격언을 상기시키듯 미국의 동맹국들은 부시의 일방주의에 대한 비판을 자제했고, 테러와의 전쟁에 동참 의사를 나타냈다. 여기에는 "우리 편에 설지 적의 편에 설지 양자택일하라"는 부시 행정부의 노골적인 압박도 작용했다. 이로써 '테러와의 전쟁'을 수행하기 위한 '의지의 연합(coalition of willing)'이 구성되었다.

그러나 미국이 테러리즘과의 연계 및 WMD 보유 증거를 명확히 제시하지 않은 상태에서 이라크 침공을 강행하려 하자, 의지의 연합은 균열을 보였다. 독일, 프랑스 등은 이라크 침공을 반대했고, 이에 대해 부시 행정부는 "낡은 유럽국들"이라는 비난을 쏟아내면서 이라크 침공을 지지하고 동참할 의사를 밝힌 폴란드 등 동유럽 국가들을 "새로운 유럽국들"이라고 치켜세웠다. 부시 행정부는 9·11 테러와 아프가니스탄 및 이라크 침공을 겪으면서 "기존의 동맹국에 비해 능력은 떨어지더라도 미국의 목적에 동의하고 함께 행동하는 국가들을 주요 동맹국으로 인식하기 시작한 것"이다.[4]

이를 반영하듯 부시 행정부는 「2001년 4개년 국방정책 검토보고서 (2001 QDR: Quadrennial Defense Review)」에서 변화된 동맹관을 드러냈다. 이 보고서에서는 "미국의 새로운 군사전략은 새로운 안보협력 모델을 발전시키기 위한 미국의 동맹관계 및 파트너십을 강화하는 것을 전제로 한다"라며, 동맹 강화 방침을 밝혔다. 특히 미국의 동맹 및 우방국들은 "해외에서 효과적인 안보협력에 기여할 의지와 능력을 갖고 있을 때에만,

---

4) Kurt M. Campbell, "The End of Alliances? Not So Fast," *The Washington Quarterly* (Spring, 2004).

자국의 안전도 확보될 수 있을 것"이라고 밝혔다.[5] 이는 미국의 '테러와의 전쟁'을 비롯한 신군사전략에 협력하는 것이 동맹의 기초라는 점을 명확히 한 것이다.

2001년 QDR이 동맹 재편에 대한 부시 행정부의 기본적인 인식을 드러낸 것이라면, 2002년 9월 발표된 「국가안보전략보고서(NSS: The National Security Strategy of the United States of America)」는 동맹관계의 기본 방향을 제시했다고 할 수 있다. 이 보고서는 아시아의 전략적 가치에 주목하면서 일본과 한국 등 아시아 국가들과의 동맹관계 재편 방향을 제시했다. 미일동맹과 관련해서는 "일본이 지역적·세계적 문제들에 대해 주도적인 역할을 하도록 해야 한다"며, 일본의 역할 확대를 요구하면서 미일동맹을 아시아-태평양 지역의 안보전략의 기축(基軸)으로 삼겠다는 의지를 드러냈다. 한미동맹에 대해서는 "북한에 대한 경계를 유지하면서 장기적으로 아시아 지역의 안정에 기여할 수 있도록 준비해나갈 것"이라고 밝혀, 한미동맹을 '지역동맹'으로 재편하겠다는 방침을 시사했다.[6]

동맹에 대한 부시 행정부의 입상 및 태도는 2006년 QDR에서도 잘 드러난다. 이 보고서에서는 "정적인 동맹에서 역동적인 동맹"을 추구하고, 해외주둔 미군의 유연성을 제고하며, 동맹·우방국의 군사적 역량을 강화하도록 한다는 방침을 거듭 확인했다. 또한 동맹은 "미국의 힘을 낳는 원천 중 하나"라고 강조하면서, 동맹국들과의 협력을 통해 테러와의 전쟁 및 WMD 확산 저지에 주력할 뜻을 밝혔다. 특히 적의 공격에 대응하기보다는 이를 예방하고자 하는 '부시 독트린'에 따라 국방부는 동맹국들

---

5) Department of Defense, *Quadrennial Defense Review*(February 2006), pp.14~15.

6) White House, The National Security Strategy of The United States of America (September, 2002), p.26.

과 이러한 접근이 가능한 전략을 발전시키겠다고 밝혀, 동맹 재편의 방향을 '부시 독트린'에 맞춰나갈 의사를 분명히 했다.7)

미국의 신군사전략 및 QDR과 NSS에서 언급된 동맹의 내용을 종합해 볼 때, 한미동맹을 비롯한 부시 행정부의 동맹관은 다음과 같이 정리할 수 있다.

첫째, '확장된 파트너십'과 '엄격한 상호주의'의 적용이다. 2001년 QDR에서도 언급된 것처럼, 부시 행정부는 동맹국이 해외에서 위험을 부담할 의사와 능력이 있을 때 자국의 안전도 보장받을 수 있다는 입장을 피력해왔다. 이는 동맹 조약상의 내용에 구애받지 않는다는 점에서 '확장된 파트너십'의 성격을 갖고 있고, 미국에 협력할 때 안보 공약도 보장받을 수 있다는 의미에서 '엄격한 상호주의'의 속성을 갖는다. 이는 미국의 군사력이 세계 도처에 뻗쳐 있고 이라크와 아프가니스탄 등 세계 곳곳에서 전쟁을 벌이고 있거나 군사적으로 대치하고 있는 상태에서, 동맹국의 협조 없이는 군사적 목적을 달성하기 힘들다는 판단에서 나온 것이다.

둘째, 동맹국도 미국의 위협 인식에 동의해야 한다는 것이다. 부시 행정부는 21세기의 핵심적인 위협으로 테러리즘과 WMD, 그리고 미국 패권에 도전할 수 있는 강대국의 출현 등으로 규정하고, 동맹국도 이러한 위협에 공동으로 대처해야 한다는 점을 강조해왔다. 동맹의 기본이 '공동의 위협 인식'이라고 할 때, 이러한 부시 행정부의 동맹관은 자신이 원하는 형태로 동맹을 재편하는 데 기초가 되었다.

셋째, 해외주둔 미군의 유연성 강화에 동맹국도 동의하고 이에 협조해야 한다는 것이다. 미국은 해외기지를 중심기지(hub)에 해당하는 주요작전기지, 전진작전지역, 안보협력지역 등으로 나눠 군사력 이동의 유연성

---

7) Department of Defense, *Quadrennial Defense Review*(February, 2006), pp.87~90.

과 기동성을 강화하기 위해 해외주둔미군재배치(GPR: Global Defense Posture Review)를 추진해왔다. 아울러 동맹국 자체적으로 군사력을 강화해 미국의 부담을 줄이고 대미 협력의 물리적 기반을 강화해야 한다는 것도 강조했다.

넷째, 미국과 동맹국의 연합작전 능력 강화다. 부시 행정부는 연합작전의 주요 대상으로 MD, 정보전, 해저전투 등으로 삼고 해외주둔 미군의 전력 개편을 추진하는 동시에, 동맹국의 전력 재편도 요구하고 있다. 특히 연합작전의 목표와 관련해 "적의 공격에 대응하기보다는 이를 예방하는 데" 주안점을 두고 동맹국들과 이러한 접근이 가능한 전략을 발전시키겠다고 하여, '부시 독트린'을 동맹 재편에도 관철시킬 의사를 분명히 밝혔다.

끝으로, '민주주의 동맹(democratic alliance)'으로의 전환이다. 민주주의 확산론을 2기 대외정책의 기조로 내세운 부시 행정부는 한미·미일동맹에도 이러한 원칙을 투영하는 한편, 중동의 민주화를 위해 북대서양조약기구(NATO)의 역할을 강조해왔다. 일례로 부시 대통령은 2005년 2월 유럽 순방 때, "중동의 미래는 우리의 미래와 연결되어 있다"라며, 중동의 민주화를 위해 유럽의 동맹국들은 미국과 협력해야 할 것이라고 강조했다.8)

이러한 부시 행정부의 동맹관을 기초로 한미동맹에 대한 부시 행정부의 인식과 목표를 다음과 같이 유추할 수 있다. 첫째, 부상하는 중국을 겨냥해 한미동맹을 지역동맹화한다. 둘째, 북한의 WMD에 대처할 수 있는 예방적 공격능력을 확보한다. 셋째, 한국의 자체적인 방위력을 증강하고 미국과의 연합작전 능력을 강화한다. 넷째, 한미동맹을 가치동맹화

---

8) *The Guardian*, February 21, 2005.

하여 한국도 '테러와의 전쟁' 등 역외 군사작전에 기여하도록 한다. 그리고 끝으로 '한국방위의 한국화'와 '주한미군의 전략적 유연성'을 결합해 한국군은 주로 대북 억제 및 방어 기능을 수행하고, 주한미군은 필요에 따라 임무를 수행하도록 전환한다는 것으로 정리할 수 있다.

2) 부시가 한미동맹을 바꾸고 싶어 하는 이유

한미동맹 재편의 가장 본질적인 미국 측 요인은 '부시 독트린'이라고 불리는 신군사전략에 있다. 기실 한미동맹 재편은 동맹의 비대칭성과 북핵 문제를 활용해 부시 행정부가 자신의 군사전략을 한미동맹에 투영해온 과정과 크게 다르지 않다. 동맹 재편기에 해당하는 2002년 말부터 2007년까지 한미 양국과 한국 국내에서 한미동맹을 둘러싸고 뜨거운 정치적 논란이 있었는데도 대단히 짧은 시기에 미국의 목표가 대부분 관철되었던 것은 이러한 진단을 잘 뒷받침한다.

미국의 신군사전략이 한미동맹에 갖는 의미와 방향에 대해 미국 국방대학 소재 국가전략연구소의 제임스 프르지스텁(James J. Przystub)은 네 가지로 설명했다. 첫째, 미국 주도의 군사 변혁이 한미동맹의 약화를 가져와서는 안 되며, 실제로 병력 수는 줄어들지만 능력은 강화되는 방향으로 진행되고 있다. 그는 특히 미국의 최첨단 군사 기술 등 유일한 능력이 한반도에 적용되고 한국의 재래식 군사력도 강화되고 있어 한미동맹의 억제력과 군사적 효율성이 제고되고 있다고 분석했다. 둘째, 서울의 용산 등 대도시에 밀집된 군사 기지들이 재배치됨에 따라 한미동맹이 정치적으로 더욱 공고한 형태를 띠게 된다. 주한미군 재배치를 통해 양국의 부담과 마찰을 줄이고 미군 주둔을 안정화시키게 되었다는 것이다. 셋째, 군사 변혁이 더 대등하고 성숙한 동맹으로 이어질 것이다. 프르지스

텁은 이것이 '한국 방위의 한국화'와 한국의 방위비 분담금 부담이 늘어남으로써 가능해지고 있다고 설명한다. 끝으로 군사 변혁은 한반도 '밖'에서의 한미 간 협력을 강화시킬 것이다. 주한미군의 임무가 다변화되고 한국이 아프가니스탄과 이라크에 파병한 것이 그 예다.[9]

그렇다면 부시 행정부는 왜 집권 초기부터 한미동맹 재편을 강력히 추진한 것일까? 첫째, 우선 역사구조적인 요인을 살펴볼 필요가 있다. 역사구조적으로 볼 때, 한미동맹과 한반도 평화체제는 상당한 긴장관계에 있다. 한미동맹은 정전협정과 함께 한국전쟁이 낳은 '역사적 쌍생아'다. 그리고 한미동맹의 목적은 소련의 세력 확장을 봉쇄하고 북한의 남침을 억제해 정전체제를 유지·관리하는 것이다. 이를 거꾸로 보면 미소 냉전이 해체되고 북한의 남침 위협이 감소하며 군사력을 포함한 남한의 국력이 북한을 압도하여 정전체제가 점차 평화체제로 전환되는 과정에서는 한미동맹이 근본적으로 흔들릴 수밖에 없다는 뜻이다. 이러한 인식은 1992년 SCM 공동성명을 통해 발족한 한국국방연구원(KIDA)과 미국 랜드(RAND) 연구소 합동 연구팀의 보고서 및 1998~1999년 양국 정부의 미래 한미동맹 회의 결과에서도 나타났다. 그러나 1990년대에는 대체로 한반도 평화체제 구축과 한미동맹 유지가 양립 가능하다고 보고, 본격적인 동맹 재편은 평화체제 구축이 가시권에 들어왔을 때로 상정했다.

그러나 부시 행정부가 등장하면서 이러한 미국의 판단에 중대한 변화가 일어났다. 한반도 평화체제 구축에는 대단히 미온적이거나 부정적인 태도를 보이면서 한미동맹 재편에는 박차를 가한 것이다. 이를 위해 부시 행정부는 2001년 1월에 집권하자마자 북한과의 협상을 전면 중단시키고

---

9) James J. Przystup, "Military Transformation: Enhancing Capabilities and Commitment," *INSS Special Report*(March, 2004), http://www.ndu.edu/inss/ Strforum/SR_04/SR_04.htm.

'북한위협론'을 전면에 앞세워 한미·미일동맹 재편의 근거로 삼았다. '부활한, 또는 가공된 북한의 위협'은 일본에게는 '공동의 위협' 인식을 심어줌으로써 미일동맹 재편을 가속화했고, 한국에게는 대북 강경책에 대한 우려를 자아내 미국의 요구에 취약하게 만들었다. 이러한 맥락에서 부시 행정부의 우선적인 관심은 "북핵 문제가 아니라 한미동맹이었다"라는 지적은 타당하다.[10]

둘째는 미국의 신군사전략의 구체적 양태인 '럼스펠드 독트린'의 영향이다. 럼스펠드 독트린이란 "중요한 것은 병력 수가 아니라 능력"이라는 럼스펠드(Donald H. Rumsfeld) 국방장관의 철학에 기초해, 병력 수는 줄이는 대신에 기동성·신속성·치명성을 강화해 전쟁을 속전속결로 끝낸다는 것을 의미한다. 이러한 독트린은 아프가니스탄의 탈레반 정권과 이라크의 후세인 정권을 제거하는 데 위력을 발휘하면서 미국 신군사전략의 요체로 각광받기도 했다.[11] 이에 힘입어 럼스펠드는 자신의 독트린을 한반도에도 적용하려 했고,[12] 실제로 주한미군 병력 수의 감축, 용산기지와 2사단의 이전 및 주한미군의 기동성과 유연성 강화, 최첨단 무기 증강 등에서 알 수 있듯이 이러한 구상은 한미동맹에 상당 부분 관철되었다. 특히 럼스펠드는 2사단 이전을 한반도 안보 상황을 고려해 신중하게 추진한다는 2003년 5월 한미정상회담의 합의를 뒤엎고, 그해 6월 열린 한미 국방장관회담에서 2사단 '조기' 이전 합의를 관철시키기도 했다.

---

10) 서동만, 「한미관계와 북핵 문제의 상관관계」, ≪코리아연구원 현안진단≫, 48호 (2006년 10월 4일), http://knsi.org/knsi/admin/work/works/iss48_sdm061004.pdf.

11) 이러한 럼스펠드 독트린은 아프가니스탄과 이라크의 '평화 재건' 과정에서 취약성을 드러내 근본적인 한계에 봉착했다. 이에 따라 이 국가들과의 전쟁 초기에 각광을 받았던 럼스펠드는 이라크에서 내전 상황이 발생하고 미군 사망자가 폭등함에 따라, 미국 중간선거 다음날이었던 2006년 11월 8일에 해임되었다.

12) *The New York Times*, May 12, 2003.

이렇듯 럼스펠드가 한미동맹 재편에 막강한 영향력을 발휘할 수 있었던 데는 아프가니스탄과 이라크에서 럼스펠드 독트린이 맹위를 떨쳤던 시기와 한미동맹 재편을 추진한 시기가 일치했던 것도 주효했다고 할 수 있다.

셋째는 부시 행정부가 아프가니스탄과 이라크 등 세계 곳곳에서 '테러와의 전쟁'을 벌이면서 군사력 부족 현상이 발생하고, 이에 따라 해외주둔 미군의 기동성과 유연성을 강화할 필요가 생겼기 때문이다. 특히 대규모의 미군이 주둔하고 있으면서도 기동성이 떨어지는 주한미군에 대한 불만이 컸다. 이라크 침공 당시에 미국의 10개 사단 가운데 9개 사단이 이라크와 아프가니스탄에 순환 배치되고 있었으나, 한국에 주둔하고 있는 2사단만은 예외였다.[13] 이에 따라 부시 행정부는 이라크 침공을 전후해 한국을 다그치기 시작했다. 럼스펠드는 여러 차례에 걸쳐 주한미군에 대한 답답함을 피력한 바 있는데, 일례로 이라크 침공을 한창 준비 중이던 2003년 3월 초에 "주한미군의 많은 병력은 전방에 얽매여 있다"라며, 이는 유연성을 대단히 저하시켜 주한미군을 다른 목적에 사용할 수 없게 만든다며 강한 불만을 토로했다.[14] 주한미군이 해외주둔미군재배치(GPR)의 첫 번째 대상이 된 이유도 이러한 미국 수뇌부의 인식에서 나온 것임을 알 수 있다.

넷째는 주한미군 인계철선(trip-wire)에 대한 부시 행정부의 부정적인 인식이다. 인계철선은 한미상호방위조약에 자동개입 조항이 없는 반면에 주한미군이 전방에 대거 주둔하고 있어, 한반도 유사시 미군의 대규모

---

13) William M. Drennan, "US-ROK Defense Cooperation," Michael Armacost and Dan Okimoto(ed.), *The Future of America's Alliances in Northeast Asia*(Stanford, Calif.: Asia-Pacific Research Center, 2004).

14) Donald H. Rumsfeld, Pentagon Town Hall Meeting, March 6, 2003.

피해 발생 가능성으로 인해 미국의 개입을 보장하는 개념으로 인식되어 왔다. 그러나 부시 행정부는 이 개념을 대단히 부정적으로 인식했다. 폴 월포위츠 국방부 부장관은 2004년 5월 18일 상원 청문회에서 "우리는 한국의 비무장지대에서 미군을 빼기로 했다. 비무장지대의 미군은 솔직히 말해 소용도 없을 뿐 아니라 도리어 역효과가 있는 인계철선 기능 외에는 아무 역할도 못 하고 있다"라고 말했다.[15] 이에 앞서 리언 라포트(Leon J. LaPorte) 주한미군 사령관 역시 "인계철선은 부정적인 용어이고 미 2사단 장병에게는 모욕적인 발언"이라며 "인계철선은 파산한 개념"이라고 밝혔다. 부시 행정부의 핵심적인 군관계자들이 인계철선 개념에 대해 대단히 부정적으로 생각하면서, 이 개념을 없애기 위해 2사단의 이전을 추진했음을 알 수 있는 대목들이다.

이와 관련해 1994년 전쟁 위기는 시사하는 바가 크다. 당시 미국 측 워게임(war game) 분석 결과, 북한 측의 피해를 제외하더라도 미군 약 5~10만 명, 한국군 약 50만 명, 남한 주민 수백만 명 등이 사망할 것으로 봤고, 미국의 직접적인 전쟁 비용이 1,000억 달러(걸프전의 두 배), 남한 측의 경제 손실이 1조 달러가 될 것이라고 본 것이다.[16] 미국으로서는 북한을 제압하는 데 90일이면 된다고 보면서도, 제2차 세계대전 이후 최대의 인적·물적 피해를 고려하지 않을 수 없었다. 이는 당시 미국의 북폭 결정을 신중하게 만든 핵심적인 요인이었고, 이후 미국은 한반도 유사시 전방에 배치된 미군을 어떻게 보호할 것인지 고심하게 된다. 이에

---

15) ≪연합뉴스≫, 2004년 5월 19일.

16) 하버드대학교 케네디스쿨 엮음, 『한반도 운명에 관한 보고서』, 서재경 옮김(서울: 김영사, 1998); 브루스 커밍스 「한반도 문제의 포괄적 해법을 위하여」, ≪통일시론≫, 1999년 가을; *United States Policy and the Crisis in Korea*, Congressional Report, Senate(May 24, 1994) 등 참조.

관해 북한의 야포를 초기에 제압하는 방안을 강구하기도 했으나, 가장 확실한 방법은 주한미군을 북한의 야포 사정거리 밖으로 이동시키는 것이다.

다섯째로 한국의 국방력이 강해져 스스로를 방어할 수 있는 능력을 확보했다는 인식도 작용했다.[17] 여러 차례에 걸쳐 한국군의 능력을 강조한 바 있는 럼스펠드 국방장관은 2004년 제36차 SCM 공동성명을 통해, 지난 10여 년간 한국군의 현대화 투자를 통해 주한미군의 재조정이 가능해졌다고 강조했다.[18] 이에 따라 미국은 주한미군이 담당해온 대북 억제 및 방어의 주도적인 역할을 한국군에 넘기고, 주한미군은 이에 보조적인 역할을 수행하면서 다른 임무로의 전환을 추진하게 된 것이다.

여섯째로 주한미군의 '삶의 질' 문제도 중요한 고려 사항이다. 한국은 기지 및 시설이 낙후되어 있고, 위험한 지역이며, 특히 가족 동반이 어렵다는 인식 때문에 미군이 근무를 기피하는 지역 가운데 하나다. 현재 가족과 함께 주둔하고 있는 주한미군은 10%인데, 이는 주일미군이나 주유럽미군과 비교할 때 대단히 낮은 수치다. 그러나 주한미군 기지를 평택으로 통·폐합해 새로운 기지와 시설을 만들면 이러한 문제는 상당 부분 해결된다. 주한미군 사령관이 "오늘날 주한미군이 한국에 가족을 동반하지 못하고 있는 것은 시대착오"라면서, 기지 재배치를 통해 "주한미군이 가족과 함께 세계 일류의 시설을 이용할 수 있게 된다"라고 강조한 것도 이러한 맥락에서 나온 것이다.[19]

---

17) Hamm Taik-Young, "The Self-Reliant National Defense of South Korea and the Future U.S-Korea Alliance"(Seoul-Washington Forum Co-hosted by The Brookings Institution and The Sejong Institute, May 1-2, 2006).

18) <국정브리핑>, 2004년 10월 25일.

19) Berwell B. Bell, "Army in Korea: Normalcy And an Enduring Presence," *Army*

일곱째로 북핵 요인도 살펴볼 필요가 있다. 군사전략의 목표를 '억제'에서 '예방'으로 이동시킨 부시 행정부에게 북핵 문제의 재발은 한미동맹 재편을 가속화할 이유가 되었다. 최후의 수단으로 무력 사용을 추진하거나 북한 내 불안정한 상황이 발생할 경우 미군을 투입하는 데 기존의 군사력 배치 및 전력 구조가 부적합하다고 부시 행정부는 판단했다. 이에 따라 유사시 미군 피해를 획기적으로 줄일 수 있도록 병력 감축과 후방 재배치와 MD 배치 조치를 취하고, 이와 동시에 정보력과 공군력을 대폭 강화하면서 지상군도 WMD 확보 등 특수 임무가 가능한 형태로 바뀌게 된 것이다.

끝으로 가장 근본적인 요인인 미국의 대중국 전략이 있다. 2001년 1월 출범한 부시 행정부의 대전략은 21세기도 미국의 세기로 만들겠다는 것이었고, 이를 위해서는 떠오르는 경쟁자인 중국을 봉쇄해야 했다. 특히 중국 봉쇄 전략의 핵심은 '압도적인 군사적 우위의 확보'였다. 이러한 관점에서 볼 때 한국은 전략적 가치가 높다. 한국은 중국, 특히 베이징과 상하이 등 중국의 심장부에 가장 가까운 동맹국이기 때문이다. 미국이 용산기지와 2사단을 중국과 인접한 평택권으로 후방 재배치하고 군산기지의 공군력을 강화하면서 전략적 유연성을 추구해온 것도 이러한 맥락에서 이해할 수 있다.

2. 동맹 재편의 한국 측 요인

한미동맹 재편과 관련해 규명되어야 할 핵심적인 의문 가운데 하나는 '자주적이고 수평적인 한미관계를 지향하겠다던 노무현 정부 때, 왜 미국

(October, 2007).

이 원하는 형태로 한미동맹이 재편되었는가' 하는 것이다. 한미동맹의 변화와 관련해 노무현 정부는 이라크 파병, 미군기지 재배치 및 감축, 전략적 유연성 등 각종 현안을 원만하게 해결함으로써 이전에 비해 한층 더 수평적이고 긴밀하게 발전해왔다고 평가한다.[20] 그러나 노무현 정부의 지지 기반이었던 개혁·진보세력은 이러한 평가에 동의하지 않을 뿐 아니라, 오히려 한국의 대미 종속성이 강화되면서 한미동맹이 미국 패권주의의 도구로 전락하고 있다고 비판한다. 이에 반해 노무현 정부 집권 전반기에 정부의 한미동맹관을 집중적으로 문제 삼았던 국내 보수세력은 한미동맹 재편 결과에 대체로 만족감을 표현하고 있다.[21] 부시 행정부 역시 한미동맹 재편 결과에 대해 만족스러운 반응을 보인다.

노무현 정부의 대미정책 및 한미동맹 재편에 대한 진보와 보수 세력의 평가가 이렇듯 상반되게 나타나는 것은 한미동맹이 미국이 원하는 형태로 재편되고 있음을 반증한다. 그렇다면 이러한 결과가 나온 이유는 무엇일까? 한미동맹 재편과 관련해 노무현 정부를 주체로 상정할 때, 이는 크게 네 가지로 나눠 분석할 수 있다. 첫째는 노무현 정부의 동맹에 대한 인식을 포함한 대미관과 자주적 발언의 반작용이다. 둘째는 북핵 문제의 평화적 해결과 한미동맹을 '어설프게' 연계시킨 것이다. 셋째는 한미동맹 재편을 자주국방 실현의 기회로 인식한 것이며, 넷째는 미국의 의도에 대한 오판과 협상 전략의 부재다.

---

20) <국정브리핑>, 2006년 3월 3일.

21) 일례로 김태효는 "노무현 정권 초기에는 강성 반미주의 실세들의 입김에 휘둘려 한미관계가 휘청거렸다. 시간이 지나면서 냉엄한 국제환경을 거슬러 한미관계를 그르치는 것이 간단하지 않은 일임을 깨닫게 되자 청와대의 대미 외교는 다시 정석(定石)으로 되돌아오기 시작했다"라고 지적했다. ≪동아일보≫, 2006년 4월 10일자.

1) 노무현 정부의 동맹관과 자주적 발언의 반작용

정치 지도자의 인식이 정책 결정의 중요한 요소라고 할 때, 노무현 대통령의 동맹관은 한미동맹 재편 요인을 설명할 수 있는 핵심적 요소다. 특히 노무현 정부 출범과 동시에 한미동맹 재편이 추진되었다는 점에서, 대통령의 한미동맹에 대한 초기 인식은 대단히 중요하다. 대선 후보와 당선자 시절에 자주적 또는 반미에 가까운 발언으로 논란을 일으키기도 했지만, 노 대통령의 한미동맹관은 한마디로 '유지를 전제로 한 변화'라고 할 수 있다. 대선 후보 때, "지난 50년간 한미동맹관계의 발전과 탈냉전 시대에 맞추어 이제 한미관계는 보다 수평적이고 균형적인 관계로 나아가야 한다"라고 말한 것은 이러한 동맹관을 상징한다.[22]

그러나 노무현 정부는 동맹 변화의 구체적인 내용과 일정을 마련하지 않은 상태에서 한미동맹 재편 입장을 밝힘으로써, 마찬가지로 한미동맹 재편을 추진하고자 했던 부시 행정부에게 역이용당하고 말았다. 노무현 정부에는 동맹 재편의 '각론'은 없고 '총론'만 있었다고 해도 과언이 아닌데, 이는 동맹 재편의 구체적인 상과 목적을 가지고 있던 부시 행정부에게는 반가운 일이었다. 도널드 럼스펠드 미국 국방장관이 2003년 2월 3일 노무현 대통령 당선자의 고위 대표단을 만난 자리에서 "한미동맹 50주년을 맞아 동맹관계의 균형을 다시 조정할 필요가 있다"라는 노 당선자의 입장에 대해, "동맹의 균형 재조정 필요성에 동의하며 긴밀히 협의할 용의가 있다"며 화답한 것은 이러한 분석을 뒷받침한다. 특히 럼스펠드는 이 자리에서 용산기지와 2사단 등 한강 이북의 미군기지 이전을 위해 노무현 정권과 긴밀히 협력하자고 제안했다. 반면 한국의

---

22) ≪프레시안≫, 2002년 12월 4일.

대표단은 동맹 재편과 관련해 구체적인 요구 사항을 내놓지 않았다. 오히려 "우리는 동맹국으로서 일방적으로 미국에 요구만 하지 않고 더욱 능력 있는 동맹 상대방이 되겠다"라고 말했는데,[23] 이는 미국의 동맹 재편 방향과 정확히 일치하는 것이었다.

노무현 정부가 미국의 요구에 대단히 취약한 모습을 띠게 된 원인으로는 자주적·반미적 발언이 반작용을 불러왔다는 점도 지적할 수 있다. 주지하다시피, 부시 행정부의 "악의 축" 발언과 대북 강경책, 안톤 오노 사건, 미군 장갑차에 의한 여중생 사망 사건 및 이에 대한 미국의 무죄 평결 등으로 인해 2002년 대통령 선거에서 '미국 문제'는 뜨거운 쟁점으로 부상했다. 이와 관련해 노무현 후보는 "사진 찍으러 미국에 가지 않겠다", "반미 좀 하면 어떠냐" 등으로 대표되는 '반미'에 가까운 발언을 즐겨 사용했다. 이러한 노무현 후보의 대미관은 당시 미국에 비판적이었던 여론에 호소력을 가지면서 대통령 당선을 가능케 한 하나의 요인으로 작용했다.

이렇듯 자주적이고 수평적인 한미동맹관을 피력했던 노무현 후보가 대통령에 당선되자, 한미 양국의 보수세력은 미국 내의 반한(反韓) 감정과 주한미군 철수론을 집중적으로 제기하면서 노무현 정부를 압박했다. 그러자 노무현 정부는 '반미' 혐의를 벗으려 했다. 일례로 2003년 1월 15일 한미연합사령부를 방문해 미군 장병들을 격려하고 주한미군의 역할과 굳건한 한미동맹관계 유지의 중요성을 역설했다. 또한 출범 직후에는 핵심적인 대선 공약인 주한미군지위협정(SOFA: Status of Forces Agreement)[24] 개정을 '북핵 해결' 뒤로 미뤘고, 개혁진보세력의 강력한 반발에

---

23) ≪한겨레≫, 2003년 2월 4일자.

24) 이 협정의 정식 명칭은 다음과 같다. '대한민국과 아메리카 합중국 간의 상호방위조

도 불구하고 미국의 이라크 침공을 지지하고 파병까지 단행했다.

노무현 대통령이 2003년 8월 15일 광복절에서 천명한 '협력적 자주국방'이나 2005년 3월 8일의 '동북아 균형자' 발언도 마찬가지 맥락에서 이해할 수 있다. 정부의 안보전략이 한미동맹을 저해할 수 있다는 비판이 제기되자, 노무현 정부는 자주국방 앞에 '협력적'이라는 수식어를 붙여 한미동맹과 병행·발전하는 개념이라고 강조했고, 동북아 균형자 역시 한미동맹 강화를 전제로 한 것이라고 설명했다. 이는 한편으로는 국민들로 하여금 정부의 안보정책이 자주적인 것처럼 인식시키게 만들면서, 다른 한편으로는 이러한 노선이 '반미'나 '탈미'를 의미하는 것이 아니라는 것을 입증하려다 보니 미국의 요구에 더욱 취약해지는 결과를 낳고만 것이다.

여기서 주목할 것은 노무현 대통령이 즐겨 사용한 자주적 발언의 '상반된 이중 결과'다. 여기서 상반된 이중 결과란 노 대통령의 대미 자주적 발언들이 한편으로는 반미 혐의를 씻고자 정책적 친미화로 귀결되었고, 다른 한편으로는 정책의 친미화를 희석시키는 효과를 가져왔다는 것을 의미한다. 대체로 보수세력은 노무현 정부의 발언을 문제 삼았던 반면에, 진보세력은 정책을 비판해왔다는 것은 이러한 분석을 뒷받침한다. "좌측 깜박이를 켜고 우회전을 한다"라는, 노무현 정부의 언행불일치에 대한 비판은 한미동맹에서도 그대로 적용된다.

약 제4조에 의한 시설과 구역 및 대한민국에서의 합중국 군대의 지위에 관한 협정 (Agreement under Article 4 of the Mutual Defence Treaty between the Republic of Korea and the United States of America, Regarding Facilities and Areas and the States of United Armed Forces in the Republic of Korea)'.

2) 북핵 해결과 한미동맹의 연계 전략

집권 이후 노무현 정부의 한미동맹관에 영향을 준 요인으로 빼놓을
수 없는 것이 바로 북핵 문제다. 출범과 동시에 핵문제를 둘러싼 북미
간의 첨예한 갈등에 봉착한 노 정부는 이를 "안보 IMF"로 규정하면서
북핵 문제의 평화적 해결을 첫 번째 전략 과제로 설정했다. 특히 노무현
대통령은 미국의 대북 선제공격 가능성에 크게 우려하면서 이를 막고자
했다. 그리고 이를 위해서는 한미동맹이 가장 중요하고 이에 따라 이라크
파병, 한미동맹 재편 협력 등 미국의 요구를 수용하는 것이 북핵 문제의
평화적 해결에 필요한 '기회비용'이라고 인식했다.[25]

이러한 맥락에서 볼 때, '굴욕외교' 논란을 일으켰던 2003년 5월 중순
노 대통령의 첫 방미는 중대한 의미를 갖는다. 당시 논란이 되었던 노
대통령의 발언들은, "미국이 53년 전 도와주지 않았다면, 오늘날 나는
정치범 수용소에 있었을 것이다", "미국의 대북 공격 위협이 북핵 문제에
도움이 된다", "현 단계에서 북한과 정치적·경제적 공동체를 만드는
것에 대해 회의적이다", "북한의 행동과 요구는 국제사회가 받아들일
수 없는 것들이라고 생각한다" 등이 있다. 방미 직후 노 대통령은 ≪한겨
레≫와의 인터뷰에서 자신의 친미적 발언에 대해 "좀 오버했다"는 점을
인정하면서도, 북핵 문제의 평화적 해결을 위해서는 그럴 필요가 있었다
고 강조했다. 또한 북핵 문제를 최우선적인 해결 과제로 상정하다 보니,
미국에 대한 생각이 이전과 달라졌다는 점도 덧붙였다.[26]

---

25) 이와 관련해 이종석 NSC 사무처장은 열린우리당 강연에서 "무력 충돌만은 안
　　된다는 메시지를 우방에게 전달하는 데 모든 노력을 다 했고, 기회비용도 많이
　　들었다"라고 말했다. 청와대 브리핑, 2004년 5월 31일.

26) ≪한겨레≫, 2003년 5월 29일자.

그러나 이러한 노 대통령의 노골적인 친미·반미성 발언은 진심에서 나온 것은 아니었다. 노 대통령은 2003년 5월 한미정상회담 직후 전남대에서 가진 특강에서 방미 기간에 한 학생이 "노 대통령의 대미관·대북관이 급격히 변한 게 아니냐"라고 질문하자, "한신도 부랑아의 가랑이 밑을 기었다"는 고사를 인용해 해명했다. 또한 노 대통령의 측근들은 "노 대통령은 2003년 5월 미국에 가서 한 정치범 수용소 발언을 본인이 했던 말 중에서 가장 수치스럽게 생각한다고 얘기한다"라고 말했다.[27]

윤영관 외교통상부 장관 역시 "(노 대통령의 발언과 공동성명을) 북핵, 동맹관계 등 현안을 푸는 데 적절하고 가장 합리적으로 선택한 발언이냐 여부를 따져야지, 친미냐 반미냐를 따지면 내용 없는 논란에 들어가기 쉽다"라며, 노 대통령의 방미를 '실리외교'라고 설명했다.[28]

이와 같은 정부의 한미동맹 중심의 접근법은 김대중 정부 때의 한미관계에 대한 비판적인 인식과도 연결되어 있다. 윤영관 장관은 2003년 6월 초 《오마이뉴스》와의 인터뷰에서 "북핵 문제 해결을 위해서는 미국과의 관계가 제대로 되어야 한다는 것이 현 정부의 첫 번째 인식"인데, "지난 정부(김대중 정부)는 명목상으로는 동맹인데 동맹관계가 긴밀하게 서로 의사소통이 되거나 정책 조율이 되지 못했고 삐그덕거리고 따로 노는 경우도 있었다"고 평가했다. 윤 장관은 또 "이런 상태의 한미관계로는 복잡한 현안을 풀기 힘들다고 생각했다"며, 이에 따라 "한미관계는 질적으로 한 단계 심화시킬 필요가 있다는 것이 기본적인 정책 방향이다"라고 말했다.[29]

---

27) 《오마이뉴스》, 2006년 9월 22일. 그러나 이러한 발언들은 언론 보도를 통해 미국에도 전해져 '노무현 대통령은 믿을 수 없는 사람'이라는 인식을 강화시키고 말았다.

28) 《연합뉴스》, 2003년 5월 19일.

　이러한 인식 및 한미동맹과 북핵 문제의 연계 전략은 이라크 파병에 대한 정당화 논리로 이어졌다. 일례로 이종석 국가안전보장회의(NSC) 사무차장은 2003년 10월 추가 파병을 결정한 직후 가진 한미정상회담에서 부시 대통령이 북한의 안전을 서면으로 보장하겠다고 발언했는데, 이것은 최초의 일로서 "꺼져 가던 6자회담의 불씨를 살리는 계기가 되었다"고 주장했다.[30] 즉, 부시 행정부가 대북 안전보장을 서면으로 할 용의가 있다고 밝힌 것이 '추가 파병의 효과'라는 것이다. 그러나 이는 사실과 다르다. 이미 콜린 파월(Colin L. Powell) 국무장관은 노무현 정부의 추가 파병 결정 이전인 2003년 8월에 서면으로 안전보장 제공 의사를 밝힌 바 있고, 오히려 이라크 파병과 북핵 문제를 연계시키려고 했던 윤영관 장관에게 파월은 "그것은 동맹국을 대하는 태도가 아니"라며 핀잔을 주었다.[31]

　노무현 정부의 이러한 연계 전략은 두 가지 측면에서 애초부터 한계를 가질 수밖에 없었다. 하나는 노무현 정부가 북핵 해결과 한미동맹을 연계시킨다면, 부시 행정부가 이를 활용할 수 있게 된다는 점이다. 북핵 문제 해결을 지연시킬수록 한미동맹과 관련된 자신의 요구를 관철하기가 훨씬 용이해진다는 공식이 성립할 수 있기 때문이다. 다른 하나는 이러한 연계 전략이 '기대심리'의 수준을 벗어나지 못했다는 점이다. 연계 전략이 성공하기 위해서는 '나의 요구를 들어주지 않으면 너의 요구도 받아줄 수 없다'는 인식을 상대방에게 심어줘야 한다. 그러나 노무현 정부는 미국의 요구를 먼저 수용하면서 미국의 대북정책 변화를 기대하는 모습

---

29) ≪오마이뉴스≫, 2003년 6월 4일.

30) 청와대 브리핑, 2004년 5월 31일.

31) *The New York Times*, October 14, 2003.

을 보였다. 그리고 그 결과는 한미동맹 재편은 거의 마무리 단계에 접어든 반면에, 2006년 말까지 북핵 문제는 오히려 지속적으로 악화되었다.

북핵 문제가 한국의 안보와 경제, 그리고 남북관계에 미치는 파장을 고려할 때, 노무현 정부가 북핵 문제 해결을 최우선적으로 해결해야 할 과제로 상정한 것은 충분히 이해할 만하다. 그러나 이 문제를 "조속히 해결해야 한다는 부담은, 한미동맹이라는 참여정부 외교안보 이슈의 또 다른 축을 상대적으로 제대로 관리하지 못하는 결과를 낳았다"는 비판으로부터 자유로울 수 없게 되었다.32)

3) 노무현 정부의 자주국방

노무현 정부의 한미동맹관과 관련해 함께 고려해야 할 것은 노 대통령의 자주국방 의지다. 노 대통령은 출범 초기부터 자주국방에 대한 강한 의지를 피력해왔다. 2003년 3월 15일 국방부를 방문한 자리에서는 한미동맹의 중요성을 강조하면서도, 세계와 한반도 안보 환경 및 미국의 군사 전략의 변화를 거론하면서 "언제까지 미국에 우리 안보를 의존할 수만은 없"으므로 "자주국방력을 갖출 수 있는 준비를 하고, '국민 안도 프로그램'을 제시해야 한다"라고 강조했다. 4월 19일에는 "우리가 자주국방으로 다 할 수 있고 그밖에 미군의 역할이 있어 서로 협력하는 관계로 가야" 하며 "주한미군은 앞으로 동북아의 새로운 균형자로서 지역안정을 도모하는 것"이라고 말해, 한미 간의 역할 분담의 기본 방향을 제시했다. 사실상 한미동맹의 지역동맹화를 수용한 것이다. 이후에도 자주국방 의지를 여러 차례 피력한 노 대통령은 2003년 8월 15일 광복절 연설에서

---

32) 황일도, "'이종석 체제' 2년 막전막후", ≪신동아≫(2005년 7월호).

"10년 이내에 자주국방 역량을 구축하겠다"라고 선언하기에 이르렀다.

노무현 정부의 이와 같은 자주국방 노선은 크게 두 가지 인식에서 나왔다. 하나는 한미동맹을 수평적이고 균형적으로 발전시키기 위해서는 한국 스스로의 국방 역량을 강화해야 한다는 것이다. 여기에는 한미동맹 재편을 원하는 미국의 요구를 자주국방 실현의 기회로 삼겠다는 생각도 깔려 있었다. 노 대통령이 "주한미군 재조정은 이미 예견돼온 것이기 때문에 의연하고 차분하게 대처해가면서 협력적 자주국방체계의 조기 구축을 위해 필요한 조처들을 검토하라"고 지시한 것은 이러한 인식을 잘 보여준다.[33] 이는 한국이 자주국방 역량을 갖출 때, 대북·대미 발언권이 강해지고, 이에 따라 한미동맹도 더 균형적으로 발전할 수 있다는 판단에서 나온 것이다. 이와 관련해 국방부는 자주국방의 의의에 대해 "한미동맹의 변화에 능동적으로 대처하고, 남북관계도 주도적으로 발전시킬 수 있다"고 설명했다.[34]

다른 하나는 주한미군 재배치에 따른 국민들의 안보 불안심리를 자주국방을 통해 적극적으로 해소해보겠다는 인식이다. 노 대통령은 여러 차례에 걸쳐 주한미군에 약간의 변동만 생기면 불안해하는 국민들과 이를 부채질하는 보수진영에 대해 우려를 표하면서, "국민이 대한민국 국군만 믿고 안보에 대해 불안해하지 않는 대한민국을 만들어가야 한다"고 강조해왔다.

이러한 노무현 정부의 자주국방 노선은 한미동맹을 재편해 대북 억제의 주된 역할을 한국군에게 넘기고, 주한미군은 기동성과 유연성을 확보해 다양한 임무를 수행하기를 원했던 부시 행정부의 동맹 재편 전략과

---

33) ≪오마이뉴스≫, 2004년 5월 20일.

34) 국방부, 『참여정부의 국방정책』(2003), 28쪽.

맞아떨어지게 된 것이다. 그리고 결과적으로 자주국방 노선은 한미동맹을 방어형에서 공격형으로, 한국 방위에서 지역동맹으로, 안보동맹에서 가치동맹으로 재편하는 데 일조하게 된다. 이는 새로운 형태의 대미 종속성과 안보 딜레마를 야기하고, 한국군과 주한미군 모두 대규모의 전력증강으로 이어지면서 북한과의 군사·안보 문제를 푸는 데 장애요인이 되고 있다. 미국의 한미동맹 재편 목적과 의도, 그리고 한반도 군사 문제의 복잡성에 대한 충분한 고려 없이 추진된 자주국방이 '의도하지 않은 결과'를 낳고 있는 것이다.

4) 미국의 의도에 대한 오판과 부실한 협상 전략

노무현 정부하에서 미국의 패권주의가 관철되는 형태로 한미동맹 재편이 이뤄진 또 하나의 이유는 미국의 의도와 목적에 대한 이해 부족과 협상 전략의 부재다. 한미 양국이 노무현 정부 출범 이전인 2002년 12월에 한미동맹 재편을 논의할 FOTA 발족에 합의했더라도, 노 정부는 정책 검토가 필요한 만큼 시간을 가지고 신중하게 한미동맹 재편을 추진할 수 있었다. 그러나 대통령 당선자 시절에 대미 특사단을 통해 "동맹의 균형 재조정"을 먼저 요구함으로써, 결과적으로 미국에게 역이용당하는 결과를 초래했다.

이 과정에서 정치권과 정부는 두 가지 중대한 오판을 하게 된다. 첫 번째는 미국의 주한미군 '감축 및 재배치' 계획을 '철수' 계획으로 오인한 것이다. 당시 여당이었던 민주당의 함승희 의원은 2003년 2월 초 미국을 방문하고 돌아와, 미국 내에서 "주한미군 철수 문제가 심각한 차원에서 논의되고 있다는 말을 미국 행정부 고위관료로부터 들었다"라고 말했고, 이에 앞서 미국을 방문하고 돌아온 한나라당 의원들도 이와 비슷한 말을 꺼냈다.[35] 그러나 당시 미국에서 거론되었던 것은 주한미군 '철수'가 아니라 '감축과 재배치'였다. 의원들의 이러한 오판은 보수진영의 노무현 정부에 대한 '반미 공세'와 맞물리면서 한미동맹 문제를 정치화시켜 차분하게 대응책을 모색하기 어렵게 했다.

두 번째 오판은 용산기지 이전과 2사단 이전을 분리해서 접근할 수 있다는 판단이다. 2사단 이전 문제와 관련해 노무현 정부는 용산기지 조기 이전은 수용하되, 2사단 이전은 북핵 문제를 고려해 최대한 늦춘다는 방침이었다.[36] 노 대통령은 이미 대선 유세 때 "용산 미군기지 이전에 정부에서 10조 원이 든다고 하는데 10조 원을 들여서라도 이전을 해야 한다"며, 용산기지 이전에 강한 의지를 피력했고, 이는 집권 후에도 유지되었다.

그러나 미국은 용산기지와 함께 2사단도 함께 이전한다는 계획을 초기부터 갖고 있었다. 이와 관련해 럼스펠드 국방장관은 2003년 2월 13일 미 상원 군사위원회에 출석해, "주한미군은 한반도 방위를 보증하는 가운데 서울과 비무장지대(DMZ) 지역에서 상당수 병력을 이동시키고 해군과 공군력에 더욱 중점을 두는 쪽으로 검토할 것이며, 병력의 기동력 개선에 따라 일부 감축할 수 있을 것으로 본다"고 말했다. 아울러 그는 이전부터 미국이 독자적으로 이러한 계획을 검토해왔다고 덧붙였다.[37]

그러나 노무현 정부는 2사단 이전에 부정적인 반응을 보였다. 2사단의

---

35) ≪프레시안≫, 2003년 2월 3일.

36) 이와 관련해 윤영관 장관은 선 북핵 해결, 후 2사단 이전 논의가 정부의 입장이라고 설명했다. 청와대 브리핑, 2003년 4월 17일.

37) Donald H. Rumsfeld, Secretary of Defense, Testimony on the Defense Authorization Request for Fiscal Year 2004 and the Future Years Defense Program (Senate Committee on Armed Services, February 13, 2003).

대체 부지로 제공될 토지 매입 기간에 상당한 시간이 걸리고, 수조 원의 추가적인 예산이 필요하며, 북핵 문제로 한반도의 안보 상황이 유동적이기 때문에 미국도 양해할 것으로 생각했다. 이러한 인식을 바탕으로 용산기지 이전을 조기에 합의하는 것을 협상 지렛대로 삼아 2사단 이전을 최대한 늦춘다는 협상 전략을 세우기도 했다. 그리고 2003년 5월 노대통령의 방미 때 이를 관철하려고 노력했는데, 그 결과 한미공동성명에는 "한강 이북 미군기지의 재배치는 한반도 및 동북아시아의 정치·경제·안보 상황을 신중히 고려하여 추진한다"는 내용이 포함되었다. 그리고 NSC는 "미군기지 재배치에 걸리는 현실적 기간을 고려할 때, 이는 곧 북핵 문제가 해결될 때까지 유보된 것으로 보아도 좋을 것"이라며, 이를 실용외교의 대표적인 예로 내세웠다.[38]

그러나 한미정상회담 40일 후에 열린 한미국방장관회담에서 한국은 미국의 요구를 수용해 2사단을 한강 이남으로 이전하는 데 동의했다. 정부는 용산기지 조기 이전 수용을 협상의 지렛대로 삼아 2사단 이전을 최대한 늦춘다는 방침이었으나, 용산기지와 2사단 이전은 해외주둔미군 재배치(GPR)의 일환이라는 미국의 논리에 밀려 결국 수용하게 된 것이다. GPR이 미군의 신속성과 기동성을 강화해 전략적 유연성을 추구하는 것이고, 이러한 군사 변혁의 중심에 있는 럼스펠드가 전방에 배치된 2사단을 가장 기동성이 떨어지는 부대로 인식하고 있었다는 점에서 주한미군 재배치의 핵심은 용산기지보다는 2사단이었던 것이다.

협상 전략의 부재는 주한미군의 전략적 유연성에 관해 합의하는 과정에서도 드러났다. 노무현 정부가 이 문제에 대한 논의를 공식적으로 요청받은 시점은 FOTA 1차 협상(2003년 4월 6일)때였다. 미국은 용산기지와

---

38) NSC 보도자료, 『한미정상회담의 의미와 성과』, 2003년 5월 17일.

2사단 이전 등 주한미군을 재배치하는 목적이 전략적 유연성 확보였기 때문에, 두 가지 사안을 함께 논의하자고 했다. 이에 대해 정부는 미국의 입장을 존중하되 한미상호방위조약과의 관계, 북한 및 주변국과의 문제, 국민적 반발 등을 고려해 시간을 두고 검토하자며, 주한미군 재배치 문제부터 논의하자는 입장이었다. 그러나 미국 측에서 조기 합의를 요구하고 나오자, 노무현 정부는 전략적 유연성을 원칙적으로 수용하되 국민적 반발과 외교적 민감성을 고려해 '공론화'를 하지 말자고 제안했다. 당시 용산기지 이전비용을 전액 부담하기로 한 정부 방침에 비난 여론이 빗발치고 있었는데, 전략적 유연성을 인정해주기로 한 것이 공개된다면 비난 여론에 기름을 붓는 격이 될 것이기 때문이다. 결국 전략적 유연성에 대한 정부의 협상 목표는 이 사안 자체에 있었던 것이 아니라 공론화를 최대한 억제하는 데 있었던 것이다.

흔히 협상의 목표가 국익을 극대화하는 것이라고 한다면, 노무현 정부의 이러한 협상 자세는 국익 우선주의에 기초했다고 보기 어렵다. 미국이 협상 초기부터 주한미군 재배치·감축과 전략적 유연성을 연계해서 제안했던 만큼 한국도 이를 연계해 종합적으로 고려했다면 협상력을 극대화할 수 있었다. 그러나 협상 초기부터 이러한 전략을 포기함으로써, 전략적 유연성의 하드웨어를 구축해주고 기지 이전 비용의 대부분을 떠안게 되었으며, 주한미군 병력 수 감축을 평택 미군기지 확장 사업에 반영하지 못하는 결과를 낳고 말았다.

3. 한미동맹 재편의 이론화 작업

1) 동맹이란 무엇인가?

"동맹을 언급하지 않고 국제정치를 논하는 것은 불가능하다. 대개 동맹과 국제정치는 거의 같은 말이다"라는 리스카(George Liska)의 말이 상징적으로 보여주듯, 국가들 사이의 동맹 추구는 국제정치의 가장 일반적인 현상 가운데 하나다. 생존(survival)과 권력(power)을 추구하는 국가들은 자신의 힘만으로 이러한 목적을 달성하기 힘들기 때문에, 타국과 동맹을 맺는 경우가 많다. 그러나 동맹에 대한 합의된 개념 정의는 부족한 것이 현실이다.

예를 들어 동맹이론의 대가로 알려진 월트(Stephen Walt)는 동맹을 "둘 이상의 자주국가 간의 안보협력을 위한 공식적 또는 비공식적 협정"이라고 정의했는데, 이는 너무 추상적이고 광범위하다. 리즈(Brett Ashley Leeds)는 "동맹은 자주국가들이 유사시 조약국들에 대해 군사지원을 하거나, 중립을 지키거나, 상호협의 및 상호협력을 하도록 성문화된 공약"이라고 정의하지만, 이 역시 모호하기는 마찬가지다.

이러한 추상적인 정의는 동맹의 유형을 방위조약(defense pact), 중립조약(neutrality pact) 또는 불가침조약(nonagression pact), 협상(entente)으로 나누는 근거가 된다. 방위조약은 동맹의 한 당사자가 침략을 당했을 때 다른 동맹 체결국이 군사지원을 하는 것이고, 중립조약이나 불가침조약은 어느 동맹 체결국이 제3국에게 침공을 받았을 때 동맹 체결국 상호 간에 중립을 지킬 것을 약속하는 것이며, 협상은 어느 동맹국이 제3국으로부터 침략을 받았을 때, 동맹 체결국 간에 서로 공조체제를 유지할 것인지를 차후에 협의하기로 한 것을 의미한다.[39]

그러나 이러한 동맹의 정의와 유형은 너무 추상적이고 광범위해서 동맹인 것과 동맹이 아닌 것을 구분하기 어렵다. 가령 중국과 일본은 1978년 불가침을 포함한 평화우호조약을 체결했지만 두 나라가 동맹관계라고 말하지는 않는다. 또한 유사시 중립을 지키겠다거나, 추후에 협의를 통해 군사지원을 할 것인지를 결정하는 방식 역시 상식적인 의미의 동맹과는 거리가 멀다.

이와 관련해 버거스만(Stefan Bergsmann)은 여러 학자들의 다양한 동맹의 정의를 비판적으로 검토해, "간결하고, 이론적으로 유용하며, 실질적인 정의"를 모색했다. 그는 동맹의 중요한 요소로 다음 여덟 가지를 꼽았다. ① 특정 인구와 영토에 대한 지배권을 갖고 있는 '국가 간의 협약'일 것, ② 정치적 약속이든 공식적인 조약이든 동맹 당사국들이 '명시적인 합의'가 있다고 생각할 것, ③ 제3국의 침략 등 동맹상의 해당 사유(casus foederis)가 발생했을 때 군사지원 등 '특정한 행위'를 제공한다는 약속이 존재할 것, ④ 특정한 행위 제공이 요구되는 사태 발생은 '불확실한 것'일 것, ⑤ 신뢰(credibility)와 방기(abandonment)를 동시에 안고 있는 '약속'이어야 할 것, ⑥ 약속은 해당 사유 발생 시 '군사지원'을 포함하고 있을 것, ⑦ 약속은 '상호적(mutual)'이어야 할 것, ⑧ 합의는 국가안보의 영역이어야 할 것 등이다.

버거스만은 이러한 기준에 따라 동맹을 "동맹 당사국들이 불확실한 상황 발생 시 자원의 기여를 통해 상호 간의 지원을 약속하는 국가안보 영역에서의 국가 간의 명시적인 합의"라고 규정한다.[40] 한미상호방위조

---

39) 동맹의 정의 및 유형에 대해서는 김우상, 『신한국책략 II: 동아시아 국제관계』(나남, 2007), 53~56쪽 참조.

40) Stefan Bergsmann, "The Concept of Military Alliance," *Small States and Alliances* (Sonstige Bücher, 2001).

약을 예로 든다면, 외부의 공격이 있을지의 여부는 불확실하지만 이러한 상황이 발생할 경우 상호 간의 군사력 지원 등 자원 제공을 통해 상호원조에 나서는 것을 조약 형태로 명시하고 있다는 점에서 버거스만의 동맹 정의에 잘 부합한다고 할 수 있다. 이에 따라 이 책에서는 한미동맹을 이러한 정의에 기초해서 보기로 한다.

2) 한미동맹에 대한 이론적 개괄

한미동맹의 성격이 크게 바뀌고 있다면, 한미동맹을 설명하는 기존 이론에 대한 재검토도 불가피하다. 기존의 한미동맹의 성격은 일반적으로 다음과 같이 정리할 수 있다. 동맹이 체결될 당시와 냉전시대에는 미국의 안보공약과 지원에 의존하는 일방적·비대칭적 성격이 강했다. 그리고 동맹의 목적에 따라 방어형 동맹과 공격형 동맹으로 나눌 때, 한미동맹은 어느 일방이 제3국으로부터 공격을 받을 경우 헌법적 절차에 따라 군사력의 발동 여부를 결정하게 되어 있는 방어형 동맹이다. 또한 지리적 범위를 기준으로 볼 때, 한미동맹은 적용 범위를 양국의 행정구역으로 규정한 한미상호방위조약과 역사적 맥락에 따라 '한국 방위 동맹'으로 규정할 수 있다. 끝으로 한미동맹은 적의 군사적 위협에 대응하기 위한 것이므로 '안보동맹' 또는 '군사동맹'으로 규정할 수 있다.

그러나 21세기에 들어 한국의 군사력이 신장되고 미국의 안보공약에 대한 의존도가 줄어들어 '한국 방위의 한국화'가 나타나고 있고, 역할과 비용 부담에서도 한국의 부담이 늘어남에 따라 한미동맹은 대칭성이 강해지고 있다. 또한 북한의 대량살상무기(WMD) 저지 활동을 비롯한 공격적 성격과 중국에 대한 군사적 개입을 염두에 둔 지역적 성격도 가미되고 있다. 아울러 군사안보동맹의 수준을 넘어 민주주의와 시장경제라는 가치를 공유하고 이를 전 지구적으로 실현하는 데 기여해야 한다는 '가치동맹'의 성격도 나타나고 있다. 이는 기존 동맹이론의 틀에서 벗어나 한미동맹을 새로운 이론틀에서 분석해야 한다는 것을 의미한다.

노무현-부시 시기에 이뤄진 한미동맹 재편과 관련해 우선 주목해야 할 것은 동맹이 약화될 요인들이 있었는데도 실상은 오히려 강화되었다는 점이다. 한미동맹이 불안정성을 내포하고 있는 이유는 구성주의 관점에서 설명할 수 있다. 이는 위협 인식의 정체성과 직결되어 있다. 즉, "어떠한 세력과 군사력이 위협으로 인식되는가 하는 점은 반드시 인식의 요소 또는 정체성의 요소를 고려할 때" 알 수 있는데, 동맹국 사이의 환경 및 전략적 목표에 따라 위협 인식의 여부와 그 대상은 달라질 수 있다.[41]

이와 관련해 한미동맹이 '공동의 적'으로 상정해온 북한의 위협에 대한 인식 및 이에 대한 대응책을 둘러싼 한미 간의 갈등은 여러 가지 시사점을 준다. 2007년 초 부시 행정부가 대북정책을 전환하기 이전까지 미국은 북한을 적대국으로 간주한 반면에, 한국은 점차 적에서 평화공존, 나아가 평화적 통일의 대상으로 바라봤다. 이는 한미 양국 사이에 북한에 대한 '위협 인식'의 차이를 수반하게 되었고, 한미갈등의 핵심적인 요인으로 작용했다.

북핵 문제에 대한 인식의 차이가 이를 잘 보여주었는데, 미국은 북한의 핵개발에도 불구하고 남한이 대북 포용정책을 지속해온 것을 두고 남한이 북핵 문제를 심각하게 받아들이지 않고 있다고 해석하는 경향이 강했다. 반면에 한국은 미국의 대북 강경책이 북핵 문제의 재발 및 약화

---

41) 동맹관계에 대한 구성주의적 분석은 전재성, 「탈냉전과 동맹이론」(한국정치학회 연례학술회의 발표 논문, 2000), 10~13쪽 참조.

요인 가운데 하나라고 보면서, 미국이 미사일방어체제(MD) 구축 및 대중
국 견제라는 전략적 목표를 위해 북핵 문제를 악용하는 것이 아니냐는
의구심을 갖고 있었다. 또한 북한의 핵 위협과 관련해서도 한국은 북한의
핵무장 자체에 심각한 위협을 느끼고 있는 반면에, 미국은 북한이 핵물질
과 기술을 테러집단이나 다른 반미국가에 이전하는 것을 더 큰 위협으로
간주하고 있다.42) 이러한 위협 인식을 둘러싼 갈등은 중국에 대해서도
나타난다. 미국은 중국을 잠재적 군사 경쟁자로 상정하고 있지만 한국은
우호협력관계를 발전시켜야 할 대상으로 보고 있는 것이다.

물론 공동의 위협 인식에 차이가 발생한다고 해서 그것이 동맹의 해소
로 이어지는 것은 아니다. 한미동맹의 제도화 수준이 상당히 높고 이념적
결속도 강한 편이며, 동맹 해소 시 한국은 응징의 두려움이, 미국은 다른
동맹국들에게 신뢰의 위기를 야기할 수 있다는 점에서 한미동맹의 지속성
은 강한 편이다.43) 그러나 이러한 이론은 동맹의 지속성을 설명할 수
있으나, 한미동맹이 강화되고 있는 현실을 설명하는 데는 한계를 갖는다.

이와는 다른 맥락에서 한미동맹 재편의 성격을 볼 필요도 있다. 동맹의
형성 및 존속의 가장 큰 이유가 '공동의 적(common enemy)'에 있다면,
그 위협이 크게 변하지 않으면 동맹 역시 변하지 않는 속성을 갖고 있다.
그런데 한미동맹의 재편은 대단히 주목할 만한 궤적을 밟아왔다. 공동의
적으로 삼고 있는 북한이 핵 개발에 다시 나선 시점과 한미동맹 재편의

---

42) 이러한 북핵에 대한 위협 인식의 차이는 양국 사이의 정책적 갈등의 원인이 되어왔
다. 일례로 대량살상무기확산방지구상(PSI)과 관련해 '핵확산 방지'에 관심이 많은
미국은 동맹국인 한국이 참여를 꺼리는 것에 불만을 갖고 있으나, 북한의 핵무장
자체를 막는 것에 더 큰 관심이 있는 한국으로서는 PSI 참여가 북핵 문제 해결
및 남북관계에 미치는 영향을 고려하지 않을 수 없는 처지다.

43) 김계동, 「한미동맹관계의 재조정: 동맹이론을 분석틀로」, ≪國際政治論叢≫, 제41집
2호(2001), 15~16쪽.

시점이 거의 일치하기 때문이다. 한미 양국이 미래한미동맹정책구상(FOTA) 회의를 비롯해 동맹 재편이 나서기로 합의한 시점은 2002년 10월 '2차 북핵 문제'가 발생한 지 불과 한 달 후였다. 또한 북한이 국제원자력기구(IAEA) 사찰단을 추방하고 핵시설 재가동 및 플루토늄 재처리에 들어가는 등 북핵 문제가 악화되는 상황에서도 동맹 재편은 일사천리로 진행됐다. 이는 1차 북핵 문제가 발생하자 주한미군 3단계 감축 계획을 중단했던 1990년대 초의 상황과 대비된다.

이러한 특징은 한미동맹 재편의 배경과 원인을 분석하는 데 중대한 시사점을 준다. 북한의 대량살상무기(WMD)를 최대 위협으로 간주해온 부시 행정부로서는 북핵 문제의 재발이 한미동맹 재편을 연기할 사유가 아니라, 오히려 가속화할 사유에 해당되었던 것이다. 이는 한미동맹에 미국의 예방적 선제공격 개념이 투영되어 한미동맹이 '방어형 동맹'에서 '공격형 동맹'으로 바뀌고 있다는 분석과 연결되어 있다. 이에 따라 1990년대 초반 1차 북핵 위기 당시에는 미국의 군사전략이 '억제'에 초점이 맞춰져 있어 억제력의 훼손을 가져올 수 있는 한미동맹 재편을 중단했던 반면에, 부시 행정부 출범 이후에 재발한 2차 북핵 위기에 대해서는 미국이 '억제'보다는 '예방' 개념을 적용함으로써[44] 한미동맹 재편을 오히려 가속화시키게 된 것이다.

안보와 자율성 사이의 교환동맹이론도 특이하게 나타나고 있다. 교환동맹모델은 약소국이 자신의 정책 자율성에 제한을 받는 것을 감수하는 대신에 강대국으로부터 안보를 보장받는 '안보와 자율성의 교환관계'를 일컫는다. 그리고 기존의 한미동맹은 교환동맹모델의 대표적인 예로 분

---

44) 미국의 군사전략이 억제에서 예방으로 바뀌고 있다는 설명에 대해서는, Lee Feinstein and Anne-Marie Slaughter, "A Duty to Prevent," *Foreign Affairs*(January/February, 2004).

석되었다.[45] 그러나 한미동맹의 재편 원인은 이러한 이론과 정반대의 성격을 갖고 있다. 많은 논란을 무릅쓰고 한국 정부가 이라크 파병과 주한미군의 감축 및 기지이전, 주한미군의 전략적 유연성 등 미국의 요구를 대폭적으로 수용한 이유는 미국의 안보공약을 확고히 받겠다는 동기보다는 북핵 문제에 대한 미국의 강경책을 완화하는 효과가 있다고 믿었기 때문이다. 즉, 한국 정부가 미국의 대북정책 자율성에 제한을 두기 위해 이라크 파병 및 한미동맹 재편 요구를 수용했다는 것이다.

한미동맹 비용 부담과 한국의 자체적인 군비 부담의 관계도 이례적이다. 전통적인 동맹이론에 따르면, 동맹 유지비용과 자국의 군비증강 사이에는 반비례의 속성이 있다. 또한 안보 보장자가 군사력을 증강하면 피보장자의 군비 부담은 적어진다. 기존의 한미동맹 역시 이러한 경향이 강했는데, 미국이 한국의 안보 보장자 역할을 해주고 이에 따라 한국의 군비 부담이 적었기 때문에 고도의 경제성장이 가능했다는 것이다. 그러나 오늘날 한미동맹의 현실은 다르다. 방위비 분담금이 크게 늘고 주한미군 기지 재배치 비용을 사실상 전담하고 있는데도 자체적인 국방비도 크게 늘어나고 있다. 또한 한국군과 주한미군이 동시에 전력증강에 나서고 있는 것도 주목할 현상이다. 이는 한미동맹의 군비 절감 효과가 더 이상 지속되지 못하고 있다는 것을 의미한다.

또한 버림(放棄, abandonment)과 휘말림(連累, entrapment)의 딜레마가 한미 양국 사이에 비대칭적으로 나타나고 있다는 점도 주목할 필요가 있다. 버림과 휘말림의 딜레마란 동맹관계인 한 나라가 상대국의 요구를 수용할 경우 원하지 않는 분쟁에 휘말릴 위험이 있고, 휘말림의 우려에

---

45) 장노순, 「교환동맹모델의 교환성: 비대칭 한미안보동맹」, ≪國際政治論叢≫, 제36집 1호(1996).

따라 상대방의 요구를 거부할 경우 동맹의 이완 내지 파기를 감수해야
하는 데서 나오는 이론이다.[46] 그런데 한미동맹 체결 당시 휘말림에
대한 우려는 미국 쪽이 더 컸다. 미국이 한국과의 동맹 체결에 주저하고
한미상호방위조약에 자동개입 조항을 포함시키지 않은 등 2중, 3중의
안전장치를 마련했던 것은 휘말림을 피하기 위해서였다. 그러나 한반도
안보 환경이 변하고 한미동맹이 재편되면서 휘말림의 위험은 한국 쪽이
더 커지고 있다. 북한의 남침 위협은 현저하게 낮아진 반면에, 미국의
대북한 군사행동이나 미중 간의 무력 충돌에 주한미군의 개입 문제가
불거지고 있기 때문이다. 또한 한국이 이라크 파병 등 미국이 '테러와의
전쟁'이라는 외피를 쓰고 벌이는 전쟁에 지지·참여함으로써 한국에 대한
테러 위협도 증가하고 있다.

이처럼 한미동맹이 급격히 재편되면서 기존의 동맹이론으로는 잘 설명
되지 않는 부분이 많아지고 있다. 그러므로 한미동맹 재편의 배경과 원인,
성격을 분석하기 위해서 새로운 이론틀을 모색할 필요가 있다. 우선 미국
이 동맹관계에서 '파트너십'에 근거한 상호주의 및 신군사전략을 관철하
려 해왔고 한미동맹에도 이것이 투영되고 있으며, '한국 방위의 한국화'
도 완성 단계에 접어들고 있다는 점에 주목해야 한다. 이는 '힘의 불균형'
또는 후견-피후견(patron-client) 관계를 전제로 한 한미동맹의 성격 규정
이 더 이상 적실성을 갖기 힘들다는 것을 의미하며, 이에 따라 한미동맹의
'비대칭성'에 대한 새로운 개념화가 요구된다.

다음으로 미국의 패권전략이 한미동맹 재편에 어떤 영향을 주었는지에
대한 이론적 분석도 필요하다. 한미동맹의 '명시적인 적'으로 남아 있는

---

46) 남창희·이수형, 「주한미군 재배치와 한미동맹의 안보 딜레마」, ≪21세기 정치학회
　　보≫, 제14권 2호(2004).

북한에 대해서 기존의 억제와 방어는 한국이 주로 담당하고 미국은 WMD 문제에 대한 예방과 개입에 주안점을 두고 있다는 점에서 미국의 '예방전쟁론'은 한미동맹 재편의 핵심적인 분석틀이라고 할 만하다. 또한 중국에 대해서도 미국이 '단념시키기 전략'을 채택해 한미동맹에도 이를 투영하고 있는 만큼, 이에 대한 이론적 분석도 필요하다. 아울러 한미동맹이 가치동맹의 양상을 띠고 있는 만큼, 이를 설명할 수 있는 이론의 모색도 필요하다. 이와 관련해 리스카펜(Risse-Kappen)이 착안한 '민주주의 동맹론'을 떠올릴 수 있는데, 부시 행정부가 '폭정의 종식과 민주주의 확산'을 위해 '변형 외교(transformational diplomacy)'를 천명하고[47) 동맹국들의 동참을 요구하고 있다는 점에서 '민주평화론' 또는 '민주주의 동맹론' 역시 한미동맹 재편의 성격 분석에 필요한 이론이라고 할 수 있다.

마지막으로 왜 한미동맹과 북중동맹 사이에서 강자와 약자의 자유가 다르게 나타나는지도 이론적으로 분석할 만한 작업이다. '강자의 자유'란 약소국이 동맹에서 이탈하지 않을 것이라는 전제하에 강대국이 자신의 요구를 관철하려는 목적으로 자의적인 행동을 하는 것을 의미한다. 반면 '약자의 자유'는 약소국이 버림받지 않을 것이라는 확신을 가지고 강대국의 의사에 반하는 행동을 하는 것을 의미한다.[48) 그런데 부시 행정부의 경우 수시로 '주한미군 철수' 의사를 흘리는 등, 위협적인 방식을 동원해 한국 정부를 압박하고 이를 통해 자신의 요구를 관철했다. 이에 반해 북한은 동맹국인 중국의 경고에도 불구하고 2006년 7월 탄도미사일 시험

---

47) Condoleezza Rice, "Transformational Diplomacy"(Georgetown University, January 18, 2006), http://www.state.gov/secretary/rm/2006/59306.htm.

48) 전재성, 「동맹이론과 한국의 동맹정책」, ≪국방연구≫, 제47권 제2호(2004년 12월) 참조.

발사와 2006년 10월 핵실험을 강행했다. 이처럼 동맹관계에서 강대국의 위협이 통하는 경우가 있고 그렇지 않는 경우가 있는데, 이러한 현상이 나타난 이유를 이론화하는 것 역시 중요한 과제라고 할 수 있다.

3) 대안적 이론: 한미동맹 비대칭성 개념화

한미동맹 재편에 대한 이론적 분석틀을 모색하기 위해서는 '비대칭성'에 대한 새로운 해석이 필요하다. 앞서 설명한 것처럼, 한미동맹의 비대칭성에 관한 기존의 연구는 한미 양국 사이의 힘의 불균형과 미국은 안보보장자이고 한국은 피보장자라는 '후견-피후견 관계'로 환원하는 경향이 강하다. 미국이 초강대국 지위를 상당 기간 유지할 가능성이 높고, 한미동맹의 물리적 핵심이라고 할 수 있는 주한미군의 주둔 및 미국의 핵우산 제공도 유지될 것이라는 점에서 이러한 비대칭성이 사라진 것은 아니다. 그러나 이러한 접근으로는 한국의 국력이 신장하고 한미동맹에서 한국의 비용과 역할 부담이 늘어나고 있으며 '한국 방위의 한국화'가 나타나고 있는데도 동맹의 비대칭성은 완화되지 않는 현실을 설명하기 어렵다.

이에 따라 동맹의 비대칭성에 대한 새로운 해석과 이에 기반을 둔 이론화가 시급하다. '힘의 역학관계'라는 요인 이외의 비대칭성을 주목해야 한다는 것이다. 이러한 문제의식을 바탕으로 이 글에서 한미동맹의 비대칭성을 새롭게 개념화하기 위해 시도한 접근은 크게 세 가지다. 첫째, '동맹국 수'에 따른 비대칭성, 둘째, 동맹에 대한 태도와 파장과 관련해 한미 양국에서 나타나고 있는 '국내 정치'의 비대칭성, 셋째, 공동의 적으로 상정해온 북한에 대한 '위협 구조'의 비대칭성이다. 이를 표로 나타내면 <표 1>과 같다.

〈표 1〉 한미동맹의 비대칭성

	한국	미국
힘의 역학관계	약함	강함
동맹국의 수	미국이 유일 동맹국	한국은 여러 동맹국 가운데 하나
국내 정치적 민감성	매우 강함	약함
북한에 대한 위협 구조	북한의 위협과 북한 불안 시 위협 모두 갖고 있음	북한의 위협만 느낌

먼저 동맹국 수의 비대칭성은 한국에게 미국은 '유일한' 동맹국인 반면에, 미국에게 한국은 '여러 동맹국 가운데 하나'라는 것을 의미한다. 이러한 비대칭성은 한미 양국에 비대칭적인 영향을 주고 있다. 한국 이외에도 동맹국이 많은 미국의 입장에서는 한미동맹 자체를 사활적인 이해관계가 걸린 문제로 보지 않고, 이에 따라 한미동맹을 목적 달성을 위한 수단으로 인식하는 경향이 강하다. 다만 미국은 한미동맹이 다른 동맹관계에 미치는 파장을 고려하지 않을 수 없다. 한국 자체의 전략적 가치 못지않게, 한미동맹이 종결될 경우 미일동맹을 비롯한 다른 동맹관계에 미칠 '신뢰의 위기'를 걱정하지 않을 수 없으며, 이것이 바로 미국이 한미동맹을 유지해야 할 근거이기도 하다.

반면 미국하고만 동맹을 맺고 있는 한국의 경우에는 현존하는 한미동맹의 대체재가 마땅치 않다는 점에서 '방기'에 따른 두려움을 훨씬 크게 안을 수밖에 없고, 이에 따라 한미동맹 유지 자체를 목적으로 보는 경향이 강하다. 다시 말해 한미동맹이 국가안보를 달성하는 수단이기보다는 그 자체가 국가안보와 동일시되어 왔다는 뜻이다. 이라크 파병, 주한미군의 전략적 유연성 수용, 평택 미군기지 확장사업, 반환 미군기지 환경치유비용 부담 등에서 "한미동맹을 위해서"는 다른 모든 논리를 압도해온 현실은 이러한 분석을 뒷받침해준다.

또 한미동맹이 한미 양국의 국내 정치에서 갖는 비중이나 파장도 대단히 비대칭적이다. 최근 수년 동안, 특히 6·15 남북공동선언 이후 한미동맹은 끊임없는 논란의 대상이 되어왔고, 국내 언론 보도에서도 압도적인 비중을 차지해왔다. 한미동맹에 약간의 변화나 갈등이 있어도 보수 언론과 야당에 의해 침소봉대되는 경우가 많고, 노무현 정부도 간혹 반미 또는 자주적 발언을 통해 보수진영과의 대립각을 세워왔다. 이에 반해 주한미군 감축과 재배치, 전략적 유연성, 전시작전통제권 문제 등 지난 몇 년간 한국사회를 뜨겁게 달구었던 현안들이 미국에서 비중 있게 보도되거나 정책적 논란의 대상이 된 경우는 거의 없다. 이는 한미동맹에 대한 국내 정치적 이해관계의 민감성이 한국에서 훨씬 높다는 것을 의미한다.

이렇듯 한미동맹이 국내 정치에서 차지하는 비중의 현격한 차이는 한미 양국의 협상력과 관련해서도 중요한 함의를 갖는다. 한미동맹이 국내 정치로부터 비교적 자유로운 미국 정부의 협상 자율성은 대단히 높은 반면에, 그렇지 못한 한국 정부는 미국과의 협상력이 국내 정치와도 밀접히 연관되어 정부의 자율성이 많이 떨어진다. 물론 한미동맹과 국내 정치 사이의 연계성이 대단히 높다는 것이 바로 협상력의 취약성을 의미하는 것은 아니다. 국내 여론을 적절히 활용할 경우 협상력을 높일 수도 있기 때문이다. 그러나 한미동맹 재편 협상기에 노무현 정부는 보수진영의 끊임없는 정치 공세에 노출되어 있었고, 정부 스스로도 밀실 협상의 양태를 보임으로써 국내 정치가 대미 협상력에 미친 영향은 마이너스였다고 할 수 있다.

한편 한미동맹이 공동의 적으로 상정해온 북한에 대한 '위협 구조의 비대칭성'도 주목할 필요가 있다. 이는 단순히 6·15 공동선언 이후 한국이 북한을 군사적인 위협으로 인식하는 경향이 줄어들었다거나, 북핵 문제와 관련해 미국은 핵확산에 더 큰 우려를 갖고 있는 반면에 한국은 북한의 핵무장 자체에 더 큰 위협을 느끼고 있다는 차이에만 국한된 것이 아니다. 이보다 더 근본적인 문제는 한국 안보의 숙명적 딜레마에 있다고 할 수 있다. 한국은 군사적으로 대치하고 있는 북한의 위협과 미국이 대북 강경책을 취할 경우 발생할 수 있는 북미 간의 무력 충돌 및 북한의 붕괴라는 또 하나의 위협을 동시에 안고 있다. 적의 '위협'과 휴전선을 맞대고 있는 절반의 민족의 '안보'를 동시에 걱정하는 처지인 것이다. 이를 한국 안보의 '모순적 이중구조(contradictional dual-structure)'라고 불러도 좋을 것이다. 이에 반해 북한과 정체성의 공유 지점이 거의 없고 지리적으로도 태평양 건너에 있는 미국은 북한의 붕괴나 한반도에서의 무력 충돌을 부차적인 문제로 이해하는 경향이 강하다.

이에 따라 한국은 한미동맹을 유지해 북한의 위협에 대응해야 한다는 것과 미국의 대북 강경책을 제어해 북미 간의 무력 충돌이나 북한의 붕괴를 방지하고 북미관계를 정상화시켜 북한의 대미 안보 불안감을 해소해야 한다는 모순적인 과제를 안게 된다. 전자와 관련해서는 미국과의 협력이 대체로 원활하지만, 후자의 문제는 미국 정권의 성향에 따라 조화와 갈등을 반복해온 문제이기도 하다. 이러한 구조는 적대적이지만 그 관계를 청산해야 할 남북관계, 군사안보 차원에서 한반도 냉전구조의 핵심이라고 할 수 있는 북미관계, 그리고 종속적인 한미동맹이라는 남·북·미 3자 사이의 기형적 구조에서 기인한다고 할 수 있다.

이러한 한국 안보의 모순적 이중구조는 세계적 수준의 탈냉전 및 남북 화해협력 시기의 한미동맹의 성격과 재편 원인을 설명할 수 있는 이론적 기반을 제공한다. 한미 양국에서 대북 온건파가 집권세력으로 있을 경우,

한국 안보의 모순적 이중구조에 따른 딜레마는 작아지고 이에 따라 한미동맹에도 큰 문제가 발생하지 않는다. 비록 3년간(1998~2000년)의 짧은 기간으로 끝났지만 대북 온건파인 김대중-클린턴의 조합은 대북정책과 한미동맹의 양립 가능성을 보여주기도 했다. 한미 양국의 집권세력이 대북 강경파일 경우에는 공동의 위협 인식 및 전략 목표의 공유가 심화되어 동맹은 강화되는 속성이 있지만, 한국 안보의 또 하나의 축인 북한의 안정성을 저해할 수 있다는 점에서 한국의 딜레마는 복잡한 현상으로 나타난다. 특히 이러한 조합은 민주화된 한국 시민사회의 강력한 저항에 직면하게 된다. 2008년 11월 미국 대선에서 존 메케인(John S. McCain) 공화당 후보가 승리할 경우, 이러한 조합의 출현 가능성을 예상해볼 수 있다.

한국 안보의 모순 이중구조의 딜레마가 가장 첨예해지는 경우는 한국의 대북 온건파와 미국의 대북 강경파의 조합이다. 이 조합에서 한국의 안보 보장자이자 북한의 안정성에 가장 큰 영향력을 갖고 있는 미국의 '강자의 자유'는 높아지는 반면에, 한미동맹 유지와 미국의 대북 강경책 제어라는 모순적인 과제에 직면한 한국의 정책 자율성 및 대미 협상력은 극도로 위축되는 속성을 갖게 되기 때문이다. 노무현-부시 조합에서 한미동맹이 '긴장 속에 강화'라는 독특한 현상이 나타난 것은 이러한 구조적 속성의 발현이라고 할 수 있다. 이러한 구조적 딜레마에 직면한 노무현 정부가 한미동맹 강화를 북핵 문제의 평화적 해결의 유력한 수단으로 인식함으로써, 한미동맹 강화가 정책적 결과로 나타나게 된 것이다. 그리고 부시가 2007년 들어 대북정책을 전환하면서 한국의 이중적 안보 딜레마는 완화되었고, 한미관계의 긴장도 크게 줄어들었다.

4) 행위자의 선택: 노무현 정부의 경우

한미동맹과 같은 비대칭 동맹관계에서 강대국의 요구에 대한 약소국의
대응은 순응에서부터 저항까지 다양한 스펙트럼이 있다. 순응은 강대국
과의 이해관계가 일치하거나 불응 시 응징당하거나 버림받을 수 있다는
두려움에 압도될 때 주로 나타난다. 반면 저항은 동맹 유지에 따른 편익보
다 강대국의 요구로 입는 손해가 더 클 때, 또는 저항하더라도 강대국이
자신을 포기하지 못할 것이라는 판단이 설 때 나타난다. 파병을 통해
미국의 대북정책 전환이 가능할 것이라는 믿음과 미국의 요구에 불응할
시 보복을 당할 수 있다는 두려움의 조합으로 나타난 한국의 이라크
파병은 '순응'의 사례이며, 중국의 강력한 만류와 경고에도 불구하고
북한이 2006년 7월 미사일 시험 발사와 2006년 10월 핵실험을 강행한
것은 '저항'의 사례라고 할 수 있다.

그러나 현실적으로 완전한 순응이나 완전한 저항이라는 양극단의 현상
은 잘 나타나지 않고, 이 가운데 있는 다양한 전략의 조합으로 귀결되는
경우가 많다. 아이켄베리(John Ikenberry)는 이들 사이에서 약소국이 취할
수 있는 방법으로 다음과 같은 개념들을 제시한다. 대안적 체제를 만들어
동맹관계의 이완을 꾀하는 완충(buffering), 강대국을 약소국이 만들어낸
체제에 포함시키려는 유혹(baiting), 강대국과 협상을 통해 이해관계를
조정하는 협상(bargaining), 강대국 체제에 편입하는 편승(bandwagoning),
강대국 지도자와의 친밀성을 높이는 결속 강화(bonding), 위계체제에서
전문성을 높여 역할 분담을 추구하는 방식(promoting hierarchy, specializa-
tion and division of labor) 등이 그것들이다.[49]

---

49) John Ikenberry, "Strategic Reactions to American Preeminance: Great Power

이러한 분류에 근거할 때, 우선 노무현 정부가 취한 선택과 그 결과의 차이를 주목할 필요가 있다. '완충'의 방법과 관련해 정부는 크게 두 가지를 시도해왔다. 하나는 북핵 문제 해결과 평화체제 구축을 통한 동맹관계 재편이고, 다른 하나는 자주국방 능력 확보를 통한 대미 안보 의존도의 완화다. 그러나 북한과의 평화체제 구축과 자체적인 군비증강은 양립하기 어려운 선택이었고, 북핵 문제 해결과 관계없이 부시 행정부가 동맹 재편에 박차를 가하면서 이러한 전략은 성공하지 못했다. 대규모의 국방비 증액을 통한 자주국방 능력 확보도 주한미군의 전략적 유연성을 촉진시키고 동맹국의 능력을 강화해 패권구도를 강화하겠다는 미국의 의도와 조우하면서 한미동맹의 종속성에서도 탈피하고 있다고 보기 어렵다. 또한 노 대통령은 2003년 5월 방미 등을 통해 부시 대통령과의 '친밀성 강화'를 시도했으나 오히려 양국 간의 신뢰는 악화되었다. 그렇다고 전문성을 강화해 협상을 통한 국익 증진을 달성한 것도 아니다.

신욱희는 이와는 약간 다른 분류로 한미동맹의 분석틀을 제시하고 있다. 그는 비대칭적인 쌍무관계를 특징으로 하는 한미동맹에서 하부단위인 한국이 취할 수 있는 행동 방식에는 순응(compliance), 협상(negotiation), 구성(construction), 저항(resistance)이 있다고 보고, 양극단에 있는 순응과 저항 사이에 있는 협상과 구성에 주목한다. 여기서 협상은 "주어진 구조 내에서 하위 국가가 자신의 이익을 극대화하려는 방식"을 의미하고, 구성은 "상위 국가와의 상호작용을 통해 자신이 처한 구조의 상대적인 전환을 모색하는 시도"를 지칭한다. 아울러 이러한 행위가 이뤄지는 환경으로 동맹관계의 비대칭성에 방점을 둔 후견–피후견 국가관계(patron-

Politics in the Age of Unipolarity"(a Conference Report, National Intelligence Council, July 27, 2003).

client state relationship)와 구조 내에서 일정 정도의 자율성을 갖춘 주체의 문제에 주목한 주체-구조(agent-structure)를 분석틀로 제시한다.[50]

이러한 이론틀을 한미동맹 재편 과정에 적용해보면 몇 가지 특징을 발견할 수 있다. 총론적으로 볼 때, 동맹의 하위체계의 행위자인 노무현 정부는 미국의 신군사전략을 '구조'로 받아들이면서 이를 자주국방 실현이라는 한미군사관계의 상대적 변화를 시도하는 근거로 삼았다. 이는 노무현 정부가 주로 '구성'의 방식으로 한미동맹 재편에 적응하려고 했다는 것을 의미하고, 이는 주한미군의 임무 이양 및 전시작전통제권 환수 일정 합의에서 보여주듯 외견상으로 일정 정도 성공하게 되었다.

그러나 이를 두고 노무현 정부가 주어진 구조에 수동적으로 순응하지 않고 능동적으로 구성을 선택한 결과라고 결론짓는 데는 무리가 따른다. 노무현 정부가 구성을 시도하지 않았더라도, 이러한 결과는 노무현 정부가 구조로 인식한 미국의 신군사전략에 이미 상당 부분 반영되어 있었기 때문이다. 노무현 정부가 대표적인 성과로 내세우는 전시작전통제권 환수는 미국이 전략적 유연성 확보를 위해 이양을 준비 중이었다. 또한 정부가 말하는 자주국방은 미국의 신군사전략의 표현에 따르면 "능력 있는 동맹국"을 의미한다. 이는 미국의 입장에서 볼 때, 한국이 독자적인 대북 억제력을 확보할 때, 비로소 주한미군의 전략적 유연성이 가능하다는 구조적 연결고리에 해당된다. 이러한 맥락에서 볼 때, 노무현 정부의 자주국방 노선은 동맹 구조의 상대적인 변화를 야기한 측면이 있지만, 동시에 미국이 원하는 동맹 구조의 재편을 촉진시키는 결과를 낳기도 했다.

---

50) 신욱희, 「한미동맹의 내부적 역동성: 분석틀의 모색」, ≪국가전략≫, 제7권 2호 (2001).

4. 분석의 종합

이러한 현실적·이론적 요소를 종합적으로 고려할 때, 노무현 정부 시기에 미국 패권주의에 조응하는 한미동맹 재편이 나타난 원인은 구조적 요인과 주체적 요인의 조합에서 찾을 수 있다. 여기서 구조적 요인은 크게 두 가지로 나눌 수 있는데, 미국의 신군사전략과 한미동맹의 비대칭성이 바로 그것이다. 미국의 신군사전략은 주한미군 및 동맹전략의 상위 개념에 해당되고 미국이 한국보다 힘의 우위에 있다는 점에서 한국의 국가안보전략보다 한미동맹 재편에 미치는 영향력이 우월하며, 노무현 정부가 스스로 이를 구조로 인식했다는 점에서 가장 중요한 구조적 요인에 해당된다고 할 수 있다.

한미동맹의 비대칭성은 네 가지로 나눌 수 있는데, ① 한미 양국 사이의 힘의 비대칭성, ② 동맹국 수의 비대칭성, ③ 국내 정치 민감성의 비대칭성, ④ 북한에 대한 위협 구조의 비대칭성이 바로 그것들이다. 이들 비대칭성 역시 주체의 선택에 의한 것이 아니라 주어진 요소라는 점에서 구조적 속성을 갖는다. 그리고 이러한 비대칭성은 미국의 신군사전략과 함께 한미동맹 재편 협상에서 미국에게 유리한 요소로 작용해왔다.

여기서 미국의 신군사전략과 동맹의 비대칭성 가운데 힘의 불균형은 이론적으로 구조주의적 현실주의와 친화성을 갖는다.[51] 한미동맹을 한미 양국의 국가 간 체제(구조)라고 할 때, 노무현 정부의 행위는 이 '구조의 범위'를 크게 벗어나기 힘든 속성을 갖고 있었기 때문이다. 특히 한미동맹의 또 다른 비대칭성, 즉 국내 정치적 요소와 북한 문제를 함께 고려했던

---

51) 구조적 현실주의 또는 신현실주의에 대한 개략적인 설명은 김태현, 「세력균형이론」, 우철구·박건영 엮음, 『현대 국제관계이론과 한국』(사회평론, 2004), 81~117쪽 참조.

노무현 정부에게 이와 같은 '구조의 힘'은 더욱 크게 다가왔을 것이다. 그러나 한미동맹 재편 결과를 구조적 요인으로 환원하는 것은 문제가 있다. 이는 구조환원론이 몰인간적이고 몰정치적이라는 구조적 현실주의에 대한 당위론적 비판에 국한된 것만은 아니다. 한미동맹 재편 과정을 면밀히 보면 노무현 정부의 정책 행위라는 주체의 선택 문제 역시 간과할 수 있는 요인이라는 것을 알 수 있기 때문이다.

비록 "대등하고 균형적인 한미동맹"이라는 추상적인 목표 이외에 구체적인 동맹 재편의 상은 그리지 않았더라도, 노무현 정부 역시 부시 행정부와 마찬가지로 동맹의 변화를 원했고 대통령 당선자 시절에 이러한 입장을 미국에 전달했다. 이는 노무현 정부가 단순히 미국 측 요구의 수용자 또는 순응자가 아니라 동맹 재편의 능동적 주체라는 것을 의미한다. 다만 노 정부는 추상적인 목표 이외에는 이렇다 할 내용물을 갖고 있지 않았기 때문에, 동맹 재편의 목표·방향·구조·일정 등 비교적 구체적인 계획을 갖고 있었던 부시 행정부에게 의제의 선점과 협상의 주도권을 넘겨주게 된 것이다. 이는 한미동맹 재편의 주체적 요인 가운데 '촉발 요인'에 해당된다.

그러나 이것만으로는 '신속성'과 '미국 신군사전략으로의 포섭'이라는 한미동맹 재편 결과를 설명하는 데 한계가 있다. 그러므로 주체적 요인 가운데 노무현 정부의 인식론적 요인을 더욱 면밀히 검토해야 한다. 이와 관련해 '결과'보다는 '과정'을 중시하고, 구조 못지않게 개인이나 집단의 인식도 중요하다고 보며, 국가(또는 정부)의 합리성에 의문을 제기해온 외교정책결정 이론이 유용한 분석틀이 될 수 있다.[52] 실제로 한미동맹의

---

52) 외교정책결정 이론에 대한 개략적인 설명은 남궁곤, 「외교정책결정 이론」, 우철구·박건영 엮음, 『현대 국제관계이론과 한국』(사회평론, 2004), 291~331쪽 참조.

재편 과정을 보면, 노무현의 주관적 판단과 선호, 핵심 정책그룹의 정책적 선호, 국익보다는 조직의 이익을 우선시하는 관료정치의 폐해 등이 나타났기 때문이다.

먼저 정치 지도자의 개인적 선호와 관련해 노무현은 부국강병을 지향하는 민족주의 성향이 강한 인물이라는 점을 주목할 필요가 있다. 이러한 대통령의 성향은 자주국방이라는 정책적 선호로 나타나게 되었고, 이는 한미동맹 재편을 자주국방 실현의 기회로 인식하게 만든 결정적 요인이었다. 여기에는 주한미군의 변화에 극도로 민감한 반응을 보여온 국민여론을 자주국방 구축을 통해 수습해보겠다는 국내 정치적 요인도 작용했다. 이러한 대통령의 자주국방 노선이 한미동맹 재편과 무난히 조화를 이룰 수 있었던 것도 "능력 있는 동맹국"을 선호하는 부시 행정부의 동맹전략과 부합할 뿐만 아니라, 정부의 자주국방이 대규모의 군비증강을 전제로 하고 있다는 점에서 한미동맹 재편의 국내적 저항 세력이 될 수 있는 군(軍)의 이해관계와도 맞아떨어졌기 때문이라고 할 수 있다.

자주국방 의지라는 인식론적 요인이 주로 대통령 개인에서 나온 것이라면, 북핵 문제가 한미동맹 재편과 연계된 것은 핵심적인 정부 관료들의 인식이 강하게 반영된 것이라고 할 수 있다. 노무현 정부의 초대 외교장관이었던 윤영관은 북핵 문제의 평화적 해결을 위해서는 한미동맹을 강화해야 한다고 여러 차례에 걸쳐 말했고, 국방보좌관이었던 김희상도 북핵문제에 효과적으로 대처하기 위해서는 한미관계가 중요하다는 입장을 피력했다. 이종석 NSC 사무차장 역시 이라크 파병 등 한미관계 강화가 북핵 문제 해결의 '기회비용'에 해당된다며, 한미동맹 강화를 통해 북핵문제를 해결한다는 입장이었다. 이러한 한미동맹 재편과 북핵 문제의 연계론은 대통령의 인식에도 영향을 줘, 2003년 5월 첫 방미 때 '친미' 행보를 낳기도 했다.

이러한 주체적 요인들이 한미동맹 재편 결과에 어느 정도의 영향을 주었는지는 반사실적인 가정을 통해 가늠해볼 수 있다. 만약 노무현 정부가 김대중 정부 말기에 부시 행정부와 합의한 FOTA를 정책적으로 검토하는 데 시간이 필요하다며 점진적으로 접근했고, 대규모의 군비증강에 의존하는 자주국방보다는 북한과의 군사적 신뢰구축 및 군비통제에 무게중심을 뒀으며, 북핵 문제의 해결 방식으로 한미관계와 남북관계에 균형적으로 접근했거나 남북관계를 좀 더 우선시했다면, 동맹 재편 결과는 상당히 달라졌을 것이다. 특히 용산기지 및 2사단의 후방 재배치와 전략적 유연성 사이의 관계, 주한미군 감축과 기지 이전과의 관계, 방위비 분담금이 2사단 이전비용으로 전용될 가능성, 반환기지의 환경치유 문제, 전략적 유연성과 한미상호방위조약 사이의 관계 등 사안 하나하나를 꼼꼼히 따지면서 국익을 극대화하는 방식으로 협상에 임했다면, 미국의 세계전략 때문에 한미동맹이 바뀌면서도 그 비용을 대부분 한국이 떠안게 되는 어이없는 현실은 상당 부분 예방할 수 있었을 것이다. 오늘날 한미동맹 재편의 결과를 구조적 요인으로 환원할 수 없는 이유도 바로 이것이다.

제3장

미국의 신군사전략과
한미동맹 재편

"적들의 적대 행위를 사전에 예방하기 위해 미국은 필요하다면 선제적으로
행동할 것이다." *

1. 탈냉전기 미국 네오콘의 군사전략

앞서 언급한 것처럼 '부시 독트린'으로 불리는 미국의 신군사전략은
한미동맹 재편의 구조적 요인이다. 세 가지 측면에서 그 근거를 찾을
수 있다. 첫째, 「국가안보전략보고서(NSS)」나 「4개년 국방정책 검토보고
서(QDR)」 등 미국의 핵심 문서를 통해 정립된 군사안보전략은 미국의
주한미군 운용 계획 및 동맹전략의 상위 개념에 해당된다. 둘째, 한미동맹
이 비대칭적인 성격을 갖고 있어, 미국의 군사전략이 한미동맹에 미치는
영향은 한국의 군사안보전략에 비해 우월한 규정력을 갖는다. 셋째, 미국
의 동맹 재편 전략의 협상 상대자인 한국의 노무현 정부가 미국의 신군사
전략을 거부하기 힘든 '구조'로 인식하면서 상대적인 자율성을 추구해왔
다는 점이다. 그러므로 한미동맹 재편의 원인과 성격, 그리고 문제점과
대안을 모색하기 위해서는 미국의 신군사전략에 대한 이해가 선행되어야

---

* 부시 행정부의 2002년 「국가안보전략보고서」에서.

한다.

흔히 '부시 독트린'이라고 불리는 미국의 신군사전략을 9·11 테러의 산물로 보는 경향이 강하다. 그러나 이는 객관적인 사실과 거리가 멀다. 선제공격과 전략적 경쟁자의 출현을 좌절시키려는 군사 수위(supremacy) 전략을 골자로 하는 미국의 신군사전략은 탈냉전 초기인 아버지 부시 행정부 때부터 추진되었기 때문이다.

당시 딕 체니 국방장관의 지시로 국방부 차관이었던 폴 월포위츠와 국방부 관리였던 루이스 리비는「국방정책지침(Defense Planing Guidance)」 초안을 작성했다.[1] 이 보고서에는 압도적인 군사력을 바탕으로 잠재적인 적의 부상을 봉쇄함으로써 유라시아에 걸쳐 미국의 패권주의를 확고히 하고, 북한·이라크 등 대량살상무기 개발 의혹이 있는 나라에 대해 선제 적 군사행동을 할 수 있으며, 미국이 군사적 개입을 추진할 때 유엔의 승인에 얽매이지 말아야 한다는 등의 내용을 담았다.[2] 그러나 ≪뉴욕타 임스≫가 비밀로 분류되어 있던 이 보고서를 입수해 폭로하고, 이에 민주 당의 조셉 바이든(Joeph R. Biden)을 비롯한 상당수 의원들은 "제국주의 국가, 세계의 두목이 되려 하느냐"며 강하게 비판함으로써 이 보고서는 일단 사장되었다.[3] 그러나 미국 강경파들의 숙원까지 사라진 것은 아니 었다.

1992년「국방정책지침」초안의 저자들을 비롯해 딕 체니와 도널드 럼스펠드 등 25명의 강경파들은 1997년 '새로운 미국의 세기를 위한 프로젝트'를 구성해 군사 패권주의의 야심을 되살리기 시작했다. 흔히

---

1) *The Washington Post*, March 11, 1992.

2) http://www.pbs.org/wgbh/pages/frontline/shows/iraq/etc/wolf.html.

3) *The New York Times*, March 9, 1992.

네오콘(Neocon)이라고 불리는 이들은 미국 대선 직전인 2000년 9월에 「미국 국방력의 재건」 보고서를 작성해 부시 진영의 외교안보 공약에 방향을 제시했다.4) 보고서는 서문에서 "(아버지) 부시 행정부 때 딕 체니 국방장관이 구상한 방위 전략에 기초한다"며, "「국방정책지침」은 청사진"이라고 명시해 월포위츠와 리비가 작성한 지침을 계승한 것임을 분명히 했다.

이 보고서의 주요 내용은 미사일방어체제(MD)의 개발 및 배치, 우주와 사이버공간의 군사적 통제, 연간 150억 달러 이상의 방위비 증액, 군사 분야의 혁명(RMA) 추진, 새로운 핵무기 개발의 추진, 선제공격 채택, 해외주둔 미군의 전력증강 등이다. 특히 이 보고서에서는 북한, 이란, 이라크를 별도로 지목해 "이 국가들이 미국의 지도력을 훼손하고 미국의 동맹국들과 미국 본토를 위협하게 해서는 안 된다"라고 밝혀, 부시 대통령의 "악의 축" 발언의 기초를 마련하기도 했다. 또한 "팍스 아메리카나와 단극체제를 21세기에도 유지하기 위해서는 군사적 수위(military supremacy)를 확고히 하는 것이 필요하다"며 패권주의 추구를 주문하기도 했다. 이 보고서에서는 이를 "미국식 평화"라고 규정하고 21세기에도 미국식 평화를 유지·강화하기 위해서는 "의문의 여지가 없는 미국 군사력의 압도적 우월성의 기초를 마련해야 한다"고 강조했다.

이렇듯 1992년 「국방정책지침」과 2000년 「미국 국방력의 재건」 두 보고서를 통해 가다듬어진 미국 강경파들의 패권주의 추구 열망은 부시 행정부의 출범과 함께 '구상'에서 '정책'으로 바뀌었다. 부시 행정부가 출범 이후 강조해왔고 또 실행해온 안보정책의 내용을 보면 앞에서 언급

---

4) Project for the New American Century, "Rebuilding America's Defenses," *A Report of The Project for the New American Century*(September, 2000).

한 두 보고서의 주문을 대부분 충족시키고 있기 때문이다. 이러한 의미에서 「2001년 4개년 국방정책 검토보고서(2001 QDR: Quadrennial Defense Review)」와 2002년 9월 발표된 「국가안보전략보고서(NSS: The National Security Strategy of the United States of America)」는 초판으로서의 「국방정책지침」 및 증보판으로서의 「미국 국방력의 재건」에 이은 '완결판'이라고 할 수 있다. 또한 부시 행정부가 2003년 3월 20일에 단행한 이라크 침공 계획도 「미국 국방력의 재건」에서 그 필요성이 언급되었다.

부시 행정부는 대선 유세 때 이미 북한, 이란, 이라크 등 "악의 축"으로 규정한 국가들에 대해서 비타협주의 방침을 밝혔었다. "향후 미국은 북한, 이라크, 이란과 협상하기보다는 이들의 위협에 대응할 수 있는 군사력 건설에 매진해야 한다"는 생각을 갖고 있었던 것이다.[5] 그러므로 부시 행정부의 군사전략은 9·11 이후 새로운 요구에 따른 것이라기보다는 탈냉전 이후 미국 강경파들의 세계관의 반영이라고 보는 것이 정확하다.

2. 1기 부시 행정부의 군사전략

흔히 탈냉전 이후 미국 군사안보정책의 목표는 네 가지로 거론되어왔다. ① 동맹 및 우방국에 미국의 안보공약을 확신시키고(assure), ② 미래의 군사적 경쟁자를 단념시키며(dissuade), ③ 미국의 국익에 대한 도전과 강요를 억제시키고(deter), ④ 억제에 실패할 경우 적을 결정적으로 격퇴한다(decisively defeat)는 것이다. 부시 행정부는 이러한 국방 목표를 재확

---

5) Condoleezza Rice, "Promoting the National Interest," *Foreign Affairs*(January/ February, 2000).

인하면서도, 예방적 선제공격 채택 및 대폭적인 국방비 증액과 새로운 무기체계의 개발 등을 통해 군사 패권주의를 강화하는 데 몰두해왔다.

이와 같은 부시 행정부의 군사전략은 클린턴 행정부 때와 적지 않은 차이가 있다. 1997년 QDR에서는 인권과 민주적 규범이 존중받고, WMD와 관련 기술의 확산을 최소화하고, 필요하다면 위협에 대응할 준비를 갖춰야 하며, 적대적 지역 연합이나 패권국의 등장을 예방해야 한다고 주문했으나, 부시 행정부가 각종 보고서에서 명시한 선제공격 전략과 군사 수위 전략은 언급되지 않았다. 특히 "우리가 직면한 도전의 성격은 협력적이고 다자적인 접근이 필요하다"고 강조해 부시 행정부의 일방주의와는 차이를 나타냈다. 그리고 이를 위해서는 "강한 군사력과 국방 및 공동의 이익을 위해 이를 사용할 의지를 유지하는 것은 포용 전략(strategy of engagement)의 핵심"이라고 강조했다.[6] 즉, 클린턴 행정부는 강력한 군사력을 미국의 지도력 유지 및 포용 전략을 뒷받침하는 요소로 간주한 반면에, 부시 행정부는 예방적 선제공격과 전략적 경쟁자의 출현을 봉쇄하는 데 군사력을 사용해야 한다는 인식을 갖고 있는 것이다.

1) 9·11 테러 전후

2001년 1월에 집권한 부시 행정부의 신군사전략의 방향은 2001년 6월 21일 도널드 럼스펠드 국방장관의 상원 군사위원회 증언에서 나타났다.[7] 이 증언에서 럼스펠드가 가장 강조한 것은 "미래의 위협을 예측하는

---

6) Department of Defense, *Quadrennial Defense Review*(May, 1997).

7) Donald H. Rumsfeld, Prepared Testimony to the Senate Armed Services Committee,

것이 대단히 어려울 뿐만 아니라, 예측과는 전혀 다르게 진행될 수 있다"는 점이었다. 이에 따라 미국은 "미래에 직면하게 될 새롭고도 낯선 위협에 대비하기 위해 지금부터 준비하지 않으면 안 된다"고 강조하고, 미국은 예측할 수 있는 위협은 물론 예측할 수 없는 위협, 즉 모든 위협에 맞설 수 있는 군사력 강화가 필요하다고 역설했다. 그는 이것을 "능력에 기초한 모델(capability-based model)"이라고 명명하고, 이를 이루기 위해서는 "군사 변혁(military transformation)"이 필요하다고 강조했다.

럼스펠드가 제시한 이러한 군사전략 방향은 9·11 테러를 계기로 탄력을 받기 시작했다. 이는 폴 월포위츠 당시 국방부 부장관의 2001년 10월 4일 상원 군사위원회 증언에서 잘 나타났다.[8] 그는 9·11 테러 이후의 새로운 안보 환경을 ① 미국 및 동맹국들이 전혀 예측할 수 없는 공격에 노출되고 있다는 '충격의 도래', ② 미국 본토는 안전할 것이라는 신화가 무너진 '철옹성(invulnerability) 시대의 종말', ③ 냉전시대의 적인 소련과 달리 상이한 동기와 수단을 가지고 미국을 위협한다는 '적의 변화', ④ 과거의 독재자가 미국을 고립시키고 철수시키기를 원했던 것처럼 빈 라덴, 사담 후세인, 김정일 등의 독재자들 역시 미국의 무력화를 기도하고 있다는 것으로 정리했다. 이에 따라 미국이 "테러와의 전쟁"에서 승리하고 10~20년 후의 불확실한 위협에 대비하기 위한 과제로 ① 본토 방어를 최우선의 과제로 삼을 것, ② 불확실성과 기습에 대비할 것, ③ 핵·생화학 무기·탄도미사일 등 비대칭적 위협을 분쇄할 것, ④ 억제력의 새로운 개념을 발전시킬 것, ⑤ 위협에 기초한 전략에서 능력에 기초한 전략으로

June 21, 2001.

8) Wolfowitz Warns of Further Terrorist Attacks Ahead, Defense official testifies before Senate Armed Services; 이 증언록의 번역본은 「한반도 군비통제」, 『군비통제 자료 30』(국방부, 2001년 12월), 211~228쪽.

전환할 것 등을 제시했다.

이처럼 네오콘을 중심으로 오래전부터 구상되어왔던 군사 패권주의와 9·11 테러가 초래한 안보 환경의 변화는 미국 신군사전략의 두 가지 배경이자 추진 동력이라고 할 수 있다. 9·11 테러 이전까지 부시 행정부가 가장 심혈을 기울였던 군사 계획은 미사일방어체제(MD)였다. 그런데 9·11 테러가 미사일과 무관한 형태로 일어나자 부시 행정부는 이를 발빠르게 대량살상무기(WMD) 위협과 연관지었으며, 아울러 예방적 선제공격 전략을 정당화하려 했다. 앞서 설명한 것처럼, 이 두 가지는 미국 강경파들이 오래전부터 주창해왔던 것이다. 또한 '본토 방어'와 '테러와의 전쟁'을 전면화했는데, 이는 9·11 테러에 따른 변화된 안보 환경을 고려한 군사전략이라고 할 수 있다.

이러한 부시 행정부 1기의 군사전략은 9·11 테러 직후인 2001년 9월 30일 발표된 「4개년 국방정책 검토보고서(QDR)」에 잘 나타나 있다.[9] 미국의 중단기 국방전략의 지침서라고 할 수 있는 이 보고서에서 가장 역점을 둔 부분은 '본토 방어'다. 럼스펠드는 이 보고서의 서문에서 "미국인들은 그들의 일터에서 죽었다. 미국인들은 미국의 땅에서 죽었다"며 본토 방어 강화를 국방정책의 최우선적인 과제로 삼겠다는 의지를 분명히 했다. 이를 위해 미국은 기존의 충분한 군사력 및 핵 억제력을 유지하고, 탄도미사일 위협에 대비해 MD를 구축하며, 본토안보국(Office of Homeland Security)[10]을 중심으로 연방·주·지방정부와의 협력을 강화해 테러리즘에 맞선다는 계획을 제시했다.

또 한 가지 주목할 점은 한반도와 중동 두 지역에서의 동시 전쟁 승리를

---

9) Department of Defense, *Quadrennial Defense Review*(September 30, 2001).

10) 본토안보국은 이후 본토안보부(Department of Homeland Security)로 격상되었다.

골자로 한 '원-원(win-win) 전략'을 유지하면서 미국의 전장을 전 지구로 확대하는 한편, 사이버 공간과 우주에서의 전쟁수행능력을 배가시킨다는 계획을 명시했다는 것이다. 2001년 QDR에서는 "미군은 두 개의 전장에서 동시에 전쟁이 발발할 경우 신속하게 격퇴할 수 있는 능력을 계속 보유할 것이다"라고 밝혔다. 만약 두 개의 지역에서 전쟁이 발발할 경우 한 지역에서는 침략을 격퇴하는 수준을 유지하면서, 다른 지역에서는 정권교체나 점령의 가능성까지 포함한 완전한 승리를 추구하는 방안을 채택한 것이다.[11] 이는 '1-4-2-1' 전략 모드와도 연관이 있다.

2001년 QDR에서는 이처럼 원-원 전략을 유지하면서도, 전 지구, 사이버 공간, 우주 등 인간이 상상할 수 있는 모든 실제 및 가상 공간을 전장화(戰場化)함으로써 군사 패권주의를 한층 강화해나갈 것임을 분명히 했다. 미국은 이러한 전략을 논리적으로 뒷받침하기 위해, "국방정책 재검토의 핵심적인 목적은 국방 계획의 기초를 '위협에 기초한 모델(threat-based model)'에서 '능력에 기초한 모델(capability-based model)'로 바꾼다"는 방침을 세웠다. 이것은 '누가' 적이고 '어디서' 전쟁이 일어날지에 대한 대응보다는 적이 어떤 능력을 가지고 '어떻게' 미국과 동맹국을 위협할 것인지, 그리고 미국은 어떤 능력으로 이에 대응할지에 강조점을 두는 것이다. 즉, 대규모 재래식 전쟁은 물론 미국의 적이 앞으로 자신들의 목적을 달성하기 위해 기습전, 기만전술, 핵이나 생화학무기를 이용한 비대칭적 전쟁 등에 의존할 것으로 판단하고, 이것을 억제하고 분쇄하기 위해 미국은 어떤 능력이 요구되는지를 식별해야 한다는 것이다. 이것은 또한 존재하는 위험, 예측 가능한 위험에 기초한 전략으로는 "예측할 수 없는 위험"에 대비할 수 없기 때문에 한계가 있고, 테러,

---

11) QDR(2001), p.21.

사이버 공격, 미군 개입의 방해, 미사일 공격, 생화학무기 공격 등 위협의 종류에 맞게 능력을 구비해야 한다는 주문으로 이어졌다.[12]

물론 미국이 지구상의 전 지역에 같은 비중을 두는 것은 아니다. 2001년 QDR은 발칸반도를 제외한 유럽은 대체적으로 안정기에 접어든 것으로 판단하고, 전략적 중심축을 유럽에서 동아시아로 이동하겠다는 의지를 암시했다.[13] 그 근거로는 ① 아시아에 대규모 군사적 경쟁과 충돌이 발생할 가능성이 높아지고 있고, ② 이 지역에서 미국의 군사적 우위에 도전할 세력(중국)의 부상이 예상되며, ③ 중동과 아시아 지역에서는 다양한 수준의 군비경쟁이 진행되고 있고, ④ 일부 국가는 전복될 가능성이 있기 때문이라고 설명했다. 특히 인도양의 뱅갈만에서 한반도의 동해에 이르는 지역을 '동아시아 해안대(East Asian littoral)'로 칭하고 가장 위험한 지역으로 분류했다.[14] 이를 뒷받침하듯 2001년 QDR은 "아시아 지역 내 미군기지 및 기반 시설에 대한 접근도가 다른 주요 지역들에 비해 낮은 수준이다"라고 진단하고, 이 지역에 대한 접근성 제고, 기반시설 확보, 원거리 작전을 지속할 수 있는 역내 시스템의 우선적인 개발을 주요 과제로 제시했다. 이는 한미·미일 동맹 재편 및 동남아 국가들과의 군사 협력을 강력하게 추진하겠다는 점을 암시한 것이라고 할 수 있고, 이후 실제로 미국은 해외주둔미군재배치(GPR)를 통해 이를 추진해왔다.

---

12) QDR(2001), pp.13~14.

13) 부시 행정부의 동아시아 중시 전략은 2기 때에도 이어지고 있다. 일례로 중앙정보국장(CIA) 지명자인 마이클 헤이든(Michael V. Hayden) 국가정보국(DNI) 부국장은 5월 18일 미국 상원 정보위원회 인준 청문회에서 동아시아와 한반도를 테러리즘, 비확산, 이란과 함께 미국의 5대 안보 위협이라고 말했다. ≪연합뉴스≫, 2006년 5월 19일.

14) QDR(2001), pp.3~7.

2) 예방적 선제공격 채택

9·11 테러 사건 1년 후인 2002년 9월 발표된 「국가안보전략보고서
(NSS)」는 미국의 군사안보전략의 극적인 변화를 상징한다.[15] 대통령이
서명하는 NSS는 미국 정부의 전략 지침을 담은 최고위 문서라고 할
수 있다. 이 보고서에서 부시 행정부는 냉전 이후 클린턴 행정부 때까지
유지해온 봉쇄와 억제에 중심을 둔 전략에서 대량살상무기를 보유한
적대 국가와 테러조직에 선제공격을 가할 수 있는 새로운 국가안보전략
을 공식화했고, 이는 추후에 '부시 독트린'이라고 일컬어져 왔다. 부시
독트린의 가장 큰 특징은 테러리즘과 대량살상무기 문제를 군사행동의
최우선적인 대상으로 삼고, 필요할 경우 미국의 선제공격도 불사하겠다
는 방침을 밝힌 것이다. 이를 위해 개념적으로 "테러리스트와 테러 지원
국을 구분하지 않겠다"며, 이들의 위협을 분쇄하는 데 "단독으로 행동하
는 것을 주저하지 않고, 필요하다면 선제공격을 통해 자위권을 행사할
것"이라고 천명했다.[16]

부시 행정부는 북한과 이라크를 대표적인 WMD 위협 국가로 지목했
다. 그리고 이 국가들의 파괴력이 구소련보다는 약하지만 WMD를 이용
해 미국과 동맹국을 공격할 가능성은 오히려 높아졌다며, 이에 따라 "오
늘날의 안보 환경은 (냉전시대보다) 더 복잡하고 위험해졌다"고 주장했다.
또한 부시 행정부는 '깡패국가'들에게는 억제 전략이 통하지 않을 것이라
며, "적들의 적대 행위를 사전에 예방하기 위해 필요하다면 미국은 선제

---

15) White House, *The National Security Strategy of The United States of America*(Sep-
  tember, 2002).

16) NSS(2002), pp.5~6.

적으로 행동할 것"이라고 강조했다. 이를 위해 정보력의 강화, 공동의 위협 인식을 위한 동맹국들과의 긴밀한 조정, 신속하고 정확한 파괴력을 갖추기 위한 군사 변혁을 단행하겠다고 밝혔다.[17]

미국이 이처럼 예방전쟁에 기초한 선제공격을 공식적으로 채택하는 것은 처음 있는 일로서 이전까지 군사적 위협을 사전에 봉쇄하고 미국을 공격한 나라는 가공할 보복을 당할 것이라는 억제 전략보다 훨씬 공격적인 전략을 채택했다는 것을 의미한다.[18] 물론 과거에도 미국은 "임박한 위협"에 대해 자위적 차원에서 선제공격을 단행할 수 있다는 전략을 유지했다. 그러나 부시 행정부는 이러한 자위적 수준을 넘어 "위험이 모이는 동안 태만하게 있을 수 없다"라며, 예방전쟁 개념에 무게중심을 두었다는 점에서 이전과는 확연한 차이를 드러냈다.[19]

아울러 NSS에서는 "우리의 군사력은 잠재적인 적들이 미국의 힘을 능가하거나 대등해지려는 희망하에 추구하는 군사력 증강을 좌절시킬 정도로 충분한 힘을 갖게 될 것"이라고 밝혀, 군사 수위 전략을 분명히

---

17) NSS(2002), pp.13~16.

18) 예방전쟁과 선제공격의 개념에는 차이가 있다. "선제공격 전략은 자신에 대한 공격이 임박했을 때 자위적 차원에서 먼저 공격할 권리"인 반면에, "예방전쟁은 언젠가는 강해질 것으로 우려되는 잠재적인 적에 대해 강대국이 벌이는 전쟁"이다. 미국의 이라크 침공의 경우에는 이라크가 대량살상무기로 미국을 위협하고 있다는 것을 입증해야 하지만 부시 행정부는 이라크가 대량살상무기를 보유하고 있다는 증거조차 제시하지 못했기 때문에, 선제공격보다는 예방전쟁 개념이 더 적합하다. 물론 미국 정부가 공식적으로 '예방전쟁' 개념을 말하고 있는 것은 아니다. 예방전쟁은 현대는 물론이고 역사상 결코 정당화될 수 없는 침략전쟁으로 분류되어왔기 때문이다. 이에 따라 콘돌리자 라이스는 이라크 침공을 "(선제공격과 예방전쟁) 둘 사이의 어딘가에 있는 새로운 전쟁"이라고 규정하기도 했다. *The New York Times*, March 17, 2003.

19) 미국의 예방전쟁론에 대한 자세한 설명은 정욱식, 『동맹의 덫: 지독한 역설, 두 개의 코리아와 미국』(서울: 삼인, 2005), 111~120쪽 참조.

했다.[20] 특히 미국은 주요 강대국들로 러시아와 인도, 그리고 중국을 언급하면서, "러시아는 더 이상 전략적 적이 아니"라고 규정했고, 인도에 대해서는 "전략적 이익을 공유하는 동반자 관계"라고 설명했다. 반면에, 중국과는 건설적인 관계를 추구하되, 중국의 군사력 강화, 인권 및 민주주의 결여, 대만, 비확산 등에 대해서는 많은 문제점을 노출하고 있다며, 중국이 전략적 경쟁자로 부상하고 있음을 강하게 암시했다.[21] 이는 군사 수위 전략이 주로 중국을 겨냥한 것임을 알 수 있다.

3) 핵선제공격 전략 채택

이러한 부시의 군사전략은 핵정책도 근본적으로 변화를 시켰다. ≪LA 타임스≫, ≪뉴욕타임스≫ 등 미국의 언론이 2002년 3월 초에 입수폭로한 「핵태세 검토 보고서(NPR: Nuclear Posture Review)」의 '비밀' 문서에서는 핵보유국인 러시아와 중국은 물론이고 북한, 이라크, 이란, 시리아, 리비아 등 비핵국가에 대해서도 핵공격 계획을 세우고 있다는 충격적인 내용이 포함되어 있다.[22] 파문이 커지자 부시 행정부는 비핵국가에 대해 핵무기를 사용하지 않겠다는 지난 24년간의 약속(카터 행정부의 '소극적 안전보장' 약속을 의미함)이 여전히 유효하며, NPR의 내용은 결코 새로운 것이 아니라고 진화에 나섰다. 그러나 미국의 독립적 군사전문연구단체인 '글로벌 시큐러티(GlobalSecurity.org)'의 대표인 존 파이크(John E. Pike)가 이 단체의 인터넷사이트에 NPR의 주요 내용을 전격적으로 공개

---

20) NSS(2002), p.30.

21) NSS(2002), pp.26~28.

22) *Los Angeles Times*, March 9 2002; *The New York Times*, March 10, 2002.

함으로써, 부시 행정부가 선제 핵공격 전략을 채택한 사실이 확인되었다.23)

부시 행정부의 핵전략이 공세적인 성격을 띠게 된 근본적인 요인은 핵무기에 대한 인식 변화다. 이전 정부들은 핵무기를 '최후의 보루(last resort)'로 인식한 반면에 부시 행정부는 미국의 군사 패권주의를 뒷받침해주는 '사용 가능한 무기(usable weapon)'로 인식하고 있다.24) NPR에서 "규모와 범위, 그리고 목적에서 각기 다른 핵공격 옵션들은 다른 군사적 능력을 보충해줄 것이다. 이와 같은 조합은 적들에게 신뢰할 만한 억제력을 부과할 때 필요한 다양한 옵션들을 제공해줄 수 있다"라고 강조한 것은 이러한 인식을 잘 보여준다.

핵무기 사용 옵션과 관련해 NPR 보고서에서는 "즉각적(immediate), 잠재적(potential), 예상치 못한(unexpected)"이라는 세 가지 기준을 마련해 "이러한 성격의 분쟁 시 핵공격 능력을 요구한다"고 명시했다. 즉각적 분쟁의 예로는 이라크의 주변국 공격, 북한의 남한 공격, 중국-대만의 무력 충돌을 들었고, 잠재적 분쟁으로는 "대량살상무기 및 이를 운반할 수단을 갖고 있는 하나 또는 복수의 세력이 미국과 동맹국에 대해 적대적인 군사적 위협을 가해오는 것"을 예로 들었으며, 예상치 못한 분쟁은 "쿠바 미사일 위기와 같이 갑작스럽고 예상치 못한 도전"을 의미한다고 명시했다. 이러한 범주에 따라 부시 행정부는 북한, 이라크는 "고질적인 우려"의 대상으로 이란, 시리아, 리비아는 경계 대상으로 삼았다. 또한 중국이 "전략 목표를 개발하고 핵·비핵 군사력을 현대화하고 있다"며

---

23) http://www.globalsecurity.org/wmd/library/policy/dod/npr.htm.

24) Philipp C. Bleek, "Nuclear Posture Review Leaks; Outlines Targets, Contingencies," *Arms Control Today*(April, 2002).

즉각적 또는 잠재적 분쟁의 대상에 포함된다고 말해, 러시아에 대한 비중을 줄이는 대신 중국에 대한 비중을 높였다.

이러한 내용을 종합해보면 부시 행정부는 사실상 비핵국가에 대해 핵무기 사용 및 사용 위협을 하지 않겠다는 소극적 안전보장(NSA: Negative Security Assurance)을 철회했다고 할 수 있다. 비핵국가와의 분쟁이 벌어질 때에도 핵공격 옵션을 대통령이 보유한다고 명시하고 있기 때문이다. 특히 이들 국가가 생화학무기를 사용할 경우, 핵 보복을 하겠다는 의지를 분명히 하고 있다. 이것이 바로 부시 행정부가 MD와 함께 강조하고 있는 새로운 독트린의 근간인 것이다.

부시 행정부는 이와 같은 인식을 바탕으로 '새로운 삼중점(new triad)'을 채택했다. 클린턴 행정부 때까지는 핵전략의 삼중점으로 냉전시대와 유사하게 러시아에 대한 핵 억제력 유지에 초점을 맞춰, 대륙간탄도미사일(ICBM), 잠수함발사 핵미사일(SLBM) 그리고 대륙간전략폭격기(Bomber)로 삼았다. 그러나 부시 행정부는 이러한 핵전략이 "냉전 시대의 유물"이라고 비판하면서, 핵·비핵 공격능력의 강화, 미사일방어체제(MD)를 중심으로 한 방어망의 구축, 그리고 다양하고 점증하는 위협에 신속하게 대응할 수 있는 국방 인프라의 재활성화로 전환했다. 그리고 이러한 삼중점을 효과적으로 뒷받침하기 위해 지휘·통제 및 정보체계의 획기적인 성능 향상을 도모하고 있다.

이러한 핵전략의 변화는 부시 행정부의 신군사전략의 기본 정신인 '위협에 기초한 모델'에서 '능력에 기초한 모델'로 군사력 건설 방향을 전환한다는 것이 핵전략에도 그대로 적용되고 있다는 것을 의미한다. 즉, 미국 및 동맹·우방국들은 앞으로 언제, 어디서, 누구로부터, 어떤 무기를 이용해 공격당할지 예측할 수 없으므로 핵 능력 및 전략 역시 이러한 위협에 대비할 수 있도록 다양화·유연화·신속화되어야 한다는 것이다.

3. 2기 부시 행정부의 군사전략

2001년 QDR과 NPR, 그리고 2002년 NSS가 1기 부시 행정부의 군사안보전략을 보여주는 문서라면, 2기 부시 행정부의 군사전략은 2006년 QDR[25] 및 NSS[26]를 통해 그 내용을 파악할 수 있다. 물론 2006년 QDR도 적시했듯이, 이들 보고서는 기존의 QDR 및 NSS의 연장선상에 있기 때문에 1기 행정부의 군사안보전략에서 큰 변화는 없다고 할 수 있다. 다만 2006년 QDR과 NSS에서는 아프가니스탄, 이라크와의 전쟁이 장기화되고 테러리즘이 오히려 확산되고 있는 점에 주목해, 미국은 앞으로 "장기전(long war)"에 대비해야 한다는 점이 1기 행정부 때보다 강조되었다. 아울러 2006년 NSS는 2기 부시 행정부가 민주주의와 자유의 확산을 대외정책의 기조로 내세운 배경과 그 목표를 상세히 담았다.

1) 2006년 QDR 분석

2006년 QDR 발표에 앞서, 2기 부시 행정부는 2005년 3월 발표한 「국방전략보고서(National Defense Strategy)」에서 위협을 네 가지로 분류했다. 첫 번째는 전통적인 위협(traditional challenges)으로, 이는 이전부터 존재해왔던 것을 의미한다. 두 번째는 테러 등 비정규적 위협(irregular

---

25) Department of Defense, *Quadrennial Defense Review*(February 6, 2001).

26) The White House, *The National Security Strategy of the United States*(March, 2006).

challenges)이다. 세 번째는 재앙적 위협(catastrophic challenges)으로, 적대 국가 및 세력이 WMD를 보유하고 미국 본토가 공격받는 것을 의미한다. 네 번째는 파괴적 위협(disruptive challenges)으로 미국 패권에 도전할 수 있는 경쟁자의 출현을 의미한다.[27] 2006년 QDR은 이러한 네 가지 위협에 대처하는 것이 미국 군사전략의 요체라는 점을 확인하면서, "미국은 홀로 이러한 문제들을 해결할 수 없기 때문에, 동맹관계를 강화하고 새로운 파트너십을 구축해 이러한 공동의 위협을 해결해야 한다"고 주문했다.

이러한 위협 인식을 바탕으로 2006년 QDR은 미국 국방전략의 목표가 ① 테러집단의 분쇄, ② 미국 본토 방어의 강화, ③ 전략적 선택 상황에 있는 국가들의 선택에 영향력 투사, ④ 적대국 및 테러집단의 WMD 획득·사용 예방 등 네 가지에 있다는 점을 거듭 확인했다. 이러한 국방전략의 목표에 따라 미국은 '맞춤형 억제(tailered deterrence)'를 추구하겠다는 의사를 밝혔는데, 이는 테러집단, WMD 보유를 시도하거나 이미 보유한 깡패국가, 그리고 미국의 잠재적 경쟁자 등 주된 위협 대상에 맞춘 군사적 능력을 확보하겠다는 것을 의미한다.

1기 부시 행정부 때부터 강조되었던 WMD 확산 및 사용 예방과 관련해, 2006년 QDR은 몇 가지 구체적이고도 중요한 방안을 담았다. 이 보고서에서는 WMD 위협이 냉전 시대보다 더 커졌다는 점을 재확인하면서, 북한과 이란을 우선적인 우려 대상으로 지목했다. 특히 WMD를 보유한 정권이 내부 통제력을 상실해 이것이 테러집단 등 위험 세력의 손에 넘어가는 것을 "미국과 동맹국이 직면한 가장 큰 위협 가운데 하나"라고 규정했다.[28] 이는 2005년 상반기에 논란되었던, 한미연합사의 작전

---

27) Department of Defense, *The National Defense Strategy of The United States of America*, (March, 2005).

계획(또는 개념계획) 5029와 관련된 문제이기도 하다.

미국은 "적대적인 국가나 세력이 WMD를 보유하는 것을 방지하는 것이 원칙적인 목표"라고 재확인하면서, 이를 위해 대량살상무기확산방지구상(PSI: Proliferation Security Initiative)을 비롯한 군사적 조치, 금융제재 등 경제적 조치, 비확산 체제 등을 강화하겠다고 밝혔다. 만약 이러한 예방적 조치가 실패할 경우 "가능한 평화적이고 협력적인 수단을 사용하겠지만, 필요할 때, 군사력을 사용하게 될 것"이라고 밝혀, 선제공격 전략이 여전히 유효하다는 점을 명시했다. 또한 앞서 언급한 것처럼 핵무기 등 WMD 보유 정권이 내부 통제력을 상실할 경우, 이들 무기나 물질이 위험 세력의 수중에 들어가는 것을 방지하기 위한 조치도 강조되었다. 2006년 QDR은 이러한 작전 수행을 위해 특수부대의 역할을 명시했다. "적대적 환경에 특수부대를 배치·유지·보호·증원할 능력을 확보"해, "특수부대로 하여금 WMD의 위치를 파악하고 안전하게 확보"하게 하는 것에 주안점을 둬야 한다는 것이다.[29] 즉, 1기 부시 행정부가 적대국의 WMD 보유를 저지하는 것을 핵심적인 전략으로 내세웠으나 북한, 이란 등이 핵무장 능력을 확보해가는 것을 예방하지 못함에 따라, 2기 부시 행정부는 이 국가들이 붕괴되거나 급변 사태가 발생할 경우에 대비하는 데 주안점을 두기 시작했다.

2006년 QDR에서 또 한 가지 주목할 점은 중국에 대한 경계심이 1기 부시 행정부 때보다 높아졌다는 것이다. 이 보고서에서는 미국의 패권적 지위에 영향을 미칠 수 있는 "전략적 기로에 선 국가들(Countries at Strategic Crossroads)"로 인도, 러시아, 중국 세 나라를 들었다. 인도에 대해서는

---

28) QDR(2006), p.32.
29) QDR(2006), pp.33~35.

2005년 7월 18일 정상회담을 통해 "미국-인도 관계가 전 지구적 파트너십에 진입했다"며, 인도를 "핵심적인 전략적 동반자"로 규정했다. 러시아에 대해서는 "냉전 시대와 같이 미국과 동맹국을 위협하지 않을 것 같다"며, 민주주의와 언론 자유, 시민단체의 활동 보장 등에서 "전환기"에 있는 "건설적 동반자"로 규정했다.[30] 1기 행정부와 비교할 때, 인도와의 전략적 관계를 중시하는 반면, 러시아에 대해서는 기존의 인식과 흡사한 모습을 드러냈다고 하겠다.

이에 반해 중국에 대해서는 상당히 비판적인 태도를 보이며 경계심을 보였다. 2006년 QDR은 "부상하는 강대국들 가운데, 중국은 미국과 군사적으로 경쟁하고 미국의 우위를 상쇄할 수 있는 파괴적인 군사 기술을 이용할 수 있는 가장 큰 잠재력을 갖고 있다"고 주장했다. 그러면서 미국의 목표는 중국이 평화적 성장과 정치적 자유화, 그리고 군사적 위협을 가하지 않는 길을 선택해, 미국과의 "경제적 동반자"와 "국제체제에서 책임 있는 이익상관자(stakeholder)"가 되게 하는 것이라고 강조했다. 그러나 중국의 군사력이 급성장하고 있고 대만에 대해 군사적 옵션을 유지하고 있으며 민주주의와 인권이 결여되어 있다는 점을 지적하면서, 중국이 미국 패권에 도전할 가능성에 강한 경계심을 나타냈다.[31]

이처럼 미국은 중국을 '전략적 경쟁자'로 규정하면서, 중국을 비롯한 강대국에 대해 "양면 전략(hedging strategy)"를 취할 것임을 밝혔다. 즉, 미국의 패권에 도전하지 않는 협력적인 국가가 되도록 유도하되 "미래의 갈등"에 대비하기 위한 '양면 전략'이 필요하다는 것이다. 이와 관련해 로버트 졸릭 국무부 부장관은 2005년 9월 21일 미중관계 위원회 연설에

---

30) QDR(2006), pp.28~29.

31) QDR(2006), pp.29~30.

서 "미국과 세계의 입장에서 핵심적인 질문은 중국이 어떻게 영향력을 행사할 것인가"에 있다며, 이에 대한 불확실성은 "미국뿐만 아니라 다른 나라들도 중국과의 관계에 양면 전략으로 임하게" 한다고 말한 바 있다.[32] 2기 부시 행정부의 대중 전략이 '양면 전략'으로 정리되었다는 것을 알 수 있는 대목들이다.

2006년 QDR로 대표되는 2기 부시 행정부의 군사전략이 1기 때와 차별성이 드러나는 또 하나의 대목은 '1-4-2-1 군사력 계획 구성(force planning construct)'의 변화다. '1-4-2-1'은 2001년 QDR 및 2002년 5월 채택된 「국방계획지침(Defense Planning Guidance)」[33]에 기초를 둔 것으로써, 주로 미국의 국방 목표의 '지정학적 개념'이라고 할 수 있다. 여기서 처음 '1'은 9·11 이후 그 중요성이 배가된 미국 본토의 방어계획을 의미하고, '4'는 미국이 설정한 네 군데 핵심지역, 즉 유럽, 동북아, 동아시아 해안대, 그리고 서남아시아 및 중동에서 적의 침략과 강제를 억제할 수 있는 군사력을 유지한다는 것을 의미한다. '2'는 이들 네 지역 가운데 두 지역에서 동시에 전쟁이 일어날 경우 이를 동시에 격퇴할 수 있는 군사적 능력을 갖춘다는 것으로서, 우리에게도 잘 알려진 '윈-윈 전략'의 변형된 형태라고 할 수 있다. 끝으로 제시된 '1'은 두 분쟁 지역 가운데 한 지역에서 결정적인 승리를 거둘 수 있는 군사력을 유지하고, 필요하다면 현지 정권교체와 점령도 할 수 있다는 것을 의미한다.

---

32) *People's Daily*, November 21, 2005.

33) 「국방계획지침」은 군사기밀로 분류되어 있기 때문에 정확한 내용을 확인할 수는 없다. 그러나 이와 관련된 대체적인 내용은 다음 자료로 알 수 있다. 서재정, "미국의 세계전략과 한미동맹관계의 변화", 민주화운동기념사업회 엮음, ≪희망세상≫, 2004년 7월호. 또한 최근 미국의 국가안보문서보관소(National Security Archive)에서는 비밀 해제된 문서와 정보공개법에 따라 입수한 문서를 웹사이트에 게재했다. http://www.gwu.edu/~nsarchiv/nukevault/ebb245/index.htm.

그러나 이러한 군사력 운용 계획에는 대규모의 군사력을 유럽 및 동북
아 등 특정 지역에서 유지해야 한다는 문제점이 있다고 지적되었다. 특히
9·11 테러 이후 그 중요성이 배가된 본토 방어 및 테러와의 전쟁에
적실성이 떨어진다는 비판이 있었다. 이에 따라 2006년 QDR에서는
세 가지 국방 목표, 즉 본토 방어, 테러와의 전쟁 및 비정규전, 재래식
전투에 초점을 맞추는 방향으로 군사력 계획 구성이 재조정되었다.34)
이에 따라 두 개의 전장에서 전투할 수 있는 능력은 유지하되, 미국
군사력의 기동성과 신속성, 그리고 원거리 타격 능력의 확보를 통해 앞서
언급한 세 가지 임무를 원활하게 수행할 수 있는 형태로 군사력 운용
계획을 정비하게 된 것이다.35)

2) 2006년 NSS 분석

2006년 QDR 발표 한 달 후에 발표된 NSS에서도 1기 때와 연속성이
강조되었다. 그러나 1기 NSS에서 예방적 선제공격에 상당한 비중을 둔
반면에, 2기 NSS에서는 민주주의와 자유의 확산을 전면화했다. 부시
대통령은 NSS 서문에서 미국의 국가안보전략은 두 개의 축에 기초하고
있다며, 폭정의 종식과 민주주의 증진을 통해 "자유와 정의와 인간의
존엄성을 증진시키는 것"이 그 하나이고, 민주주의 공동체를 주도함으로
써 WMD 확산과 테러리즘 등 21세기의 위협에 대처하는 것이 다른
하나라고 강조했다. 아울러 "평화와 국제적 안전은 자유를 기초로 할

---

34) Jason Sherman, "Rumsfeld Summons Top Brass for QDR Talks," *InsideDefense.com*
(January 4, 2006).

35) Michele A. Flournoy, "Did the Pentagon Get the Quadrennial Defense Review,"
The Washington Quarterly(Spring 2006).

때 가장 신뢰할 수 있다"며, 민주주의와 자유의 확산 전략이 미국 군사안보전략의 기초임을 분명히 했다. 이는 부시 행정부가 미국의 가치와 제도를 전략적으로 중요한 지역에 이식·확산시켜야 한다는 '옹호주의(vindicationism)'를 채택했다는 것을 의미한다.[36]

이러한 맥락에서 2006년 NSS에서는 북한, 이란, 시리아, 쿠바, 벨로루시, 미얀마, 짐바브웨 등 7개국을 폭정국가로 명시하면서, "폭정을 종식하고 모든 나라와 문화에서 민주화 운동과 제도를 지원하고 모색하는 것은 미국의 정책"이라고 강조했다. 이러한 목표를 실현하기 위해 비민주 국가의 인권 문제를 강하게 거론하고, 반체제 인사에 대한 지원을 강화하며, 억압 정권에 대한 제재를 부과하고, 다른 나라들이 이 나라들을 돕지 못하게 할 계획이라는 내용을 담았다. 특히 테러리즘이 민주주의의 가장 큰 적임을 분명히 하면서 "민주주의를 통해 자유와 인간 존엄성을 증진시키는 것이 국제테러리즘에 대한 장기적인 해결책"이라고 강조해, '테러와의 전쟁'과 '민주주의 확산론'을 연계시켰다.[37]

2기 부시 행정부가 민주주의와 자유의 확산을 대외정책의 기조로 내세웠다고 해서, 예방적 선제공격 전략을 철회한 것은 아니다. 2006년 NSS에서는 WMD에 대한 대응 전략에 대해 "위협이 커질수록, 심지어 적의 공격 시간과 장소에 불확실성이 남아 있더라도, 행동하지 않는 것의 위험도 커지고 우리 자신을 보호하기 위한 사전적 행동의 긴급성도 커진다"고 했다. 그러면서 모든 경우에 무력에 의존하지 않고 비군사적 행동의 성공

---

36) 민주주의 증진론과 미국 외교정책의 상관관계에 대한 자세한 내용은 Jonathan Monten, "The Roots of the Bush Doctrine: Power, Nationalism, and Democracy Promotion in U.S. Strategy," *International Security*(Sprting, 2005), pp.112~156, 참조.

37) NSS(2006), pp.3~11.

을 선호하지만, "적에 의한 적대적 행위를 중지시키거나 예방하기 위해서
필요하다면 미국은 선제적으로 행동할 것"이라고 밝혀 선제공격 전략이
유효함을 천명했다. 특히 이란을 최대의 위협으로 지목하면서 "충돌을
피하기 위해서는 외교적 노력이 성공해야 한다"고 밝혀, 외교적 해결을
추구하되 이것이 실패할 경우 무력 사용에 나설 수도 있음을 암시했다.
또한 북한에 대해서는 심각한 핵확산 우려 대상으로서 6자회담에 성실히
임하지 않고 국민들을 굶기면서 위조지폐와 마약 거래를 하며 미사일
등 군사력으로 남한과 주변국을 위협하고 있다고 비난했다. 그러면서
미국은 "북한의 악행에 맞서 우리의 국가적·경제적 안전을 보호하기
위해 필요한 모든 조치를 계속 취해나갈 것"이라고 밝혔다.[38]

2006년 NSS에서는 2002년 NSS에서도 명시된 것처럼 주요 강대국들
과 협력적 관계를 추구하되, "이전 시대처럼 세계를 분열시키는 경쟁자의
재등장을 예방하는 것"을 국가안보전략의 우선 순위로 삼았다. 그리고
이러한 전략적 목표하에 다음과 같은 다섯 가지 원칙을 밝혔다.

① "지역적·세계적 현실을 망각한 양자관계는 성공할 수 없"으므로 다른
   강대국들이 국제사회의 문제 해결에 미국과 협력해야 한다.
② 새로운 도전을 해결하기 위한 적절한 제도를 구축하는 데 협력해야
   한다.
③ 미국과의 관계는 "다른 강대국들이 자신의 국민들을 대하는 태도에
   영향받지 않을 수 없"으므로 효율적인 민주주의와 자유의 증진에 노력
   해야 한다.
④ 미국이 다른 강대국의 선택을 지배할 의사는 없지만, 이에 대한 영향력

---

38) NSS(2006), pp.18~24.

을 행사할 것이고 현명하지 못한 선택에 대비하게 될 것이다.

⑤ 다른 강대국들과의 협력을 추구하겠지만, "필요하다면 미국 혼자서
행동할 준비가 되어 있다".39)

이러한 맥락에서 2기 부시 행정부는 1기 때와 마찬가지로 러시아와
인도, 중국을 주목했다. 2002년 NSS에서 우호적으로 묘사했던 러시아에
대해서는 "최근 러시아의 민주화가 후퇴하고 있다"는 우려를 나타내면서
향후 미러관계는 러시아의 선택에 달려 있다며 유보적인 태도를 보였다.
인도에 대해서는 "위대한 민주주의 국가이고 우리와 공유된 가치는 우호
관계의 기초"라고 한껏 치켜세우면서 전략적 동반자 관계임을 재확인했
다. 9·11 테러 이전에 부시 행정부가 "전략적 경쟁자"로 규정했던 중국
에 대해서는 "중국이 자신의 국민을 위해 전략적으로 올바른 선택을
하기 바라지만, 그렇지 않을 가능성에도 대비하고 있다"라고 경계심을
드러냈다. NSS에서는 중국이 주창한 '평화발전론'이 실현돼 국제사회의
"책임 있는 이익상관자(responsible stakeholder)가 되기를 희망한다"면서
도, 이를 위해서는 낡은 관행을 버려야 한다고 지적했다. 낡은 관행의
예로는 불투명한 방식으로 군사력을 증강시키고 있다는 점, 시장개방을
하지 않은 채 세계의 에너지원을 장악하려고 한다는 점, 국내외적으로
많은 문제점을 안고 있는 자원 부국을 지원하고 있다는 점을 들었다.40)

---

39) NSS(2006), pp.35~36.
40) NSS(2006), pp.39~42.

4. 미국의 군사 변혁과 GPR

1) 군사 변혁

부시 행정부는 QDR과 NSS에서 밝힌 국방정책 및 안보전략을 실행하기 위해 럼스펠드의 주도하에 군사 변혁(military transformation)에 박차를 가해왔다. 군사 변혁은 정보혁명이 본격화된 1990년대 중반부터 언급되기 시작했으며 주로 정보기술을 이용해 무기체계 및 지휘·통제·통신·컴퓨터·정보·감시·정찰(C4ISR)의 시스템을 개선하는 것을 의미한다. 그러나 부시 행정부는 군사 변혁의 개념을 확대해 무기 및 장비의 현대화뿐만 아니라, 새로운 시대의 미국 군사력의 압도적인 우위를 위해 총체적인 군사 체제 및 개념의 개편을 달성한다는 의미로 사용하고 있다.[41] 럼스펠드가 「군사변혁계획지침(Transformation Planning Guidance)」에서, 변혁은 "(군사) 개념, 능력, 인원, 조직의 새로운 조합을 통해 군사 경쟁과 협력의 성격을 재구성하는 과정으로써, 미국의 전략적 위치를 유지하기 위해 미국의 이점을 이용하고 비대칭적인 취약성을 보호함으로써, 세계의 평화와 안정을 튼튼히 하기 위한 것"[42]이라는 개념으로 규정한 것도 이러한 맥락에서 이해할 수 있다. 그는 또한 "미국은 변화하고 있는 연합(coalition)을 수용하고, 선제공격의 필요성을 이해하며, 비군사적 수단에 의한 새로운 전쟁을 준비해야 한다"라고 밝혀 군사 변혁이 선제공격 등 미국의 새로운 군사전략의 맥락에서 나온 것임을 분명히 했다.[43]

---

41) Christopher J. Lamb, *Transforming Defense*(Washington D.C.: National Defense University Press, 2005), pp.1~2.

42) Department of Defense, *Transformation Planning Guidance*, April, 2003, p.2.

43) Donald H. Rumsfeld, "Transforming the Military," *Foreign Affairs*, May/June,

미국 국방부는 군사 변혁의 추진 배경과 의의를 네 가지로 설명하고 있다. 첫째, 미국은 더디게 위협에 대처하거나 장기간 대규모의 군사력이 다른 곳에 얽매여 있을 여유가 없게 됨으로써 신속대응체제를 강화한다. 둘째, 미국의 전략은 전진 배치된 지역에서 즉각적으로 대응할 수 있고, 다른 지역으로부터 신속히 증원할 수 있는 군사 변혁을 요구하고 있다. 셋째, 미국의 전략은 미국 본토를 보호하면서도 "신속하고 결정적으로" 적을 격퇴시킬 수 있는 군사력을 요구한다. 넷째, 군사 변혁은 분쟁을 억제하고 적을 단념시키며, 세계 평화에 대한 우리의 의지와 공약을 확신시키는 데 필수 요소다. 이는 "즉각 투입할 수 있는 전진 배치 군사력과 신속히 재배치할 수 있는 다른 지역의 군사력의 조합"을 통해 군사력의 승수 효과를 획기적으로 증대시켜야 한다는 2001년 QDR의 요구 사항을 구체화한 것이다.[44]

이러한 군사 변혁 계획에 따라 미국은 군사력 구조와 임무에 상당한 변화를 주고 있다. 총론적으로는 각 군의 완전성을 높여 독자적인 임무 수행이 가능한 '모듈형 군대(modular force)'로 개편하면서도 각 군 사이의 합동성을 높여 상호 간의 협력 및 개별군이 수행하기 어려운 대규모의 전투에 대비토록 하고, 동맹·우방국들의 전력증강을 요구하면서 동맹관계 재편을 통해 '연합성'을 강화해나가고 있다. 이를 위한 대전제는 앞서 말한 지휘·통제·통신·컴퓨터 및 감시·정찰(C4IRS) 능력을 대폭 강화해 조기에 적을 식별·추적하고 '네트워크 중심전(network centric combat)'을 치를 수 있는 기반을 닦는 것이다.

2006년 QDR에는 각군별 전력증강 계획도 나와 있는데, 주요한 내용

2002.

44) QDR(2001), pp.3~4.

은 다음과 같다. 먼저 육군은 앞서 설명한 것처럼, '모듈형 군대'로 전환시키기 위해 군구조를 '여단급 전투팀(BCTs: brigade combat teams)' 중심으로 개편한다는 것인데, 이는 주한미군 지상군에도 그대로 적용되고 있다. 또한 특수부대를 대폭 강화해 기존의 임무 수행은 물론 적의 지도부 및 WMD를 상대로 한 임무를 강화시킨다는 방침이다. 공군력은 B-52 등 노후한 기종을 점차 도태시키되, B-2 등 최신형 전폭기의 전력 및 무인항공기 전력을 강화해 장거리 폭격 능력을 확보하는 데 주안점을 두고 있다. 특히 미국의 방침은 2025년까지 장거리 폭격 능력을 2005년보다 약 50% 증대시키고, 이 가운데 무인폭격기의 비중을 45%까지 올린다는 것이다.

해군 전력의 변화도 눈에 띤다. 동맹·우방국의 기지 사용 협력을 강화하면서도 해상기지를 건설해 함대의 유연성을 제고하고, 항공모함 전대의 신속한 대규모 배치 역량을 강화하며, 잠수함 및 이지스함도 증강한다는 계획이다. 특히 잠수함 전력 강화가 주목된다. 기존의 트라이던트 핵미사일을 정확도가 높은 재래식 미사일로 대체해 2007년부터 배치하기 시작하고, 2007년까지 4척의 잠수함을 추가적으로 배치하는데 이 잠수함들에는 1척당 150기의 토마호크 미사일을 장착할 계획이다. 미국 국방부는 아시아-태평양 지역의 전략적 가치가 중요해지고 있다며, 이들 해군 전력의 상당 부분을 태평양에 배치한다는 방침을 세웠다.[45]

2) 해외주둔미군재배치(GPR)

이러한 미국의 군사 변혁은 동맹관계의 재편 및 해외주둔 미군 재배치

---

45) QDR(2006), pp.41~48.

(GPR: Global Defense Posture Review)에도 적용되어왔다.[46] 이는 이른바 '나이 보고서(Ney Report)'로 알려져 있는 1995년 「동아시아전략보고서 (EASR: East Asia Strategic Report)」를 통해 아시아와 유럽에 각각 10만 명의 미군을 주둔시키기로 하는 등 해외주둔 미군에 이렇다 할 변화를 추진하지 않았던 클린턴 행정부와 비교되는 대목 가운데 하나다. 여기서 주목할 점은 2001년 QDR에서 이미 GPR 추진 방침이 천명되었다는 것이다.

2001년 QDR에서는 "서유럽과 동북아에 집중된 미국의 해외 군사력 은 새로운 전략적 환경에 적합하지 않다"며, GPR를 추진하겠다는 의사 를 천명했다. 미 국방부는 GPR의 목적이 "작은 규모의 증원 전력을 갖고도 해외주둔 미군이 적들의 군사적·정치적 목적을 신속히 분쇄할 수 있는 능력을 확보하는 데 있다"고 강조했다. 또한 이를 위해 추가적인 기지와 시설을 확보해 미국 군사력의 유연성을 증대하고, 접근과 사용이 어려웠던 지역에 대해 군사적 접근성을 강화하며, 기지 재편과 공중· 해상 수송 능력을 강화해 신속성과 기동성을 증진시키겠다는 계획을 세웠다. 그리고 이러한 계획에 따라 걸프만과 서태평양 지역에 추가적인 기지를 확보하고 공군력과 해군력을 강화하기로 결정했다는 방침도 덧붙 였다.

이를 통해, 일반적으로 미국의 동맹 재편 및 GPR이 미국의 아프가니스 탄과 이라크 침공 이후에 추진되기 시작했다는 인식이 팽배하지만 실상 은 그렇지 않다는 점을 알 수 있다. 즉, 아프가니스탄 및 이라크와의

---

46) 이와 관련해 미국 국방부는 "군사변혁의 일환으로 국방부는 포괄적이고 (새로운) 전략에 기초해 해외 주둔 미군의 규모, 위치, 형태, 능력에 대한 재검토를 추진하게 되었다"고 밝혔다. Department of Defense, "REPORT TO CONGRESS: Strengthening U.S. Global Defense Posture,"(September 17, 2004).

전쟁이 당초 계획보다 장기화되고 이에 따라 병력 및 장비의 부족 현상이
나타남에 따라 미국이 GPR을 추진하게 되었다는 인식이 일반적이지만,
앞에서 설명한 것처럼 GPR은 이 국가들과의 전쟁이 발발하기 전에 나왔
다. 이러한 맥락에서 볼 때 아프가니스탄·이라크와의 전쟁을 비롯한
미국의 '테러와의 전쟁'은 GPR을 '가속화한' 요인은 될 수 있겠지만
이를 '촉발한' 요인은 아니라는 것을 알 수 있다.

다시 말해 GPR은 9·11 테러와 미국의 아프가니스탄, 이라크 침공이
라는 상황적 변수에 따라 추진되었다기보다는 도널드 럼스펠드 국방장관
과 그의 참모인 앤드루 마셜(Andrew Marshall) 등 '군사변혁파'들의 구상
에서 비롯되었다고 보는 것이 정확하다. 이들은 현대전에서 중요한 것은
병력 수가 아니라 최신 무기에 기반을 둔 기동성과 신속성이라며, 미군
감축과 이에 따른 GPR을 주장했다. 이에 대해 상당수 미군 수뇌부가
반대 입장을 보이면서 난관에 봉착하기도 했지만, 9·11 테러와 아프가니
스탄·이라크 전쟁을 벌이면서 '군사변혁파'들은 주도권을 잡게 되었다.

이처럼 2001년 QDR를 통해 제시된 GPR은 2003년 말부터 가속화되
기 시작했다. 이와 관련해 부시 대통령은 2003년 11월 25일 GPR을
천명했는데, 이때 내세운 개념은 크게 다섯 가지다. 첫째, 테러 등 '불확실
성'에 맞설 수 있는 '유연성'을 강화하고, 둘째, 동맹·우방국의 역할을
확대시키면서 새로운 파트너십을 구축하며, 셋째, 지역적·지구적 문제에
대한 동시적이면서도 유연한 대응 능력을 강화한다. 넷째, 이를 위해
신속배치전력을 발전시키며, 다섯째, 병력 수보다 전력에 초점을 두겠다
는 것이다. 이러한 개념을 바탕으로 부시 대통령은 "우리는 새로운 안보
상황에 가장 잘 대처하기 위해 가장 적절한 지역에 가장 타당한 전투능력
을 배치할 수 있도록 하겠다"라고 말하기도 했다. 부시는 또한 "냉전
해체 이후, 우리나라와 우방 및 동맹국들이 직면했던 (소련 등 공산국가의)

위협은 깡패국가와 글로벌 테러리즘, 그리고 대량살상무기와 연계된 예상치 못한 위험들에 자리를 내주고 있다”고 말했다. 아울러 해외주둔미군 재배치가 미국만의 계획이 아니라 동맹·우방국들과 함께 새로운 안보 환경에 대응하기 위한 것이며 “신속하게 효과적으로 작전을 펼 수 있는 형태로 동맹 구조를 개편할 방침”이라는 점을 강조했다.[47]

GPR의 핵심은 해외주둔 미군의 신속하고 자유로운 이동이다. 이와 관련해 더글러스 페이스(Douglas Feith) 미 국방부 차관은 “해외주둔미군 재배치의 핵심적인 전제는, 우리가 더 이상 우리의 군대가 주둔하는 곳에서 싸우는 것이 아니라 기지로부터 멀리 떨어져 있는 적들에게 군사력을 투사하는 것이다”라고 밝혔다.[48] 이는 주한미군이나 주일미군 등 해외주둔 미군의 작전 범위가 개념상 전 세계로 확대된다는 것을 의미한다.

---

47) http://www.defenselink.mil/transcripts/2003/tr20031125-0942.html.

48) Douglas Feith, “Transforming the U.S. Global Defense Posture,” Speech hosted by CSIS(December 3, 2003), http://www.csis.org/features/031203feith.pdf.

한미동맹, 어떻게 달라지고 있나?

제4장

"한국은 경제적으로 부상하고 있는 중국, 부흥하고 있는 러시아, 경제적으로
강력한 일본이 있는 동아시아의 중심에 전략적으로 위치해 있다. 쉽게 말해
서울은 도쿄보다 베이징에서 100마일이 가깝다." *

1. 한미동맹의 재편 과정과 그 특징

2002년 말부터 2007년까지 4년여의 과정을 추적해보면 한미동맹이
중대한 변화를 겪어왔다는 것을 알 수 있다. 한미 양국은 김대중 정부
말기인 2002년 12월 5일 워싱턴에서 열린 제34차 한미연례안보협력회
의(SCM: Annual ROK-US Security Consultative Meeting)에서 한미동맹
재편을 추진하기 위한 미래한미동맹정책구상회의(FOTA: Future ROK-
US Alliance Policy Initiatives)를 발족하기로 합의했다. 한국 대선을 불과
2주 앞둔 시점에 한미동맹과 관련해 중요한 합의가 나온 것이다.

한국에서 새로운 정권이 등장했는데도 한미동맹 재편은 재검토되거나
늦춰지지 않았다. 오히려 노무현 대통령 당선자가 대등하고 수평적인
한미동맹 관계를 추진해야 한다는 원칙하에, 2003년 2월 초 당선자 특사

---

* 버웰 벨 주한미군 사령관, 2008년 3월 11일 미국 상원 청문회에서 한미동맹과 주한미
군의 유지 필요성을 강조하면서.

단을 미국에 보내 "동맹의 재균형(rebalance of alliance)"을 희망한다는 입장을 전달하고, 이에 대해 부시 행정부가 적극 동의하면서 동맹 재편은 가속도가 붙었다. 특히 미국은 용산기지와 2사단 이전부터 추진하자고 제안했다. 이에 따라 2003년 5월 노무현 대통령과 조지 W. 부시 대통령은 워싱턴 한미정상회담에서 공동성명을 발표해 한미동맹을 "현대화"하기로 하는 한편, 이를 전후해 FOTA 회의를 통해 주한미군 재배치 및 전략적 유연성 논의가 진행되었다. 또한 한미동맹 재편을 자주국방의 실현 기회로 인식한 노무현 대통령은 2003년 8월 15일 광복절 연설에서 자주국방 방침을 공식 천명했다.

2004년 8월에는 한미 양국이 용산기지 이전 협정과 연합토지관리계획(LPP: Land Partnership Plan) 개정안에 가서명함에 따라 용산기지와 2사단을 평택권으로 이전하기로 합의했다. 그리고 비용 부담 문제와 전략적 유연성과의 관계 등 여러 가지 의혹이 말끔하게 해소되지 않은 상태에서 그해 12월 국회 비준 절차가 마무리되었다. 정부는 용산기지 이전은 우리 측이 먼저 요구했기 때문에 '제안자 부담 원칙'에 따라 이전 비용을 우리가 부담해야 한다고 주장하면서, 용산기지 이전은 미국의 해외주둔 미군재배치(GPR)의 일환이기 때문에 미국도 부담해야 한다는 비판 여론을 일축했다. 또한 정부는 주한미군 재배치에 대한 국민적 반발 여론을 무마하기 위해 주한미군 재배치가 전략적 유연성과 무관하다고 주장하기도 했다. 이러한 문제들은 국회에서도 이렇다 할 검증 과정 없이 통과되고 말았다.[1]

주한미군 병력 조정도 빠른 속도로 이뤄졌다. 2004년 8월에는 2사단

---

1) 당시 여야는 용산기지와 LPP 개정안을 통과시키면서 사후에 청문회를 실시해 주한 미군 재배치와 관련된 문제를 따져보기로 했으나, 결국 청문회는 열리지 않았다.

병력 가운데 3,600명이 이라크로 차출되었고, 10월 초에는 주한미군 병력 3만 7,000명 가운데 1만 2,500명을 2008년까지 단계적으로 감축하기로 했다. 이로써 주한미군은 1970년대 이후 최대 규모의 감축에 돌입하게 되었다. 이와 함께 미국은 110억 달러를 투입해 최첨단 무기체계의 도입을 중심으로 전력강화에 박차를 가했다. 이는 병력 수보다는 능력을 중시한다는 럼스펠드 독트린이 적용된 결과이기도 하다.

한미동맹의 새로운 성격 규정 및 군사관계의 재조정도 빠른 속도로 이뤄졌다. 2005년 11월 중순 경주에서 열린 한미정상회담에서는 한미동맹의 지역적 역할 강화 및 가치동맹으로의 발전을 골격으로 하는 '한미동맹과 한반도 평화 공동선언'이 채택되었고, 2006년 1월 19일 한미 간의 첫 전략대화에서는 주한미군의 전략적 유연성에 대한 합의가 이뤄졌다.[2] 그리고 2006년 1월 25일 노무현 대통령은 신년 연설에서 전시작전통제권 환수 일정을 연내에 합의하겠다고 발표했고, 10월 SCM에서 양국은 전시작전통제권을 2010년을 전후해 주한미군에서 한국군으로 전환시키기로 합의한 데 이어, 2007년 2월 23일 한미국방장관회담에서는 2012년 4월 17일까지 전작권을 환수하고 한미연합사도 해제하기로 했다. 2007년 11월 7일 39차 SCM에서는 정전관리 책임조정을 전작권 전환 이전까지 유엔사에서 한국군으로 넘기기로 했다. 아울러 전시 작통권 전환을 비롯한 지휘체계의 원활한 이행을 위해 2007년 말에 전략적 이행계획(Strategic Transition Plan)에 합의했고, 연합전시증원훈련(RSOI)과 을지포커스렌즈를 각각 '키 리졸브(Key Resolve)'와 '을지자유수호(Ulchi Freedom

---

2) 전략적 유연성에 대한 합의 내용은 다음과 같다. "한국은 동맹국으로서 미국의 세계 군사전략 변화의 논리를 충분히 이해하고 주한미군의 전략적 유연성의 필요성을 존중한다. 전략적 유연성의 이행에 있어서 미국은 한국이 한국민의 의지와 관계없이 동북아 지역 분쟁에 개입되는 일은 없을 것이라는 한국의 입장을 존중한다."

Guardian)'로 명칭을 바꿔, 기존의 연합준비태세를 갖추는 한편, 지휘체계 전환을 훈련·확인하고 있다. 독수리 훈련과 함께 실시되는 키 리졸브는 미군이, 을지자유수호 훈련은 한국군이 주도하게 된다. 이 정도면 지난 5년간의 변화가 이전 50년의 변화를 능가하고 있다고 해도 과언이 아니라고 할 수 있다.

동맹 재편의 대략적인 과정은 'FOTA 발족→용산기지와 2사단 이전 추진→동맹의 재정의 기초 마련→용산기지 및 2사단 이전 합의→주한미군 감축 합의→동맹 재정의의 가속화→주한미군의 전략적 유연성 합의→전시작전통제권의 환수 일정 합의'라는 과정을 밟아오고 있다. 주요 일지를 중심으로 한미동맹의 재편 과정을 정리하면 <표 2>와 같다.

이러한 한미동맹 재편 과정은 몇 가지 '과정상의 특징'을 보이고 있다. 우선, 한미동맹 재편을 논의하기 위한 FOTA 회의 발족 합의가 김대중 정부 말기인 2002년 11~12월에 이뤄졌다는 점이다. 아울러 이 즈음에 미국의 북한의 핵시설에 대한 선제공격으로 발생할 수 있는 우발 상황에 대비하기 위한 작전계획 5026, 북한 내 급변 사태 발생 시 한미연합군의 투입 작전인 5029 등도 추진키로 했다. 이 시기에 한미군사관계에서 중대한 합의가 이때 이뤄졌다는 것은, 부시 행정부가 껄끄러운 관계이던 김대중 정부의 권력누수(lame duck) 시기를 이용해 자신의 구상을 관철시킨 것이 아니냐는 분석을 가능케 한다.

둘째, 이러한 합의가 이뤄진 시점이 2차 북핵 문제 발생으로 한반도 안보가 불안해지는 시점과 일치할 뿐만 아니라, 북핵 문제가 계속 악화되고 있었는데도 한미동맹 재편이 가속화되었다는 점이다. 이는 1990년대 초 주한미군 3단계 감축 계획을 비롯한 한미동맹 재편 계획이 1차 북핵 문제 발생으로 중단된 사례와 확실히 대비된다. 이는 재편되고 있는 한미

<표 2> 한미동맹 재편 일지

일 시	주요 내용
2002년 11월 6일	페이스 미국 국방부 차관, 이준 국방장관에게 FOTA 발족을 제의
2002년 12월 5일	34차 SCM에서 한미동맹 현대화 및 강화를 위한 FOTA 발족 합의
2003년 2월 초	노무현 대통령 당선자 대미 특사단 럼스펠드 국방장관 면담· 한미동맹 재편 추진 논의. 미국 용산기지와 2사단 이전 방침 전달
2003년 4월 9일	1차 FOTA. 미국 GPR 설명 및 용산기지 이전협상 개시
2003년 5월 15일	노무현-부시 한미정상회담. 용산기지는 조속히 이전하고 2사단 이전은 신중하게 추진키로 합의. 한미동맹 현대화와 강화 방침 재확인
2003년 6월 4~5일	2차 FOTA. 용산기지 및 2사단 이전 합의. 미국 주한미군 감축계획 설명 및 협의 의사 전달
2003년 8월 15일	노무현 대통령 광복절 연설에서 자주국방 추진 천명
2003년 11월 17일	35차 SCM. "주한미군의 전략적 유연성이 지속적으로 중요함을 재확인"
2003년 11월 25일	부시 대통령 GPR 계획 공식 발표
2004년 1월 16일	FOTA. 유엔사 및 연합사 한강 이남으로 이전 결정
2004년 6월 2일	반기문 외교장관, "주한미군 재배치를 이유로 한미상호방위조약을 개정할 필요성은 없다고 본다"고 발언
2004년 8월 20일	11차 FOTA. 용산기지 이전 합의 및 연합토지관리계획(LPP) 개정안 가서명
2004년 10월 6일	한미 양국 2008년까지 주한미군 1만 2,500명 단계적 감축 합의
2004년 10월 22일	36차 SCM. "주한미군의 전략적 유연성이 지속적으로 중요함을 재확인"

일 시	주요 내용
2005년 2월 2일	1차 SPI 개최. 이후 평균 2~3개월에 한 차례씩 개최
2005년 2월	주한미군의 전략적 유연성에 대한 별도의 비공개 회의 개시. 이후 2006년 1월까지 12차례 진행
2005년 3월 8일	노무현 대통령 공군사관학교 졸업 연설에서 원하지 않는 분쟁에 불개입 입장 밝히고 동북아 균형자 역할 천명
2005년 6월 11일	한미정상회담에서 주한미군의 전략적 유연성과 작전계획(개념계획) 5029에 대한 논의 및 이견 표출
2005년 11월 17일	한미정상회담에서 '한미동맹과 한반도 평화 공동선언' 채택
2006년 1월 19일	1차 전략대화. '동맹 동반자 관계를 위한 전략대화 출범에 관한 공동성명' 채택. 주한미군의 전략적 유연성에 대한 원칙적인 합의
2006년 1월 25일	노무현 대통령, 전시작전통제권 환수 연내 합의 추진
2006년 10월 21일	SCM 공동성명을 통해 2009년 10월 15일에서 2012년 3월 15일 사이에 전시작전통제권 한국군에 이양하기로 합의
2006년 11월 18일	한미정상회담에서 럼스펠드 국방장관의 경질과 관계없이 전시작전통제권 이양 및 주한미군 재배치 등 기존 합의 사항 예정대로 추진
2007년 2월 23일	한미국방장관 회담에서 2012년 4월 17일에 전시작전통제권 환수 및 한미연합사 해체 합의
2007년 3월 20일	국방부 평택 미군기지 시설종합계획(Master Plan) 발표. 2012년까지 용산기지와 2사단 이전 마무리
2007년 11월 7일	SCM에서 전작권 전환 이전까지 정전관리 책임조정을 유엔사에서 한국군으로 이양 완료 발표

동맹의 성격을 규정할 핵심적인 특징이라고 할 수 있다. 결론부터 말하면 부시 행정부에게 북핵 문제의 발생은 한미동맹 재편을 늦춰야 할 요인이

<표 3> 2003~2007년 한미 간 주요 사안과 결과

사안	제안자	협상 시 갈등과 협력 수준	결과
이라크 파병	미국	중간	두 차례에 걸친 파병
용산기지 이전	한국+미국	협력	이전 합의
2사단 이전	미국	초기 갈등	이전 합의
전략적 유연성	미국	갈등	원칙적 합의
작전계획 5029	미국	갈등	개념계획으로 유지하되 보완·발전
MD 협력	미국	갈등	점진적으로 확대
PSI 참여	미국	갈등	부분 참여
방위비 분담 증액	미국	중간	한국 부담 점차 확대
반환기지 환경치유비용 부담	한국	갈등	한국이 대부분 부담
대북정책 조정	양국	갈등	갈등 지속

아니라 오히려 가속화해야 할 요인으로 작용했다는 것을 의미한다.

셋째, 북핵 문제를 둘러싼 한미 양국 사이의 갈등과 한국의 반미감정 등으로 한미동맹이 위기에 빠졌다는 인식이 팽배했는데도, 5년이라는 비교적 짧은 시간 동안 한미 간에 많은 합의가 이뤄졌고 이에 따라 한미동맹의 성격이 근본적으로 바뀌고 있다는 점이다. 특히 '한미동맹이 약화되고 있다'는 일반적인 인식과는 달리, 한미동맹의 물리적인 능력은 크게 강화되고 한국의 이라크 파병 및 주한미군의 전략적 유연성이 보여주듯 역할과 임무도 확대되는 추세다. 더구나 <표 3>에서 잘 나타나듯, 한미 양국의 보수진영으로부터 '친북반미' 정권이라고 비난받아온 노무현 정부는 미국의 요구를 대부분 수용했다. 이는 '한미동맹의 위기'라는 과장된 정치화의 이면에서 실제로는 미국이 원하는 형태로 한미동맹 재편이 마무리 단계에 접어들고 있다는 것을 보여준다.

넷째, 주한미군 재배치에 앞서 해결되어야 할 문제들이 미군 재배치 이후에 합의되었다는 점이다. <표 2>의 일지에서도 나타난 것처럼, 한미 양국은 주한미군의 전략적 유연성을 비롯한 동맹의 새로운 성격 규정을 완성하지 않은 상태에서 주한미군의 핵심기지라고 할 수 있는 용산기지와 2사단의 이전을 논의·합의했고, 주한미군 감축 합의도 기지 재배치 합의 이후에 이뤄졌다. 이는 한마디로 '본말이 전도된 협상 과정'이라고 할 수 있는데, 이에 따라 한국은 막대한 유·무형의 비용을 부담하게 되었다. 주한미군의 기지 재배치는 미국의 해외주둔미군재배치(GPR)과 전략적 유연성 등 신군사전략의 맥락에서 추진되었는데도 노무현 정부는 이와 무관하다며 미군 재배치를 수용했다. 또한 주한미군 병력 감축 합의도 기지 이전 합의 이후에 이뤄졌는데, 이에 따라 주한미군 규모의 감축을 기지 이전 규모에 반영시키지 못하고 말았다.

다섯째, <표 3>에서 나타난 것과 같이, 주한미군의 재조정을 포함한 한미동맹 재편의 미국 측 요구가 대부분 관철되었는데도 미국의 한국에 대한 불신이 끊이지 않고 제기되어왔다는 점이다. 실제로 한미동맹과 관련해 노무현-부시 정부 사이의 갈등은 정책적 이견보다는 한국 정부의 잦은 말 바꾸기와 언론 및 국회의원의 정보 유출로 발생한 것들이 많았다.3) 주한미군 감축 공론화 논란, 주한미군의 전략적 유연성의 실질적인

---

3) 일례로 노무현 대통령은 대선 후보 시절에 "사진 찍으러 미국에 가지 않겠다"는 반미성 발언을 했다가, 2003년 5월 첫 방미 때에는 "50년 전에 미국이 도와주지 않았다면, 지금쯤 정치범 수용소에 있었을 것"이라며 노골적인 친미 발언을 했다. 그리고 한국에 돌아와서는 "한신 장군도 부랑아의 가랑이를 기었다"며 자신의 친미

합의 시점, 노무현 대통령의 전략적 유연성에 대한 부정적 발언 및 동북아 균형자 입장 천명, 작전계획(개념계획) 5029 논란, 반환 기지의 환경치유 비용 부담 주체 논란, 전시작전통제권 환수는 '주권의 문제'라는 노 대통령의 발언 등이 대표적이다.

이러한 문제가 누적되자 2005년 6월 한미정상회담에서 부시 대통령은 동맹관계가 '정치화'되어서는 안 된다는 입장을 피력하기도 했다. 또한 공화당의 지한파 의원인 짐 리치도 "어떤 정부가 자주라는 명목으로 다른 정부와 거리를 두는 것이 단기적으로는 이익이 될 수 있겠지만, 장기적으로 현명한 정책인지 의문"이라고 말했다.[4] 리처드 롤리스 국방부 부차관보는 전시작전통제권 이양이 미국의 전략과도 부합한다고 강조하면서도, "한국 정부 일각에서 이 문제를 주권 대 동맹의 문제로 정의하는 것은 불행한 일"이라며 한국 정부의 태도에 공개적으로 불만을 나타내기도 했다.[5] 이러한 발언들을 통해 미국 조야(朝野)에서 노무현 정부가 한미동맹을 정치적으로 이용했다는 의구심이 팽배하다는 것을 알 수 있다. 이에 따라 노무현 정부는 미국의 요구를 대부분 들어주었는데도 미국의 불신을 자초했다는 비판에 직면해왔다.

끝으로 한미동맹 재편에 대한 미국의 평가가 이중적이라는 점이다. 앞에서 언급한 것처럼, 미국 언론과 전문가들은 물론이고 행정부와 의회 내에도 한국 정부가 한미동맹 문제를 정치적으로 이용하고 있고, 한미동

성 방미 행보를 실용외교라고 강조했다. 그러나 이러한 노 대통령의 널뛰기식 발언은 미국의 불신을 자극하는 데 중대한 요인이 되었다.

4) James A. Leach, Hearing on "US-ROK Relations: An Alliance at Risk?"(September 27, 2006).

5) Richard P. Lawless, Statement to the House International Relations Committee on "The US-ROK Alliance"(September 27, 2006).

맹을 중요하게 생각하지 않는다는 인식이 팽배하다. 그러나 동맹 재편 결과에 대해서는 대체로 만족스러운 반응을 보여왔다. 미국 국무부는 「2004 회계연도 업무 및 회계 평가 보고서」에서 2사단 재배치는 "목표 달성"했고, 용산기지 이전 합의는 "초과 달성(above target)"했다며 만족감을 표시했다.[6] 한국 정부에 대해 자주 불만을 토로했던 롤리스 역시 용산기지와 2사단 이전은 "정치적으로 쉽지 않은 문제였고 대단히 야심에 찬 계획"이었는데도 매우 빠른 시일 내에 합의에 도달할 수 있었다며, 이러한 점에서 한국 정부는 "인정받을 가치가 있다"고 말했다.[7] 협상 과정에서는 노무현 정부에게 '반미' 혐의를 씌웠다가 협상 결과에는 만족감을 드러내는 '이중 플레이'를 한 셈이다.

2. 주한미군, 어떻게 달라지고 있나?

1) 개념의 재정립

한미동맹의 물리적 요체이자 상징은 주한미군이다. 이는 주한미군의 변화가 한미동맹의 재편을 이해하는 데 핵심적인 요소라는 것을 의미한다. 변화하고 있는 주한미군의 목적과 성격, 그리고 그 내용을 정확히 이해하기 위해서는 우선 개념부터 정확히 해둘 필요가 있다. 2003년부터 주한미군 변혁이 본격화되면서 '주한미군의 재배치'라는 표현이 많이

---

6) Department of State, FY 2004 Performance and Accountability Report, http://www.state.gov/s/d/rm/rls/perfrpt/2004.

7) Lawless(2006).

사용되어왔으나, 이는 '변혁'의 일부에 지나지 않는다. 미국이 주한미군의 변혁을 본격화하면서 보수진영을 중심으로 '안보공백론'이 강하게 제기되었는데, 이는 변혁을 병력 감축이나 기지 재배치로 동일시하는 데서 나온 오류이거나 '노무현 정부가 한미동맹을 위태롭게 하고 있다'는 정치적 의도에서 나온 것이라고 할 수 있다. 이를 두고 한미 양국 국방장관은 2004년 SCM 공동성명에서 "그 누구든 동맹이 약화될 것으로 보는 견해는 잘못된 것이라는 점을 경고"하기도 했다.[8]

실제로 주한미군의 변혁은 감축이나 재배치 이상의 내용을 담고 있다. 이는 2004년 3월 31일 리언 라포트 주한미군 사령관의 미국 상원 증언 내용에서도 확인할 수 있다.[9] 라포트는 이 증언에서 '주한미군의 변혁(transformation of USFK)'이라는 개념을 제시하면서 주한미군의 재편 방향으로 세 가지를 설명했다. 첫째는 장비 현대화와 새로운 작전 개념 실행을 통해 전투력을 향상시킨다는 것이다(enhance). 이는 2003년 말부터 2007년까지 3년 여에 걸쳐 110억 달러를 투입해 해공군력과 정보력, 그리고 미사일방어체제(MD) 등을 중심으로 주한미군의 군사력을 대폭 강화하고 한미연합사의 작전계획을 수정하는 것 등으로 나타났다. 둘째로 전력 구조를 최적화하기 위해 주한미군의 역할과 임무를 재조정한다(shape)는 것인데, 북한과 중국에 대한 예방적·선제적 군사개입 및 '테러와의 전쟁' 등 동북아 지역 밖으로 원활한 이동과 작전 수행을 그 내용으로 한다. 끝으로 지속적인 주둔을 위해 기지와 병력을 재배치한다(align)는 것인데, 용산기지와 2사단의 후방 배치 및 일부 병력 감축이 여기에

---

8) 제36차 SCM 공동성명, 2004년 10월 22일, 워싱턴.

9) Leon J. Laporte, United States Army, Commander, U.S. Forces Korea, *Testimony on the Fiscal Year 2005 National Defense Authorization budget request from the Department of Defense*(March 31, 2004).

해당된다.

이러한 내용을 종합해보면, 주한미군의 병력 수는 줄어들고 기지의 재배치가 이뤄지고 있으나, 전반적인 군사력과 작전수행능력은 강화되고 있다. 이를 반영하듯 마이클 그린 백악관 국가안전보장회의(NSC) 아시아 담당 선임국장은 주한미군 재편을 통해 "평화와 안정을 유지하는 데 주한미군에게 훨씬 효율적인 발판(platform)을 제공하게 된다"고 강조했다.[10]

한 가지 더 중요한 개념은 '주한미군의 전략적 유연성(strategic flexibility of USFK)'이다. 이를 두고 흔히 주한미군의 해외 이동을 신속하고 자유롭게 하는 것으로 이해하는 경우가 많지만, 이는 하나의 전략적 유연성 개념에 불과하다. 또한 정부는 전략적 유연성 합의 직후, 해설 자료를 통해 이 개념을 "세계 어느 나라에서건 분쟁이나 테러 등 비상사태가 발생하면 주한미군을 급파할 수 있도록 한다"[11]는 것으로 설명했으나, 이 역시 부분적인 설명에 불과하다. 이와 관련해 외교부 고위 관계자는 전략적 유연성이 주한미군의 한국 밖으로의 이동(flow out), 한국 밖 미 군사력의 유입(flow in), 미 군사력의 한국 경유(through) 등 세 가지로 구성된다고 말한 바 있다.[12] 또한 청와대 국정상황실은 전략적 유연성에는 '장비의 유연성'도 포함된다며, 여기에는 "미군의 MD 또는 핵무기 배치 등에 대해 우리 측이 포괄적인 양해를 해주는 결과"를 초래할 수 있다고 지적했다.[13]

---

10) ≪연합뉴스≫, 2005년 11월 17일.

11) 외교통상부·NSC 사무처, 『전략적 유연성 공동성명 해설 자료』(2006년 1월 22일).

12) 외교통상부·NSC와 시민사회단체 대표들과의 간담회(서울, 2006년 1월 31일).

13) NSC 사무처, 『국정상황실 문제 제기에 대한 NSC 입장』(2005년 4월 5일), 노회찬 의원실 공개(2006년 2월 22일).

이러한 내용을 종합해볼 때, 주한미군의 전략적 유연성은 크게 두 가지로 정리할 수 있다. 하나는 병력과 장비의 유연성으로 미국의 필요에 따라 병력과 장비를 한국에 유입(in), 유출(out), 경유(through)한다는 것이고, 다른 하나는 이러한 병력과 장비의 유연성의 목적에 해당되는 것으로 '임무의 유연성'을 상정할 수 있다. 임무의 유연성이란 기존의 대북 억제 기능의 상당부분은 한국군에게 넘기고, 주한미군은 '테러와의 전쟁' 수행, 중국에 대한 군사적 견제 및 필요 시 투입을 골자로 한 지역적 역할, 그리고 북한의 대량살상무기 저지 활동 등 전략적 필요에 따른 임무의 다원화로 정의할 수 있다.

이러한 맥락에서 볼 때 주한미군 전력강화 및 기지 재배치나 병력 감축은 주한미군 변혁의 '하드웨어'라고 할 수 있고, 전략적 유연성 확보와 작전계획의 수립·변경은 '소프트웨어'에 해당된다고 할 수 있다. 이러한 분석을 뒷받침하듯 외교통상부와 NSC는 "한미 양국은 지난 2003년 이래 한미동맹 재조정 작업을 추진해왔으며, 그동안 동맹의 하드웨어라고 할 수 있는 주한미군 규모 축소 및 기지 이전에 관한 합의를 도출한 바 있"고, "전략적 유연성은 동맹조정의 소프트웨어에 해당하는 것"이라고 설명했다.[14) 2003~2004년에는 주한미군 재배치가 한국의 요구에 따른 것으로, 미국의 전략적 유연성과는 무관하다고 했던 정부가 뒤늦게 기지 재배치가 전략적 유연성 확보를 위한 것임을 인정한 것이다.

2) 주한미군의 병력과 기지의 재조정

한미 양국이 2004년 8월에 최종 합의한 주한미군 재배치 계획은 경기

---

14) 외교부·NSC 사무처, 『'전략적 유연성' 관련 설명 자료』(2006년 1월 22일).

북부에 있는 2사단과 서울 용산기지 등 한강 이북의 미군기지를 한강 이남권역으로 이전해 주한미군 기지를 평택권,[15] 대구권 등 2개 중심기지(hub)를 주축으로 운영한다는 것을 골자로 한다. 당초 용산기지 이전은 2007년까지 유엔사령부와 한미연합사령부를 이전하고 2008년 12월까지 잔여 기지 이전을 마무리한다는 계획이었다. 2사단 재배치 역시 두 단계로 나눠지는데, 1단계인 '공고화 단계(consolidation phase)'에서는 2사단을 미래형 사단으로 재편해 의정부·동두천 등 주요 기지로 통합하고, 2단계인 '재배치 단계(realignment phase)'에서는 2008년 이후부터 "안보 상황을 고려해" 평택 기지로 이전을 추진한다는 계획이었다. 그러나 평택 지역 주민의 반발 및 시설 종합계획(Master Plan) 작성 지연 등에 따라 이들 기지 재배치는 2012년으로 늦춰졌다.

이러한 계획이 실행될 경우 평택권은 미국의 해외 미군기지 가운데 최고 등급인 '주요 작전기지(main operation base)'의 허브(hub)로 재편되고, 대구권은 병참기지화로 귀결될 것이다. 이를 통해 알 수 있는 것은 미국이 남한의 서쪽은 전력 투사의 근거지로 삼는 한편, 동쪽은 이를 지원할 수 있는 병참기지로 삼고 있다는 것이다. 특히 평택기지는 캠프 험프리즈, 오산 공군기지, 평택항의 해군 2함대 사령부와의 연계성을 고려할 때, 육해공군 합동작전이 가능한 동북아 군사복합지역이 될 전망이다.

이처럼 미국은 전쟁수행 및 장병 근무의 최적 환경을 만들기 위해 기지를 재배치하는 한편, 병력 수는 감축에 들어갔다. 한미 양국이 2004년 10월에 합의한 것에 따르면, 2004년 5,000명(이라크 차출 3,600명

---

15) 참고로 평택의 미군 기지는 두 곳으로 나뉘는 데, 평택시 남부에 있는 캠프 험프리(K-6)와 북부에 있는 오산 공군기지(K-55)다.

포함), 2005년 3,000명, 2006년 2,000명, 그리고 2008년까지 추가적으로 2,500명을 줄여 주한미군 병력 수를 2만 5,000명으로 감축하기로 했다.16) 아울러 미국은 한국으로 전시작전통제권이 이양되면 주한미군을 해·공군 중심으로 재편하고 지상군은 추가적으로 감축할 수 있다는 점을 시사하고 있다.

주한미군 재배치와 관련해 우선 주목할 점은 남한의 서남부에 미국의 군사력이 집중되고 있다는 것이다. 미국은 한국의 서남부에 공군력을 집중시키면서 수원-평택(캠프 험프리즈와 오산 공군기지)-군산을 잇는 '공군력 및 MD 벨트'를 구축하고 있다. 미국은 제7공군이 주둔하고 있는 오산기지를 동북아 전투사령부로 재편하기로 결정했고, 2004년 말에는 미국 텍사스주 포트 블리스에 있는 제35 방공포 여단 본부를 오산 공군기지로 이전했다. 이는 오산 공군기지가 미국의 동북아 공군 및 MD 작전의 핵심 기지가 된다는 것을 의미한다.

또한 미국은 제7공군 제8전투비행단이 주둔하고 있는 군산 공군기지를 공군력 투사의 근거지로 삼는 한편 2003년에 PAC-3 배치를 완료했다. 특히 이 기지에는 최근 F-15 전투기와 F-117A 스텔스전폭기, F-16 전투기 등이 수시로 들락거리면서 지형 숙지 훈련을 벌이고 있기도 하다. 이와 관련해 라포트 주한미군 사령관은 "군산은 기간시설물이 발전되어 있어 위기 시 한반도 내외로 전개하는 데 매우 효율적인 곳"이라며 군산 기지의 전략적 가치에 주목했다.17) 또한 2005년 4월 전략적 유연성에 대한 청와대 조사 당시, 국정상황실과 NSC는 군산 공군기지가 중국에 대한 초계 활동에 활용될 가능성을 놓고 논란을 벌인 것으로 확인되기도

---

16) 국방부 보도자료, 2004년 10월 6일.

17) ≪연합뉴스≫, 2006년 1월 26일.

했다.[18] 이 밖에도 수원과 광주도 유사시 미 공군력 전개의 기지로 사용하게 된다. 이러한 기지 재배치 계획에 따라 한국은 미국의 해외기지 가운데 최상급에 해당하는 '주요작전기지'로 삼는다는 것이 미국의 계획이다.[19]

이와 함께 지상군의 재편도 주목된다. 미국은 예정보다 2년 빠른 2005년 6월에 2사단을 미래형 사단으로 개편하는 것을 완료했다. 미래형 사단은 2사단을 '붙박이형 장기 주둔군'에서 '순환 배치군'으로 전환한다는 것을 의미하는데, 이에 따라 주한미군의 신속 기동군화가 가속화될 전망이다.[20] 미래형 사단은 주한미군의 신속성과 기동성을 강화해 전략적 유연성을 확보한다는 계획의 일환으로써, 정찰·항공·C4I(지휘통제통신컴퓨터정보)와 수송 능력을 대폭적으로 강화해 한반도는 물론이고 한반도 밖에서도 작전이 가능하도록 고안된 것이다. 특히 정보통신 기술과 지휘체계의 간소화로 '네트워크 중심전'을 수행할 수 있도록 했다.[21]

미래형 사단은 1개의 전투부대, 다기능항공 부대, 포병 부대 및 특수대대가 담당하는 직할 본부대대 등으로 편성됐다. 또한 유사시 하와이와 미 본토에서 전개되는 5개 가량의 UA를 지휘 통제하기 때문에 유사시 막강한 전투력을 발휘할 수 있다. 이 부대에는 무인항공기(UAV), 다목적

---

18) ≪문화일보≫, 2006년 2월 3일자.

19) 참고로 미국은 해외기지를 세 가지로 나누고 있는데, 첫째는 주요작전기지(main operating bases)로서 대규모의 미군이 주둔하는 영구적인 기지를 의미하며 한국·일본·독일이 여기에 해당된다. 둘째는 전진작전지역(forward operating sites)으로 중규모의 미군과 사전배치된 장비가 있는 기지이고, 셋째는 협력안보지역(cooperative security locations)으로 평시에는 거의 미군이 주둔하지 않지만 필요할 때 군사기지로 사용할 수 있는 지역을 의미한다. Jon D. Klaus, "U.S. Military Overseas Basing: Background and Oversight," *CRS Report*(November 17, 2004).

20) ≪경향신문≫, 2008년 1월 10일자.

21) ≪경향신문≫, 2005년 7월 20일자.

항공기, 고속수송선박, 최신예 에이브럼스 탱크, 다연장 로켓시스템도 배치되어 유사시 원근거리 및 육해공 통합 전투력 구사가 가능하다는 점도 중요하다. 앞으로 한반도 내에서는 물론이고 동북아와 역외 분쟁에 개입할 수 있는 능력을 갖춰가고 있는 것이다. 이는 미국이 이라크와 아프가니스탄 등에서 수렁에 빠지면서 병력 부족 현상이 발생함에 따라 주한미군을 해외 차출 등 다용도로 사용하고자 하는 의도에서 비롯되었다.

이와 함께, 미국은 미8군을 여단급으로 재편하고 있다. 주한미군 사령부는 "작지만 강하고, 치명적이며, 기동성이 강한 자급자족적 부대를 양성한다"는 목표하에 미8군의 변혁(transformation)을 단행했다. 2~3개의 대대로 이뤄졌던 기존 여단과는 달리 새롭게 등장할 여단은 7개의 대대로 구성되는데, 주한미군 측은 이를 두고 "30일 이내에 군 사령부급(fighting army) 부대를 구성하는 데 그 목적이 있다"고 설명했다. 주한미군 측은 이러한 계획에 따라 우선적으로 2006년 여름에 '501 증원지원여단(501st Sustainment Brigade)을 창설했다.[22] 이는 2006년 QDR에서 미 육군을 독자적인 완전성을 갖춘 '모듈형 여단' 중심으로 개편하겠다는 계획과 정확히 일치한다. 미8군은 2010년 10월경에 한국사령부(US Korea Command, USKOROM)가 창설되면, 한반도지상군사령부로 변환될 예정이다.

3) 지휘체계의 변화

한국사령부(USKORCOM)가 창설되면 현재의 주한미군 사령부뿐만 아

---

22) Teri Weaver, "Transformation in South Korea making 'more capable'," *Stars and Stipers*(February 14, 2006).

니라, 전작권 전환과 함께 해체키로 한 한미연합사의 일부 기능을 대체하게 된다. 이렇게 되면, 현재의 연합사는 미국의 한국사령부와 한국의 합참본부로 이원화되고 미국과 한국이 각기 자국의 부대에 대한 작전통제권을 갖게 된다. 또한 정전체의 관리 임무를 수행해온 유엔사령부가 미국의 전시작전통제권 이양에 즈음해 정전체제 관리 임무를 한국군에게 넘기면, 정전체제의 관리 임무는 한국군으로 사실상 넘어오게 된다. 그러나 미국은 전시에 대비해 유엔사의 전시 기능을 강화하고 미국이 유엔사 사령관을 계속 맡아야 한다는 입장을 보이고 있다. 이는 미국이 전작권을 한국군에게 이양하더라도 유엔사를 통해 작전권의 일부를 행사할 수 있다는 의미를 담고 있다. 현재와 미래의 지휘체계를 그림으로 나타내면 <그림 1>과 같다.

물론 연합사가 해체되고 한국과 미국이 독자적인 사령부를 갖게 된다고 해서, 양국군이 완전히 분리되는 것은 아니다. 한미 양국은 지금까지의 연합사 체제의 경험을 살려, 정보, 작전, 훈련, 병참 지원 등 다양한 분야에서 여러 협조팀을 구성해 전작권의 원활한 전환과 연합사 해체 이후를 준비하고 있다. 이를 위해 양국 합참의장의 주관하는 군사위원회(Military Committee) 산하에 한미동맹군사협력센터(Alliance Military Cooperation Center)를 설립하고, 6개의 분야별 협조센터를 만들기로 했다. 이러한 계획에 따라 연합사 정보부대는 합동정보작전센터(Joint Intelligence Operation Center-Korea)로 재편되어 한미 양국군에게 군사 정보를 제공하게 된다. 또한 전시에 한국사령부·유엔사·한국군 사이의 원활한 병참 지원이 가능하도록 연합병참협조센터(Combined Logistics Coordination Center)를 창설하기로 했다.

이는 한마디로 현재의 한미동맹이 연합(combined) 체제에서 협조(coordination) 체제로 전환된다는 것을 의미한다. 쉽게 말해 지금까지의 한미

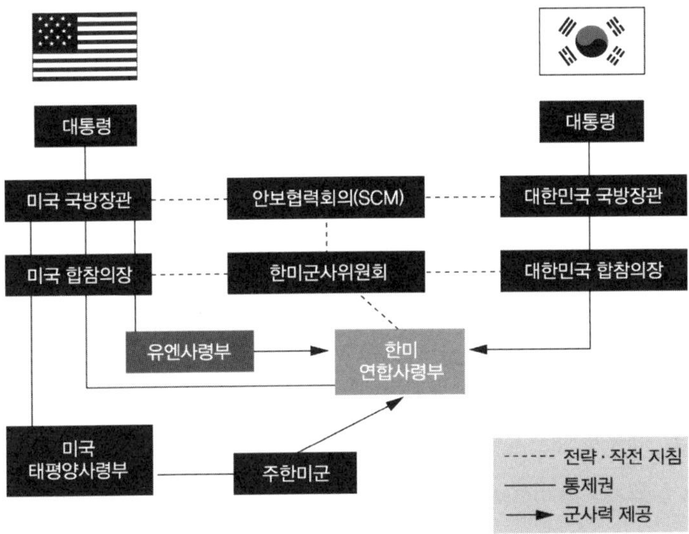

〈그림 1〉 현재 지휘 관계

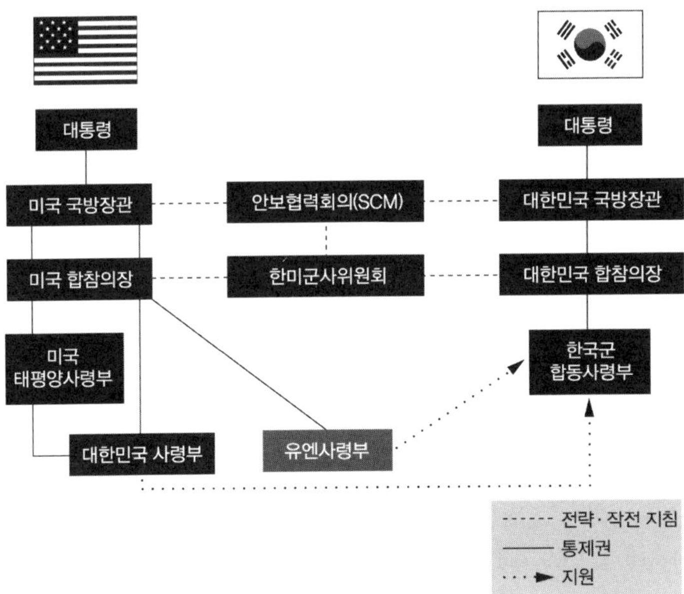

〈그림 2〉 미래 지휘 관계

동맹이 "같이 가자"라는 구호에서도 잘 알 수 있듯이 하나의 뇌를 가진 두 개의 몸과 같은 구조였다면, 앞으로는 '따로 또 같이' 형태로 재편되는 것이다. 이에 따라 "오늘날 주한미군은 지원자 역할을 하면서 주한미군 사령관이 한미연합사에 대한 전반적인 통제권을 행사하는"23) 기형적인 구조는 개선될 수 있다.

또한 한국사령부가 창설되면 미군사령관은 평시와 전시에 모든 주한미군에 대한 통제권을 갖게 된다. 미국의 한국사령부는 오산·수원·군산에 하위 부대를 두고 있는 공군구성군사령부, 미8군 사령부를 주축으로 구성되는 지상군구성군사령부, 일본에 주둔하고 있는 7함대 사령부가 전시에 구성될 해군구성군사령부, 사령부 병참 지원을 담당할 합동병참사령부(Joint Logistics Command), 유사시 오키나와에 주둔하고 있는 제3원정대와 주한미해병대로 구성되는 해병대구성군사령부, 특수작전사령부 등으로 구성되게 된다.

이러한 재편을 통해 주한미군의 역할은 한국 방위의 주도적 역할에서 지원적 역할로 전환되고, 주한미군은 동북아의 역내와 역외에서의 임무를 원활하게 수행하기 위한 신속 기동군으로 기능하게 될 전망이다. 단, 미국은 현대전에서 가장 중요하다고 일컬어지는 공군 작전의 경우 한국군과의 협조체제에서도 주도적인 역할을 원하고 있다. 미국이 유사시 공습 작전을 담당하는 항공우주작전센터(Air and Space Operation Center)를 미국 주도로 만들기를 원하는 것은 이러한 분석을 뒷받침해준다.

---

23) Berwell. B. Bell and Sonya Finley, "South Korea Leads the Warfight," *Joint Force Quarterly*(4th Quarter 2007).

4) 주한미군의 전력증강과 미국의 신속대응체제

미국이 2007년까지 110억 달러를 투입해 실행한 전력증강도 주목된다. 주요 목록으로는 중단거리 탄도미사일 요격체제인 패트리어트 최신형 PAC-3, 한반도 유사시 신속대응이 가능한 스트라이커 신속기동여단(SBCT: Stryker Brigade Combat Team), 해병대 원정부대 및 스트라이커 여단 등 증원 전력의 신속한 이동을 위한 C-17 글로브마스터 수송기, 감시·정찰수집능력 강화, 전쟁예비물자(WRSA) 및 위성유도무기인 JDAM을 비롯한 정밀탄약 증대, 최신예 공격헬기 AH-64D 델타 롱보우 배치,[24] 정찰과 폭격 임무를 동시에 수행할 수 있는 무인비행기 등이 포함되어 있다. 또한 F/A-18E와 F 수퍼 호넷 등 전천후 전투기를 배치해 정밀 타격 능력을 강화하는 한편, F-117 스텔스 전폭기와 F-15E 전투기 등 최신예 공격용 무기를 군산 등에 수시로 배치해 지형숙지 훈련을 벌이고 있다. 이러한 전력증강의 성격은 정보력과 정밀 타격 능력, 그리고 MD를 중심으로 한 방어력과 신속성의 강화로 요약할 수 있다.

이는 리언 라포트 주한미군 사령관의 2005년 3월 8일 미국 의회 청문회에서도 거듭 확인되었다.[25] 그는 합동 및 연합지휘통제통신컴퓨터(C4), 미사일방어체제(MD), 정보감시정찰(ISR), 사전배치 및 병참, 대화력 및 정밀타격 등 다섯 가지를 핵심적인 군 현대화 과제로 제시했다. 라포트의

---

24) 이와 관련해 라포트 주한미군 사령관은 2005년 3월 8일 미 의회 청문회에서 "기존의 아파치 헬기를 델타 롱보우로 대체함으로써 400%의 전투력 향상을 가져왔다"고 설명했다. http://www.pacom.mil/speeches/sst2005/050308fallon_sasc_oral.shtml.

25) Leon J. Laporte, United States Army, Commander, U.S. Forces Korea, *Testimony on the Fiscal Year 2006 National Defense Authorization budget request from the Department of Defense*(March 8, 2005).

증언에서 주목할 점은 주한미군의 전력증강 계획은 이것으로 끝나지 않는다는 것이다. 그는 MD 구상의 일환으로 패트리어트 최신형인 PAC-3의 배치가 성공적으로 끝났다는 점을 강조하면서, 앞으로 전역고고도방공체제(THAAD), 항공기탑재레이저(ABL), 이지스탄도미사일방어체제(ABMD) 등도 배치해 다층(multi-layered) MD 체제를 갖춰갈 방침임을 밝혔다. 이는 110억 달러를 투입한 전력증강 이외의 추가적인 계획으로, 한반도를 MD 전초기지로 만들겠다는 의지를 분명히 한 것이다.

이러한 분석을 뒷받침하듯, 벨은 2008년 3월 11일 상원 군사위원회 청문회에서도 PAC-3 배치가 성공적으로 끝났다는 것을 거듭 확인하면서도, 그것만으로는 부족하다며, PAC-3의 추가적인 배치, THAAD, ABL, ABMD 등도 조속히 배치되어야 한다고 강조했다.

이 가운데 벨이 시급히 요구하고 있는 것은 두 가지다. 하나는 PAC-3 미사일 추가 배치다. 현재 주한미군은 8개의 패트리어트 포대를 한국에 배치하고 있는데, 이들 포대에는 PAC-3와 PAC-2를 합쳐 64기의 미사일을 있다. 벨은 "PAC-3는 탄도미사일 요격 기능이 뛰어날 뿐만 아니라 비교적 높은 고도에서 미사일을 요격하기 때문에 요격 시 발생하는 잔해물로부터 피해를 줄일 수 있다"며, 추가적인 PAC-3 배치의 필요성을 강조했다. 다른 하나는 MD 능력을 보유한 이지스함이다. 미군도 이용하는 한국 남부의 해군기지를 방어하기 위해서는 이지스함의 배치가 필요하다는 것이다.

한국의 MD 참여와 관련해 벨은 한국이 독일로부터 PAC-2를 도입하기로 한 것은 "시작이다"며, 한국이 미국과의 협력 및 미국 시스템과 완전히 통합되는 MD 능력을 갖추는 것은 한국의 이익이라며, "나는 강하게 그렇게 요구하고 있다"고 말했다. 이와 관련해 콘돌리자 라이스 국무장관은 3월 26일 유명환 외교부 장관과의 회담을 마치고 가진 기자회견에서

"우리는 MD의 필요성을 야기하고 있는 미사일 확산을 비롯한 미래의 위협에 대해 계속 논의하고 있다"며 "미국은 한국과의 협의를 고대하고 있다"고 말했다. 이명박 정부의 출범을 계기로 미국 측의 MD 참여 요구가 한층 거세지고 있다는 것을 보여주는 대목들이다.

미국이 각종 군사훈련 및 수송 수단 변경, 그리고 순환 배치를 통해 한반도로 군사력을 신속하게 투입할 수 있는 능력을 확보하고 있는 것도 주목할 필요가 있다. 이는 전략적 유연성 가운데, 군사력의 유입(flow in) 및 경유(through)와 연관되어 있다.

미국은 2003년 8월 1일부터 열흘간 스트라이커 부대를 한국에 배치해 최초의 해외 훈련을 벌인 바 있다. 스트라이커 부대는 96시간 이내에 전 세계 어디든 미국이 원하지는 지역에 투입할 수 있는 신속대응체제의 핵심이다. 또한 2003년부터 2006년까지 F-117 스텔스 전폭기와 F-15E 전투기를 매년 한국에 파견해 지형숙지 훈련을 실시했다. 2008년 1월 중순에는 미국 사우스캐롤라이나의 쇼 공군기지에 있던 미 제9공군 20전투비행단 산하 79비행대대 소속 F-16 20여 대와 운용요원 300여 명을 군산에 배치했는데, 이는 공군 원정군(AEF) 순환 배치의 일환으로 미 태평양공군에 4개월간 배속시키기로 한 것에 따른 것이다. 특히 79비행대대의 상급부대인 20전투비행단 지휘소가 함께 배치되었는데, 이는 주한 미7공군과는 별도의 지휘체계를 갖춰 한반도뿐만 아니라 다른 지역에서도 작전을 수행하기 위한 것으로 풀이된다.

미국의 신속배치 전략과 관련해 한 가지 더 주목해야 할 것은 해병대다. 우선 오키나와 주둔 미 해병대의 한반도 배치 소요기간도 대폭 단축되고, 대규모의 해병대 상륙 및 사전 장비배치능력이 강화되고 있다. 주일 미 해병대를 한반도에 배치하는 데 기존에는 여객선이나 수륙양용 선박 등을 이용해 2~3일이 걸렸으나, 수송 수단을 고속정(High Speed Vessel)

으로 바꿔 배치 시간을 24시간 이내로 대폭 단축했다. 이러한 변화된 수송 작전은 2003년 3월 말~4월 초에 실시된 연합전시증원훈련(RSOI)에서 검증된 바 있다.

또한 미국은 2004년 '프리덤 배너 훈련'을 실시했는데, 이것은 네 가지 면에서 이전 훈련과 다른 특징이 있었다. 프리덤 배너 훈련은 미군 해병대의 전시 대비 훈련으로 예전에는 남한의 동남쪽에 위치한 포항이나 진해에서 실시되었으나 2004년에는 북한과 인접해 있고 미국 군사력이 집중되고 있는 평택에서 실시되었다는 것이 첫 번째 특징이다. 두 번째는 미국 해병대의 한반도 투입 시간이 대폭 단축되었다는 점이다. 하와이와 오키나와, 그리고 일본 본토의 이와쿠니 등에 주둔하고 있는 미국 해병대 약 8,000명이 참가한 2004년 훈련을 통해, 미국은 불과 20시간 이내에 406개가 넘는 차량과 무기체계를 한반도에 신속하게 배치하는 능력을 검증했다. 세 번째로 예전과는 달리 하역된 장비와 무기들이 연합전시증원훈련(RSOI)과 독수리 훈련 등 한미합동군사훈련에 이용되었다는 점이다. 예전의 프리덤 배너 훈련은 장비와 무기를 하역하고 부두에서 관리해 수량을 확인하고 다시 배에 선적하는 방식으로 진행되었으나, 훈련 효과의 극대화와 연합작전 능력 향상을 위해 2004년에는 하역된 무기와 장비를 한미합동군사훈련에 사용토록 한 것이다. 끝으로 한국 측의 전례없는 지원과 협력을 바탕으로 훈련이 실시되었다는 것이다. 당초 미국은 평택항이 진해나 포항에 비해 비좁고 지형도 낯설어 평택에서 프리덤 배너 훈련을 실시하는 것에 대해 우려를 갖고 있었으나 한국군의 지원에 힘입어 당초의 예상을 뛰어넘는 큰 성과를 거뒀다.[26]

---

26) 프리덤 배너 훈련에 대한 자세한 내용은 미국 해병대가 운영하는 웹사이트(http://
www.usmc.mil) 참조.

끝으로 미국 해군력의 이동도 주목할 필요가 있다. 미국은 「2006년 4개년 국방정책 검토보고서(QDR)」를 통해 세계 경제와 안보의 중심지역으로 부상하고 있는 아시아-태평양 지역에 대규모의 전력증강을 하기로 방침을 정하고, 대서양에 있던 해군력을 태평양으로 대거 이동시키고 있다. 이에 따라 2010년에 미군 해군력은 태평양에 60%, 대서양에 40%로 재편된다. 이러한 계획에 따라 미국 태평양 사령부 본부가 있는 하와이 진주만에는 1척의 잠수함을 추가로 배치해 18척으로, 샌디에고에는 3척을 추가해 7척으로, 워싱턴 기지에는 2척을 추가해 3척으로 늘리고 있다. 아울러 미국이 핵추진 항공모함 '조지 워싱턴'을 2008년 8월 일본 요코스카 해군 기지에 배치키로 하고, 탄도미사일 요격 능력을 갖춘 이지스함을 태평양에 대거 배치하고 있는 것도 미국의 해군력 변동을 잘 보여준다. 2007년 11월에 세계 최강의 미국 핵추진 공격 잠수함인 씨울프(Seawolf)급 코네티컷호(USS Connecticut)가 부산항에 입항해 많은 궁금증을 자아낸 바 있는데, 이것이 바로 미국의 해군력 재배치 계획에 의한 것이었다.

미국의 군사작전에서 핵심적인 역할을 수행하는 항공모함 전단도 대규모 신속대응체제로 바뀌고 있다. 미국은 2004년 상반기에 함대 대응 계획(Fleet Response Plan)을 마련해 30일 이내에 무려 6~7개의 항모 전단을 미국이 원하는 지역에 배치할 수 있도록 하고 있다. 기존에 2척의 항공모함을 배치하는 것과 비교할 때 획기적인 군사전략의 변화라고 할 수 있는데, 이러한 계획은 '섬머 펄스(Summer Pulse)' 훈련을 통해 검증되었다. 2004년 여름에 실시된 이 훈련에는 무려 7척의 항공모함과 50여 척의 전함, 그리고 600여 기의 항공기와 15만 명의 병력이 참가했다.27) 이러한 함대 대응 계획은 북한 및 중국을 염두에 둔 것이라는

---

27) John M. Glionna, *"China, U.S. Each Hold Major War Exercises"*, *LA Times*(July

분석이 유력하다. 일례로 미국의 군사평론가인 존 파이크(John Pike)는 "이 계획은 20세기와는 완전히 다른 계획"으로 "만약 북한이 까불거나 중국이 위험하게 군다면, 앞으로 그들은 짧은 시간 내에 6척의 미국 항공모함 전대를 보게 될 것이다"라고 주장하기도 했다.[28]

그렇다면 왜 미국은 주한미군 기지를 옮기고 병력을 축소하면서 부대 구조를 재편하고, 한국 안팎에서 전력을 증강하면서 신속대응체제를 갖춰나가는 것일까? 미국이 주한미군을 재편하는 핵심적인 목적은, 대북 억제 및 방어의 주도적인 역할은 한국에게 넘기고 주한미군을 한국 방위에서 보조적인 역할로 축소하면서, ① 북한의 대량살상무기(WMD)에 대응하고, ② 중국의 부상을 억제하며, ③ '테러와의 전쟁' 등 미국의 신군사전략을 원활하게 수행하는 것이다. 이는 한마디로 '주한미군의 전략적 유연성'으로 표현된다. 이에 따라 '전략적 유연성과 한국의 생존은 양립 가능한가?'라는 근본적인 질문이 제기된다. 이에 대한 자세한 내용은 제6장에서 후술키로 한다.

3. '협력적 자주국방'과 '한국 방위의 한국화'

1) 협력적 자주국방

한미동맹 재편은 '주한미군의 변혁'과 한국의 '협력적 자주국방'을 두 축으로 하고 있다. 그리고 주한미군의 변혁은 전략적 유연성 확보로,

---

20, 2004).

28) http://www.globalsecurity.org/military/ops/frp.htm.

협력적 자주국방은 '한국 방위의 한국화'로 귀결되고 있다. 이는 둘 사이의 관계가 동전의 앞뒤와 같은 것으로서, 노무현 정부의 협력적 자주국방은 한미동맹 재편이라는 큰 틀에서 바라봐야 한다는 것을 의미한다.

이를 반영하듯 정부는 자주국방을 "주도적 대북 억제능력을 우선 확보하기 위해 필요 전력을 건설하고, 이와 더불어 독자적 작전기획 및 군 운용 능력을 확보하는 것"이라고 정의하면서도, 이는 한미동맹과 병행 발전하는 것이라고 강조했다.[29] 정부는 이를 '협력적 자주국방'으로 명명하고, 이를 "동맹을 발전시키고 대외 안보협력을 능동적으로 활용하면서" 북한의 남침 억제 및 억제 실패 시 격퇴하는 데 한국이 주도적인 역할을 수행할 수 있는 능력과 채비를 구비한다는 것으로 설명했다.[30] 이러한 협력적 자주국방을 위해 독자적 군사력에서 대북 열세를 극복해 대북 억제가 가능한 전력을 구축하고, 국방개혁으로 군의 조직과 운영체제를 효율화하며, 이를 바탕으로 한미연합지휘체제를 발전시켜나가는 것을 자주국방의 세 가지 요소로 제시했다. 특히 한미 간의 역할 분담과 관련해 "한국은 대북 억제에 주도적 역할을 하고 미군은 한국방위의 보조역할을 하면서 지역안정 역할을 수행하는 방향"이 될 것이라고 설명했다.[31]

미국은 이러한 한국의 협력적 자주국방을 적극 지지했다. 기본적으로 한국의 자주국방 노선은 21세기 미국의 패권전략을 위해서는 "능력 있는 동맹"이 필요하고, 주한미군의 전략적 유연성을 확보하기 위해서는 한국이 대북 억제 및 방어에서 주도적인 역할을 할 때 비로소 확보될 수

---

29) 국가안전보장회의(NSC), 『참여정부의 안보정책 구상: 평화번영과 국가안보』(2004년 3월), 39~44쪽.

30) 같은 책, 26~27쪽.

31) 국방부, 『참여정부의 국방정책』, 2003년 7월.

있기 때문이다. 이와 관련해 버웰 벨 주한미군 사령관은 "우리는 한국 방어에서 한국이 더 많은 역할을 하고자 하는 것을 지지하며, 동시에 군사 변혁의 목적들을 충족시키기 위해 노력하고 있다"고 말했다. 아울러 그는 한국에 전시작전통제권 이양을 마무리하게 되면 주한미군은 공군력과 해군력 중심으로 재편되어 한국 방어의 지원자 역할을 하게 될 것이라고 말했다.32) 한국의 협력적 자주국방과 미국의 주한미군 변혁은 한미동맹 재편의 두 축이라는 것을 거듭 확인할 수 있는 대목이다.

실제로 노무현 정부의 자주국방 계획은 한미동맹 재편과 동떨어진 개념이 아니라 그 '하위 개념'으로 바라보는 것이 정확하다. 이는 한미동맹을 재정의하는 단계부터 그 성격을 추적할 수 있다. 2003년 5월 15일 한미정상회담에서 채택된 공동성명을 통해 두 나라는 "기술력을 활용하여 양국군을 변혁시키고 새로이 대두하고 있는 위협에 대한 대처 능력을 제고함으로써 한미동맹을 현대화하기 위해 긴밀히 협력해나가기로 했다". 이러한 총론 수준의 합의를 바탕으로 미국은 주한미군의 변혁을 추진하고 한국은 연합방위체제에서 한국군의 역할을 확대하기로 한 것이다.

이러한 내용은 2004년, 2005년 한미연례안보협력회의(SCM) 공동성명에서도 거듭 확인된다. 2004년 공동성명에서는 "(한미 양국은) 변화하는 세계안보 환경에 한미동맹을 적응시키는 것이 중요하다는데 동의"하면서, "한국의 협력적 자주국방계획을 미국의 군사변혁과 조화되도록 추진한다는 한국 측의 의지를 표명했다"고 적시했다. 2005년 공동성명에서는 한국 정부의 '국방개혁 2020안'에 대해 "앞으로 동맹의 발전을 뒷받침해줄 것이라는 데 의견을 같이"하기도 했다.

---

32) http://www.pacom.mil/speeches/sst2006/060307-SASC-FY07.shtml.

　이와 같은 노무현 정부의 협력적 자주국방은 대규모의 전력증강을 요체로 하는 국방개혁으로 나타났다. 노무현 정부는 2005년 9월 국방개혁안을 발표하기 이전에도 "아직도 대북 억제를 주도적으로 달성할 만한 군사력을 보유하고 있지" 못하다고 판단해, 2004~2005년에 9% 안팎으로 국방비를 인상했었다. 국방개혁안 발표 이후 전력증강 계획은 한층 강화되었는데, 국방부는 2006년부터 2020년까지 모두 621조 원(전력투자비 272조 원, 경상운영비 349조 원)을 투입해, 대대적인 전력증강에 나설 방침을 밝혔다.[33) 국방부는 전력증강 분야를 타격(PGM)과 정보·감시(ISR), 그리고 지휘·통제(C4I)로 나눠 정보 전력을 강화하는 한편, 타격 전력도 현재보다 1.8배로 강화한다는 방침이다. 아울러 2020년까지 병력 수를 68만 명(현재)에서 50만 명으로 감축해 기술집약적인 정예군을 육성하고, 과도하게 비대한 육군의 비중을 줄이고 합동참모본부의 위상과 기능을 실질적으로 강화해 합동·통합전력의 강화도 꾀하고 있다.

　이와 같은 참여정부의 협력적 자주국방 계획 가운데 가장 눈에 띄는 부분은 대규모의 전력증강 계획이다. 국방부는 "자주적 전쟁억제능력 확보" 및 "전시작전권 전환 대비 전력 구축", "대량살상무기 위협 대비"를 목표로 독자적 감시·정찰 능력 구비, 네트워크 중심전(NCW) 수행을 위한 지휘통제통신체계(C4I) 구축, 종심(縱深)타격 및 전략적 거부권 확보, 현존기반전력 보강, 연구개발 및 방위산업 기반 강화를 추진하기로 했다. 이를 국방부의 『2008~2012년 국방중기계획』을 중심으로 살펴보면 다음과 같다.[34)

　먼저 독자적 감시·정찰 능력 구축 분야이다. 한반도 및 주변지역에

---

33) 국방부 보도자료, 2005년 10월 27일.
34) 국방부 보도자료, 2007년 7월 18일.

대한 독자적 정보수집능력 구비를 위해 공중 조기경보통제기(AWACS), 장거리 정보장비 확보 등의 사업을 지속 추진하며, 고고도 무인정찰기와 중고도 무인정찰기 및 전술정찰 정보수집체계 개발사업을 신규 착수할 예정이다.

둘째로 C4I 구축과 관련해서는 "감시·정찰–지휘·통제–타격"을 수행할 수 있는 네트워크 중심전(NCW) 구축을 목표로, 합동C4I체계, 전구작전지휘시설, 군위성통신, 전술정보통신체계(TICN), 합동전술데이타링크(JTDLS) 등을 추진할 계획이다.

셋째로 종심타격 및 전략적 거부전력 확보를 위해 7,000톤급 이지스구축함 배치, F-15K 추가 도입이나 F-22 신규 도입이 검토되고 있는 차기전투기 사업 착수, K-9자주포 전력화 등이 추진되고 있다. 대구경 다련장(탄약) 확보, 7,000톤급 구축함(KDX-Ⅲ), 214급 잠수함, 함대함 유도탄, F-15K 전투기 등의 사업을 지속 추진하며, 차기전투기, 공격헬기, GPS 유도폭탄(JDAM) 및 합동 원거리 공격탄(JASSM) 사업을 대상 기간 중에 착수할 예정이다.

넷째로 현존 전투력 발휘 보장을 위한 기반전력 보강이다. 육군은 기계화 및 기갑부대를 각각 1개 부대씩 개편하고, K1A1 전차를 지속 전력화하며, 대포병 탐지레이다를 추가 확보할 계획이다. 또한 해군의 4,000톤급 구축함(KDX-II) 확보 외에, 차기고속정 및 해상초계기 2차 사업을 추진하고 기간 중에 차기호위함 사업을 착수할 예정이다. 공중 전력으로는 현재 진행되고 있는 고등훈련기(T-50) 양산 및 F-5E/F 수명연장 사업을 계속하면서, 대형수송기 및 레이저 유도폭탄 사업도 착수에 들어갔다. 방호력 증강을 위해 단거리 대공유도무기(천마) 및 차기유도무기(SAM-X) 사업을 추진하고 있다.

끝으로 연구개발 및 방위산업 기반 강화다. 국방부는 연구개발 투자비를 대폭 확대하여, 국방비 대비 연구개발비 비중을 2005년 4.5%, 2007년 5.1%에서 2012년에는 7.2%까지 확대할 계획이다.

정부는 이러한 국방중기계획이 마무리된 이후에도 전력증강 사업을 지속해 국방개혁이 완수되는 2020년에는 현재의 "병력 위주의 양적 재래식 구조"에서 "기술 위주의 질적 첨단구조"로 구조 개편을 완료할 계획이다. 군 구조개편의 주요 골격으로는 현재의 합동군 체제하에서 합동참모본부의 지위와 기능을 강화해 지휘구조를 개선하고(지휘구조), 병력을 단계적으로 감축해 군의 정예화를 꾀하며(병력구조), 부대의 중간계층을 줄이고 부대 수를 축소해 부대구조의 완전성을 보장하고(부대구조), 전투효율이 높은 무기 및 장비를 확보하겠다(전력구조)는 것으로 요약할 수 있다. 이를 통해 "병력은 감축되나 능력은 증대"되는 군구조를 만들겠다는 것이 정부의 방침이다.

이러한 내용을 좀더 구체적으로 살펴보면, 병력 수는 2005년 현재 68만 1,000명에서 2020년까지 50만 명 수준으로 감축하는 대신에, 주요 무기 및 장비체제의 능력은 현재보다 1.8배 가량으로 늘리겠다고 밝혔다. 육군은 54만 8,000명에서 37만 1,000명으로, 해군은 6만 8,000명에서 6만 5,000명으로 줄이고, 공군은 현재 규모인 6만 5,000명 수준을 유지하기로 했다. 이에 반해, 주요 무기 및 장비의 첨단화를 단행해 능력을 크게 강화하겠다는 입장도 내놓았다. 주요 내용으로는 2005년 능력을 기준으로 전차 전력은 1.8배, 다련장은 1.1배, 헬기 전력은 2배, 수상함 2배, 잠수함 2.6배, 전투기 1.7배 등이다.[35]

그러나 이명박 대통령직 인수위원회는 이러한 노무현 정부의 '국방개혁 2020'의 재검토를 시사하고 있다. 2008년 1월 국방부가 인수위에

---

35) 국방부, 『국방개혁 2020, 이렇게 추진합니다』(2005년), 12~13쪽.

한 업무보고에서 인수위 관계자들은 "국방개혁 2020과 관련해 한미 전시 작전통제권 전환에 따른 안보 환경 변화에 따라 수정이 필요한 것 아니냐 는 지적이 나온다"며, 국방부에 재검토 및 수정을 요구했다. 이에 따라 병력 감축 등 일부 내용이 변경될 가능성이 제기되고 있다. 참고로 이명박 당선인은 한미동맹 강화를 전제로 '첨단화·정예화·효율화' 등 이른바 '3화(化) 정책'을 국방정책의 기조로 내세우고 있다.

  2) '한국 방위의 한국화'

  한미동맹 재편은 미국에게는 '전략적 유연성' 확보로, 한국에게는 '한 국 방위의 한국화'로 귀결되고 있다. 한국 방위의 한국화를 위해 한미 양국이 2003년부터 추진해온 것은 크게 세 가지다. 첫째는 앞서 설명한 대규모의 전력증강을 핵심으로 하는 노무현 정부의 '협력적 자주국방'이 고, 둘째는 주한미군이 담당했던 10개 특정임무를 한국군이 이양받는 것이 며, 셋째는 전시작전통제권 환수를 비롯한 한미지휘체계의 조정이다.

  주한미군이 담당했던 10개 특정임무를 한국군이 이양받는 것은 전시 작전통제권 환수를 비롯한 한미군사관계 재조정의 초기적 단계라고 할 수 있다. 한미 양국은 2003년 7월 제3차 미래한미동맹정책구상(FOTA)을 통해 지금까지 미군이 맡아온 10개 특정임무 가운데 9개를 2006년까지 한국군에 조기 이양하기로 합의했다. 여기에는 판문점 공동경비구역(JSA) 경비, 후방지역 제독작전, 유사시 신속한 지뢰설치, 공지사격장 관리, 주야 탐색 및 구조활동, 근접 항공지원 통제, 북한 특수부대의 해상침투 저지, 헌병전환 순환 통제, 작전 기상예보 등이 포함되어 있고, 주한 미 2사단이 주로 맡아온 대포병 작전도 한국군에 조기 이양하기로 했다. 아울러 2005년 12월 초에 열린 제5차 미래안보정책구상(SPI) 회의에서

10개 임무를 제외한 나머지 임무도 추가적으로 이양 받는 문제를 추진키로 했다. 특히 한국군과 주한미군이 절반씩 맡고 있는 한미 지상구성군사령부(GCC)의 참모를 늘려 지상 작전 분야에서 한국군의 역할을 높이기로 합의했다.

노무현 정부 막바지에 국내적으로 뜨거운 쟁점이었던 전시작전통제권 환수는 한미지휘체계의 조정의 핵심적인 요소다. 정부는 2005년 9월 말에 워싱턴에서 열린 한미안보정책구상(SPI) 회의에서 전시작전통제권 이양 문제를 협의하자고 제안했고, 미국도 "논의할 수 있다"는 입장을 밝혔다. 이에 따라 10월 21일에 서울에서 열린 제37차 한미연례안보협력회의(SCM)에서는 전시작전권 환수 협의를 "적절히 가속화(appropriately accelerate)"하기로 합의했다. 이러한 합의의 후속 작업으로 5차 안보정책구상회의(SPI) 회의에서는 한국 국방부가 전시작전통제권 환수 연구팀(TF)을 구성해 이 문제를 심층적으로 연구했고, 미국과의 논의를 거쳐 2006년 10월 SCM 합의에 이르게 되었다. 38차 SCM 공동성명에서는 전시작전통제권 환수 시점을 2009년과 2012년 사이에 이뤄질 것이라고 했고, 2007년 2월 23일 한미국방장관회담에서는 2012년 4월 17일까지 전작권을 환수하고 한미연합사도 해제하기로 했다. 전작권을 한국이 환수하면 한미연합사 체제의 전환도 불가피한데, 이와 관련해 양국은 각기 독자사령부를 창설하되 협조체계를 구성한다는 방침이다. 2012년 4월로 예정된 전작권 환수를 비롯한 지휘체계 조정이 마무리되면, 한국 방위의 한국화는 거의 완성되게 된다.

물론 '한국 방위의 한국화' 개념은 최근 들어 나온 것은 아니다. 세계적 수준의 냉전 해체와 남한의 국력 신장 및 북한의 체제 위기 등이 맞물린 1990년을 전후해 미국은 한국 방위의 한국화를 강력하게 추진했고, 이는 한미 간의 합의 사항이기도 했다. 이에 따라 1990년 SCM 공동성명에서는 주한미군 3단계 감축 계획이 "한국의 방위력 증강을 포함한 전반적인 한반도 상황 변화를 반영한 것"이라고 설명했고, 1991년 SCM에서는 양측이 "한국 방위에 대한 미국의 역할을 점차 지원적 역할로 전환해나간 다는 원칙"에 합의하기도 했다. 이에 따라 1990~1992년 사이에 1단계 주한미군 감축, 군사정전위 수석대표에 한국군 장성 임명, 연합군야전사 령부(CFC) 해체, 연합사 지상구성군 사령관에 한국군 장성 임명 등이 이뤄졌고, 1994년 12월 1일에는 평시작전통제권을 한국군이 환수했다.

그러나 북핵 문제가 발생하고 미국이 2개 전장 동시승리 전략(윈-윈 전략)을 채택함으로써 '한국 방위의 한국화'는 지연되었다. 이를 반영하 듯 1995년 SCM에서는 한국 방위의 한국화를 위한 구체적인 내용이 포함되지 않은 채, 한국이 지속적으로 전력증강에 나서 "방어책임을 증대 해나갈 것"이라는 원칙적인 내용을 담게 되었다. 그리고 1996년 SCM부 터는 '한국 방위의 한국화'와 관련된 언급이 사라졌다.

SCM 공동성명에서 이 부분이 다시 나타난 시점은 2003년이다. 11월 17일 서울에서 열린 제35차 SCM에서 양국은 주한미군 재배치 계획을 재확인하는 한편, 미국 측은 "한국군의 전문성과 탁월함, 그리고 한반도 방위에 더욱 주도적인 역할을 희망하는 한국의 의사를 유념"하면서, 우선 10개 군사임무를 한국군으로 전환하기로 합의했다. 그리고 앞서 언급한 것처럼, 2004년과 2005년 SCM에서는 한국의 협력적 자주국방이 한미동 맹의 발전에 기여하는 방향으로 이뤄져야 한다는 점이 강조되었다.

여기서 주목할 점은 '왜 2003년 SCM에서 한국 방위의 한국화가 다시 언급되기 시작했느냐'다. 표면적으로는 1990년대 전반기까지 논의되었 던 계획이 부활한 것으로 볼 수도 있다. 그러나 이것으로는 '왜 2003년인 가'라는 부분이 설명되지 않는다. 더구나 1990년대에는 북한의 핵과 미사일 문제가 불거지면서 한국 방위의 한국화가 지연된 반면에, 2차 북핵 문제가 발생하고 북한의 미사일 문제가 해결되지 않았는데도 한국 방위의 한국화는 오히려 가속화되고 있다.

이는 결국 한미 양국 정부의 의도가 맞아떨어졌기 때문이라고 할 수 있다. 부시 행정부로서는 주한미군의 전략적 유연성을 확보하고 '테러와의 전쟁' 및 지역적 역할을 강화하기 위해서는 한국이 좀 더 능력 있는 동맹국이 되어야 한다는 생각을 갖고 있었다. 이에 호응하듯 노무현 정부는 동맹관계를 좀 더 수평적이고 균형적으로 재편하기 위해서는 한국이 독자적인 대북 억제력을 확보해야 한다는 생각이 강했다. 요약하자면, 부시 행정부의 동맹 재편 전략과 노무현 정부의 자주국방 열망이 한국 방위의 한국화를 가속화한 것이다.

이러한 한국 방위의 한국화는 한미동맹 재편의 원인으로서뿐 아니라, 그 결과에도 중대한 함의를 갖는다. 내용으로 볼 때, 한국 방위의 한국화는 주한미군의 전략적 유연성과 동전의 양면과 같은 관계다. 한국 방위의 한국화가 이뤄지지 않으면, 주한미군이 '한국 방위' 이외의 다른 임무를 수행하는 데 근본적인 제약이 따르기 때문이다. 이러한 맥락에서 볼 때, 노무현 정부의 협력적 자주국방 노선은 그 의도의 여부와 관계없이 주한미군의 전략적 유연성을 가속화시키는 기능을 했고, 이는 그 의도의 여부와 관계없이 협력적 자주국방이 미국에 이용당하고 있다는 것을 의미한다. 미국이 한국의 자주국방 노선에 대해 불만을 나타내기보다는 환영하고 있는 것도 이러한 맥락에서 이해할 수 있다.

3) 전시작전권 환수, 어떻게 볼 것인가?

전시 작전통제권의 환수 문제는 노무현 정부 임기 후반기에 한미관계는 물론 국내적으로도 뜨거운 쟁점이었다. 한미 양국 간에는 전작권 전환에 대해서는 일치된 견해를 갖고 있었지만, 미국은 한국 정부가 전작권 문제를 '주권 대 동맹'의 문제로 부각시킨 것에 불만을 나타냈고, 한국은 미국이 너무 빨리 전작권을 넘겨주려는 것에 대해 불안감을 보였다.

노무현 정부는 전작권 환수를 자주의 문제로 강조했다. 정부는 "작전통제권은 자주국방의 핵심이다. 자주국방은 주권국가의 꽃이고 핵심이다"라며 "어느 정도 비용을 지불해서라도 이것은 꼭 갖춰야 할 국가의 기본요건"이라고 설명했다.[36] 이러한 입장에 대해 부시 행정부는 전작권 이양은 오래전부터 준비해온 사안이고 미국도 이양을 원한다는 입장을 밝히면서도 한국 정부가 이를 주권의 문제로 부각시킨 것에 대해 강한 불만을 토로해왔다. 전작권 전환이 주권의 문제로 비춰지면, '마치 미국이 한국의 주권을 침해하는 모양새가 된다'는 불만이다. 이로 인해 '노무현 정부가 한미동맹을 정치적 목적으로 이용하고 있다'는 미국 내의 불만을 증폭시키고 말았다.

한미 간의 또 하나의 이견은 전작권 전환 시기였다. 협상 초기에 미국 정부는 2009년까지 한국에게 이양한다는 입장을 전달했고, 한국 정부는 "독자적인 대북 억제력 확보"가 가능하다는 2012년을 제시했다. 결국 미국은 한국의 입장을 수용해 2012년 4월에 전작권 이양을 마무리하기로 했다. 이는 주한미군 기지 재배치 완료가 당초 2009년에서 2012년 이후로 미뤄지고, 전작권 조기 이양을 강력하게 주장했던 도널드 럼스펠드 국방장관이 2006년 11월 미국 중간선거 패배의 책임을 지고 사임했기 때문이라고 할 수 있다.

전작권 전환을 둘러싼 한미 간의 갈등이 정치적 수사와 전환 시기

---

36) 대통령비서실 통일외교안보정책실, 『전시작전통제권 환수 문제의 이해』, 2006년 8월 9일.

등 비교적 지엽적인 문제로 발생한 것이라면, 한국 국내적인 갈등 구조는 이념적·정치적 성격이 강했다. 노무현 정부와 일부 진보진영은 전작권 환수에 적극적인 반면에, 보수진영은 한국군이 전작권을 행사할 능력도 안 되고, 한미동맹만 위태롭게 할 것이라며 강한 거부감을 드러냈다. 특히 한나라당은 주무 장관인 윤광웅 국방장관의 해임까지 거론했고, 상당수 전직 국방장관들과 고위 장교들, 그리고 전직 외교관과 경찰 간부들까지 전작권 환수 저지를 위한 집단 행동에 나서기도 했다. 이러한 보수층의 반발은 이명박 한나라당 후보가 전작권 환수 재검토를 핵심적인 대선 공약으로 내세우게 되는 배경이기도 했다.

이 과정에서 대단히 흥미로운 현상이 발생하기도 했다. 보수진영의 반대 논리가 진보진영의 지적사항과 닮아간 것이다. 보수언론과 한나라당은 '국방비 증가'에 대한 우려를 강하게 제기했다. 이전까지 국방비 증액에 대한 진보진영의 우려를 안보를 위태롭게 하는 주장이라고 폄하했던 것과는 정반대의 모습이었다. 특히 조영길 전 국방장관은 "연합전시작전통제권과 작전권의 공유는 북한의 생존을 위해서도 중요하"며, 연합사가 해체되고 전작권이 환수되면 미국의 대북 선제공격을 막을 수 없다고 주장하기도 했다.[37] 국방부가 '미국의 한미동맹 재편이 대북 선제공격을 유리하게 할 수 있다'는 진보진영의 지적을 근거없는 반미선전으로 일축했던 것과는 180도 달라진 모습이다. 이는 기본적으로 보수진영이 국방비 증액이나 미국의 대북 선제공격에 대한 우려보다는 전작권 환수를 저지하기 위해 수단과 방법을 가리지 않고 '올인'한 데서 비롯되었다고 할 수 있다.

---

[37] 조영길, "현정부 초대 국방장관 조영길씨 '전시작전권' 기고", 《동아일보》, 2006년 9월 4일자.

그런데 이러한 보수진영의 주장이 모두 타당성이 없는 것은 아니다. "한국군이 아직 능력이 안 된다", "한미동맹이 끝장난다", "노무현의 친북반미 때문이다"라는 등의 주장은 말 그대로 정치적 공세이거나 근거가 없는 것들이다. 그러나 국방비 증액과 대북 선제공격 문제는 다른 차원의 문제다. 실제로 자주국방을 강하게 추진한 노무현 정부는 임기 5년간 국방비를 무려 56%나 늘렸다. 조영길 전 국방장관의 지적도 틀린 말은 아니다. 미국이 전략적 유연성을 확보하려는 데는 북한의 대량살상 무기에 대한 군사적 대응이 중요한 목표이고, 연합사가 해체되어 미국이 독자적인 사령부를 구축하면 미국의 대북 선제공격 계획에 한국이 제동을 걸 수 있는 구조적 제한 역시 상당 부분 풀릴 수 있기 때문이다.

그러나 이러한 문제는 일부 진보진영이 이전부터 제기했던 것들이다. 전작권 논란이 불거지기 전에는 진보진영의 타당한 문제 제기를 근거없는 반미전선으로 일축했던 보수진영이 전작권 문제가 부각되자 이러한 우려를 쏟아낸 것은, 이전의 태도가 '반대를 위한 반대'였다는 비판을 피할 수 없게 한다.

이처럼 전작권 환수 문제는 단일한 관점으로 판단하기에는 대단히 복잡한 문제다. 한국이 전시작전통제권을 환수하는 것은 '한국 방위의 한국화'를 완성하고 1차적으로 군사 주권을 회복한다는 의미를 담고 있다. 또한 '근력은 어른 수준인데 뇌는 아이 수준'인 한국군의 기형성을 극복하고 정상화한다는 의미도 있다. 아울러 전작권이 없다는 이유로 북한에게 홀대를 받았던 설움도 일정 부분 극복할 수 있고, 한반도 군사 문제에 대한 실질적인 협상 권한을 보강할 수 있다. 만약 미국이 자신의 전략적 판단에 따라 주한미군을 철수하거나 한미동맹을 종결할 경우, 그 혼란을 줄일 수 있는 대비책도 될 수 있다.

그러나 그 부정적 영향도 만만치 않다. 전작권 환수는 대규모의 국방비 증액을 수반하고 있는데, 이는 노무현 정부 역시 북한보다 군사력이 열세에 있다는 비과학적인 평가를 내린 데서 기인한 것이다. 그리고 더 근본적인 문제는 전시작전통제권의 환수가 주한미군의 전략적 유연성을 완성시켜주는 의미를 담고 있다는 점이다. 이는 또 다른 형태로 한국의 주권을 제약하고 안보 불안을 가져올 수 있게 된다.[38] 조영길 전 국방장관도 인정한 미국의 대북 선제공격론은 물론, 주한미군이 양안 사태 등 동북아 분쟁에 투입되는 상황도 배제할 수 없기 때문이다.

어쨌든 미국은 전작권 이양에 대해 대단히 적극적이다. 한국의 보수진영에서는 전작권 환수를 노무현 정부의 '친북반미' 노선의 대표적인 사례로 지목하고 있는 것과는 달리, 정작 부시 행정부는 이를 긍정적으로 평가한다. 크리스토퍼 힐(Christopher R. Hill) 국무부 차관보는 "한국의 국가안보전략은 동북아 지역에서 전략적 유연성을 추구하려는 미국의 노력과 일치한다"며, 특히 전시작전통제권 이양은 "21세기 미국의 파트너십을 구축하는 맥락에서 의미가 있다"고 말했다.[39] 리처드 롤리스 역시 한국의 차기 정부가 재협상을 요구하면 상당히 불쾌해할 것이라며, 예정대로 진행할 방침을 분명히 했다.[40] 이는 이명박 정부가 전작권 전환에 대해 재협상을 요구할 경우, 역설적으로 '한미동맹 강화'를 주창해온 이명박 정부 시기에 한미동맹이 위태로워질 수 있다는 것을 의미한다.

---

38) 이와는 다른 차원의 문제도 있다. 미국은 최근 유엔사령부의 강화를 추진하고 있는데, 이는 연합사 체제에서 전시작전통제권을 한국에 이양하더라도 유엔사 체제를 통해 작전권을 행사하려는 의도에서 나온 것이 아니냐는 분석이 나오고 있기 때문이다. ≪국민일보≫, 2006년 5월 7일자.

39) Christopher Hill, Statement to the House International Relations Committee on "The US-ROK Alliance"(September 27, 2006).

40) ≪신동아≫, 2007년 8월호.

4. '방어형' 동맹에서 '공격형' 동맹으로

탈냉전 이후, 특히 부시 행정부 출범 이후 한미동맹은 방어 목적에 국한된 것이 아니라, 대북 선제공격 등 공격적 목적이 가미되고 있다. 이에 따라 한미동맹 재편과 관련해, 가장 큰 논란의 지점은 '한미동맹이 대북 방어형에서 대북 공격형으로 변질되고 있다'는 주장이 적실성을 갖느냐에 있다. 국방부와 보수언론은 이러한 주장을 일축하고 있지만, 부시 행정부의 군사전략과 한미동맹 재편의 구체적인 양태를 분석해보면 상당한 근거가 있다는 것을 알 수 있다. 즉, 인계철선의 개념의 종말, 주한미군 재배치와 전력증강의 성격, 작전계획, 그리고 부시 행정부의 대북한 군사전략을 종합적으로 분석해보면, 한미동맹에 공격적 성격이 강하게 투영되고 있다는 것을 알 수 있다.

1) 사라지는 인계철선, 그 의미는?

한미상호방위조약에도 명시된 것처럼, 한미동맹의 목적은 '방어'에 있다. 조약상에서 군사력의 발동 요건을 명시한 부분은 제3조인데, 그 내용은 "각 당사국은 타 당사국의 행정 지배하에 있는 영토와 각 당사국이 타 당사국의 행정 지배하에 합법적으로 들어갔다고 인정하는 금후의 영토에 있어서 타 당사국에 대한 태평양 지역에 있어서의 무력공격을 자국의 평화와 안전을 위태롭게 하는 것이라고 인정하고 공통한 위험에 대처하기 위하여 각자의 헌법상의 수속에 따라 행동할 것을 선언한다"고 되어 있다. 여기서 "헌법상의 수속"에 대한 미국 의회의 해석은 "미국 대통령은 미국 의회의 전쟁 선포권(declaration of war)을 받은 이후에 개입이 가능하다는 것"을 의미한다.41) 이는 미국이 NATO 동맹국에 대한 공격을 자국에 대한 무력 공격으로 간주해 자동개입을 한다는 것과 상당한 차이가 있다.

더구나 미국은 한반도 분쟁에의 '휘말림'을 우려해 조약 체결 당시부터 엄격한 제한 조건을 두었다. 미 상원은 조약 비준 당시 "어느 한 당사자가 무력 공격을 받는 것을 제외하곤 어떤 당사자도 동 조약의 2조에 따른 의무를 지지 않는다. 또한 미국이 법적으로 한국의 행정지배하에 있다고 인정되는 영토에 대한 공격을 제외하곤 미국이 한국에 지원을 제공하는 것으로 간주되지 않는다"는 점을 분명히 했다.[42]

또한 한미상호방위조약 비준 청문회 당시 존 포스터 덜레스 국무장관은 이 조약이 북대서양 조약상의 의무가 아니라 "몬로 독트린 형식(Monroe Doctrine formula)"에 기초하고 있다고 말했다. 몬로 독트린은 제3자의 미국의 동맹국에 대한 무력 행사에 대해 미국의 개입 여부를 헌법적 절차에 따라 결정한다는 의미를 담고 있다. 이 점은 1971년 주한 미대사인 윌리엄 포스트의 미 하원 청문회에서도 거듭 확인되었다. 그는 남한이 북한으로부터 공격받았을 때, 미국의 의무는 공격의 성격, 기원, 그리고 과정에 대해 한국과 협의한 다음, 미국이 어떻게 대응할지를 결정하게 될 것이라고 말했다. 아울러 미국의 대응에는 군사적 개입부터, 북한의 동맹국에 대한 자제 요청, 그리고 남한의 대응에 대한 자제 요구 등 다양할 수 있다며, 우선은 그 성격이 무엇인지 확인해볼 수밖에 없다고 말했다.[43] 한국이 남침을 당한 경우에도 미국의 개입 여부를 헌법적 절차에 따라서 결정할 뿐만 아니라, 그 대응도 다양할 수 있다는 것이다.

---

41) Larry A. Niksch, "South Korea: U.S. Defense Obligations," *CRS Report*(April 1, 1994).

42) 같은 책.

43) 같은 책.

미국의 한국에 대한 안보 공약은 베트남 전쟁의 패배의 여파로 1973년 전쟁 권한 결의안(War Powers Resolution)에 의해 또 다시 영향을 받게 되었다. 미 의회는 이 결의안에 따라 대통령의 군사력 이용 권한을 대폭 제약하게 되는데, 특히 세 가지 경우에 미 의회의 사전 승인을 명문화했다. 첫째는 미국 대통령이 전쟁 선포를 추진할 때이고, 둘째는 타국과의 방위 조약 등 특별히 법령에 의해 정해진 군사적 행위를 추구할 때이며, 셋째는 미국의 영토, 재산, 군사력에 대한 공격에 의해 발행한 국가 긴급 상황에 대한 대처이다.[44] 한미상호방위조약과 관련해서 주요한 조항은 셋째의 경우인데, 미국은 한국에 군사력을 대거 배치하고 있기 때문이다. 이 결의안에 따르면 주한미군이 북한으로부터 공격받았을 때, 미국 대통령은 48시간 이내에 의회에 보고해야 한다. 보고 내용은 크게 미국 군사력이 필요한 환경 및 군사력 투입과 관련된 헌법과 법률상의 권한, 그리고 적대 행위의 범위와 기간 등이 바로 그것이다. 이때 미 의회가 승인하지 않으면, 미국 정부는 최대 90일 이내에 주한미군을 철수해야 한다.[45]

이처럼 미국은 한국이 무력 공격을 받더라도 미국의 자동개입이 보장되지 않을 뿐 아니라 그 대응도 다양할 수 있다는 미 의회와 정부의 해석, 그리고 주한미군이 공격받더라도 군사적 개입은 미 의회의 승인이 필요하다는 전쟁권한 결의안 등으로 대단히 까다로운 안보 공약의 조건을 달고 있다. 그런데도 미국이 한반도 유사시 자동으로 개입하게 될 것이라는 판단은 '인계철선(trip-wire)' 개념에 기초해왔다. 한반도 유사시 주한미군도 엄청난 피해를 당할 수밖에 없기 때문에 미국은 개입하지

---

44) http://www.policyalmanac.org/world/archive/war_powers_resolution.shtml.

45) War Powers Resolution of 1973, Public Law 93-148, 93rd Congress, H. J. Res. 542(November 7, 1973).

않을 수 없다는 것이다.

　그러나 주한미군의 후방 재배치로 이러한 인계철선 개념은 사라지게
된다. 이에 따라 한반도 평화체제가 구축되지 않은 상황에서 인계철선
개념이 사라질 경우 나타날 부정적 영향을 주목할 필요가 있다. 이는
크게 두 가지로 분석할 수 있다. 먼저 상호방위조약 상에 자동개입 조항도
없고 인계철선 개념도 사라짐에 따라 한미 간에는 '신뢰'의 중요성이
더욱 강조될 수밖에 없게 된다는 점이다. 이는 미국의 신뢰를 확보하기
위해 한국의 정책 자율성이 더욱 위축되는 결과를 낳을 수 있다. 한국이
미국의 요구를 수용하지 않으면 한미 간의 신뢰에 금이 가고, 이에 따라
미국의 대(對) 한국 안보 공약이 훼손될 수 있다는 우려가 더욱 커지게
될 수 있다는 것이다.

　또 한 가지는 미국이 필요하다고 판단할 경우, 북한에 대한 무력 사용에
덜 신중하게 된다는 점이다. 한강 이북에 대규모의 미군이 주둔하는 상태,
즉 인계철선 개념이 유지되는 상황과 그렇지 않은 상황에서 한반도 유사
시 미군이 입게 될 피해는 엄청난 차이가 있을 수밖에 없기 때문이다.
이러한 분석은 미국이 인계철선을 포기한다고 밝혔을 때 미국 내에서도
제기되었다. ≪뉴욕타임스≫는 "북한은 미군이 후방 배치될 경우 평양
근처의 핵시설을 쉽게 폭격할 것이라는 공포를 느끼고 있다"며 "북한은
이를 미국이 선제공격을 준비하는 것으로 이해할 것"이라고 분석했다.[46]
미국 포모나 대학(Pomona College)의 데이비드 아라세(David M. Arase)
교수 역시 "인계철선 역할은 감소됐으나 미국의 국지적 무력사용 가능성
과 능력은 높아져 공세적 억지력이 확보될 것"이라며 "(미국의) 무력
사용능력 의지가 증대됐는지는 아직 미지수지만 결과적으로 주한미군의

---

46) *The New York Times*(June 16, 2003).

대북 위협은 강화됐다”고 분석했다.[47]

물론 미국이 인계철선의 개념을 포기한 것이 북한에 대한 예방적 선제 공격을 염두에 둔 것이라고 단정하기는 힘들다. 그러나 한반도 유사시 막대한 인적·물적 피해를 크게 줄일 수 있게 된 것만은 틀림없으며, 이에 따라 북한에 대한 선제적 무력 사용 시 가장 큰 고려 사항 가운데 하나인 미군 피해 규모에 대한 우려는 이전보다 줄어들게 되었다.

이처럼 인계철선 개념이 사라지게 된 이유는 미국이 한강 이북에 있는 2사단과 용산기지를 평택권으로 통폐합하기로 결정한 데서 나왔다. 이를 한반도 군사적 함의와 연관시켜 분석하면, 주한미군 기지 재배치와 함께 미군은 북한의 장사정포를 포함한 야포 사정거리로부터 완전히 벗어난다 는 것을 의미한다. 동시에 미국은 한반도 유사시 미군의 피해를 줄이기 위해 두 가지 추가적인 조치를 취했다. 하나는 북한의 미사일 공격에 대비해 패트리어트 최신형인 PAC-3의 배치다. 미국은 주한미군의 중추 기지(hub)인 평택권은 물론이고, 공군력 투사 근거지로 삼고 있는 군산과 유사시 미 공군력이 증원될 수원에 PAC-3 배치를 완료한 상황이고, 전역고 고도미사일방어체제(THAAD)와 미사일 요격 기능이 탑재된 이지스함 등 추가적인 MD 배치도 추진하고 있다. 또 다른 하나는 적지 않은 인적· 물적 피해가 불가피한 ‘DMZ 관통 북진 작전’을 한국군에게 넘기고 미국 은 서해와 동해로 우회하기로 했다는 것이다. 이를 두고 한 미군 관계자는 “이러한 작전은 김정일에게 최악의 악몽이다”라고 말하기도 했다.[48] 이 러한 모든 조치는 한반도 유사시 미군의 피해를 획기적으로 줄일 수 있는 것들이다.

---

47) ≪연합뉴스≫, 2004년 8월 27일.
48) *Reuter*(June 4, 2003).

미국은 이와 함께 북한에 대한 정보력과 정밀 타격 능력을 배가하고 있다. 북한을 중국, 이라크, 이란과 함께 최상등급의 정보 목표(intelligence targets)로 삼은 부시 행정부는,[49] 지휘통제통신컴퓨터 및 정보정찰감시 (C4ISR) 능력을 획기적으로 강화해왔다. JDAM을 비롯한 정밀유도무기, 아파치 헬기의 전력 강화, F/A-18E와 F 수퍼 호넷 등 전천후 전투기 배치, F-15E 및 F-117 스텔스 전폭기 등 공군력의 신속 배치능력 확보 등을 통해 공군력을 배가하고 있다. 아울러 동아시아 지역에 해군력과 공군력을 대폭 강화하는 한편, 유사시 한반도로의 전개 시간도 대폭 단축 해놓고 있다.

이러한 미군 재배치와 전력증강은 미국이 주한미군 재편을 추진하면서 내세운 세 가지 개념과 밀접히 연관되어 있다. 노회찬 의원이 공개한 FOTA 회의록에 따르면, 미국은 세 가지 개념으로 생존율과 공격성, 그리고 치명성을 강화하겠다는 입장을 밝혔는데,[50] 주한미군의 후방 재 배치와 MD는 생존율 강화에 해당하고, 정보력과 공군력, 그리고 증원전 력의 강화는 공격성 및 치명성의 강화에 해당된다고 할 수 있다.

2) 한미연합사의 작전계획

한미동맹이 공격형 동맹으로 재편되고 있다는 주장을 가장 잘 뒷받침 하는 요소는 한미연합사의 작전계획에 있다. 방어적 성격에서 점차 공격 적 성격으로 변해온 작전계획은 부시 행정부 출범 이후 선제공격뿐만 아니라, 예방전쟁의 개념까지도 포함되고 있다.[51] 먼저 탈냉전 이후 공격

---

49) 《연합뉴스》, 2006년 4월 14일.
50) 노회찬 의원실 보도자료, 2004년 11월 29일.

적 성격이 가미되기 시작한 작계 5027은 부시 행정부 시기에는 우발 상황을 확대 적용한 '예방적 선제공격' 개념과 함께 김정일 위원장의 제거 계획과 MD 구축 계획이 포함된 것으로 알려지고 있다.[52]

다음으로 부시 행정부 출범 이후 새롭게 만들어진 5026을 살펴보자. 5026의 실체는 민주노동당의 권영길 의원이 2005년 10월 10일 통일부 국정감사에서 2002년 12월 작성된 '전략기획지침'을 공개하면서 확인되었다. 이 문서를 보면 "작전계획 5027과 개념계획 5029를 보완하는 추가적인 작전계획 5026을 발전시킨다"며 "이 작전계획은 2003년 7월까지 수립한다"고 되어 있다.[53] 그리고 이 계획은 여러 가지 정황을 종합해볼 때, 미국의 대북 선제공격 시 북한의 보복 공격으로부터 수도권을 방어하기 위해 마련된 것이라고 할 수 있다.

이와 관련해, 럼스펠드 미국 국방장관은 2002년 12월 "북한 핵문제와 관련한 만일의 상황에 대비한 우발계획을 논의했다"고 밝혔다. 그리고 이준 국방장관은 한달 뒤, 국회 국방위원회 증언에서 "북한 핵문제가 평화적으로 해결이 안 돼 미국이 북한을 공격할 경우 한반도에서의 전쟁은 불가피하다고 본다"며 "우리 군은 최악의 상황을 대비해 준비하고 있다"고 밝혔다. 이는 북한의 남침에 대비한 계획뿐만 아니라 미국의 대북 선제공격에 의해 전쟁이 발발할 경우에도 대비책을 갖고 있다는 점을 시인한 발언이었다.

또한 ≪중앙일보≫는 이준 장관의 발언 다음날인 2003년 1월 17일, 한미 양국이 북한 핵문제가 평화적으로 풀리지 않을 경우에 대비해 새로

---

51) 작전계획의 변천에 대해서는 정욱식, 『동맹의 덫: 지독한 역설, 두 개의 코리아와 미국』(서울: 삼인, 2005), 205~220쪽 참조.

52) http://www.globalsecurity.org/military/ops/oplan-5027.htm.

53) 권영길 의원실 보도자료, 2005년 10월 10일.

운 작전계획을 수립하기로 했다고 보도했다. 아울러 이를 '우발계획(Contingency Plan)'이라고 명명하면서 수도권 방어를 골자로 한 작계를 2003년 7월까지 마련하기로 했다고 덧붙였다. 권영길 의원이 공개한 문서에 따르면 이 우발계획이 바로 5026이고, 미국이 북한의 핵 프로그램 등 대량살상무기 시설에 대한 선제공격이 이뤄질 경우, 북한의 보복 공격을 무력화시켜 수도권을 방어하기 위해 만들어진 작전계획이라는 점을 알 수 있다.[54]

끝으로 2005년 상반기 논란을 일으킨 바 있는 5029를 살펴보자. 1990년대 말에 만들어진 기존의 5029는 북한의 '붕괴'에 대비하기 위한 성격이 강했다. 그러나 부시 행정부 출범 이후 일부 적성국가들의 정권교체(regime change)를 염두에 두고, "대량살상무기와의 전쟁"을 선포하면서 5029에도 중대한 변화가 발생하게 된다. 북한 내부에서 불안정한 상황이 발생할 경우 대량살상무기가 위험 세력의 손에 넘어갈 수 있고, 외부로 유출될 수도 있다는 이유로 군사적 개입 시점을 북한의 붕괴가 아니라 북한에서 불안정한 상황이 발생했을 경우로 대폭 앞당기게 된 것이다. 이러한 5029의 근본적인 위험성은 북한이 남한을 공격하지 않은 상황에서도 북한 내부의 급변 사태가 발생하면 한미연합군이 개입할 수 있다는 것이고, 이것이 전면전으로 이어질 가능성도 배제할 수 없다는 점에 있다. 이러한 지적에 대해 펜타곤의 관리도 "북한의 불안정 시나리오에 개입하는 것에 대해 타당한 우려가 있을 수 있다"며, "이것이 잠재적인 상황으로 갈 수도 있을 것"이라고 말해 그 가능성을 배제하지 않았다.[55]

---

54) 작전계획 5026이 한미 양국의 합의로 2003년 7월에 수립되었는지는 확인되지 않고 있다. 그러나 미국 국방부의 핵심적인 관계자는 2005년 5월 4일 펜타곤을 방문한 필자에게 구체적인 내용은 공개할 수 없으나 5026이 있다고 확인해주었다.

55) 필자의 미국 국방부 고위 관료들과의 인터뷰, 미국 국방부 청사, 2005년 5월 4일.

이와 같이 작전계획들을 살펴보면 크게 세 가지 두드러진 특징을 발견하게 된다. 첫째는 냉전시대 북한의 남침 시 이를 격퇴하고 38선 이북으로 되돌림으로써 한반도의 현상유지를 재건하는 것에서, 유사시 북한을 무력으로 점령하는 계획이 공식화되었다는 점이다. 둘째는 1990년대에는 '선제공격 전략'이, 부시 행정부 출범 이후에는 '예방전쟁' 개념이 도입됨에 따라, 작전계획이 선제적 군사개입의 형태로 바뀌어왔다는 점이다. 끝으로 작전계획이 적용될 수 있는 '우발' 개념에 미국의 일방주의가 관철되면서 우발 상황이 '다양화'되고 있다는 점이다. 과거에는 우발 상황이 주로 북한의 남침이나 우발적인 무력 충돌, 그리고 북한의 붕괴 등을 의미했었다. 그러나 부시 행정부 출범 이후에는 '북한 내부의 불안정한 상황의 발생', '북한의 WMD 외부 유출', '북한의 WMD 시설에 대한 미국의 정밀 폭격과 이에 대한 북한의 군사적 대응'도 우발 개념이 포함시키게 된 것이다.

이처럼 한미동맹이 공격적 성격으로 바뀌고 있는 기저에는 미국의 신군사전략이 자리 잡고 있다. 부시 행정부는 "필요할 경우" 예방적 선제공격을 단행할 수 있다는 전략을 공식적인 국가안보전략으로 채택하고 있고, 선제공격 대상에 북한도 포함시켰다. 이는 2002년 「국가안보전략 보고서(NSS)」뿐만 아니라, 2006년 NSS에서도 거듭 확인된 원칙이다. 또한 2001년 NPR에서는 북한을 이라크와 함께 "고질적인 군사적 우려(chronical military concern)"로 규정하면서 핵 선제공격 대상에도 포함시킨 바 있다. 한미동맹이 공격형 동맹으로 재편되고 있다는 주장도 이러한 맥락에 닿아 있다. 주한미군이 미국 군사력의 일부이고 미국의 신군사전략이 한미동맹 재편의 가장 큰 원인이라면, 한미동맹이 미국 신군사전략의 예외가 될 수는 없기 때문이다.

5. 한국 방위 동맹에서 지역동맹으로

1) 한미동맹의 지역동맹화

한미상호방위조약에도 명시되어 있는 것처럼, 한미동맹은 양자동맹이다. 즉 무력 발동 요건을 동맹 체결국인 한국이나 미국의 행정구역이 제3자로부터 공격받았을 때로 한정하고 있는 것이다. 그러나 동맹 체결 당시 북한의 남침을 전제로 했고, 미국의 영토가 공격받더라도 한국이 미국을 지원할 능력이 없었다는 점에서 한미동맹은 '한국 방어'를 목적으로 하고 있었다고 해도 과언이 아니다. 그러나 미국은 탈냉전 이후 한국 방위 동맹을 지역동맹으로 재편하는 방안을 추진해왔다. 이러한 배경에는 냉전 해체 이후 미국의 방위 부담을 줄여야 한다는 미국 내 여론과 북한의 위협이 소멸될 경우 한미동맹의 존재 이유가 사라질 것이라는 경계심, 그리고 중국의 부상에 대한 우려가 함께 작용했다. 이에 따라 1990년대에 여러 차례에 걸쳐 한미동맹이 한반도는 물론 동북아 지역의 안정유지에 기여해야 한다는 내용이 SCM 공동성명에 포함되기도 했다.

그러나 1990년대 한미동맹을 지역동맹으로 재편하고자 하는 구상은 한반도가 화해·통합단계로 진입한 '이후'를 상정한 것이었다. 이는 KIDA-RAND의 연구 결과일 뿐만 아니라, 1998~1999년 한미동맹의 미래를 논의한 양자회의의 결과이기도 했다. ≪프레시안≫이 입수해 보도한 한미 양자회의 결과 보고서에 따르면, 한미 양국은 통일 이후에도 한미동맹 유지 및 주한미군 주둔이 필요하다는 점에 인식을 함께하면서도, "동맹 구조 및 운영과 관련된 변화는 실질적인 안보 상황의 진전이 확인된 후, 점진적이고 단계적으로 이루어져야" 한다고 합의했다.[56]

그러나 부시 행정부 출범 이후 '선(先) 한반도 평화체제 구축, 후(後)

한미동맹의 지역동맹으로의 재편'은 그 앞뒤가 뒤바뀌게 된다. 미국은 2002년 NSS에서 "북한에 대한 경계를 유지하면서 장기적으로 아시아 지역의 안정에 기여할 수 있도록 준비해나갈 것"이라며, 한미동맹을 지역 동맹화를 지향한다는 입장을 밝혔다. 이와 관련해 리언 라포트 주한미군 사령관은 2004년 12월, "주한미군은 동북아 지역의 평화와 안정과 번영을 훼손하는 21세기의 어떠한 위협도 파괴시킬 준비를 하고 있다"고 밝혔다. 찰스 캠벨(Charles L. Campbell) 미8군사령관 역시 "주한미군은 앞으로 역내에서 우발 상황이 발생하면 이를 조정하기 위해 투입될 수 있을 것"이라고 말했다.57) 또한 미국의 태평양 사령관인 윌리엄 팰런(William J. Fallon)은 한미동맹이 북한의 위협에 대응하는 것 이상의 임무를 수행해야 한다고 강조했다. 그는 "한미동맹도 변화하는 안보 환경에 적응해야 한다"며, 변화하는 안보 환경의 예로 테러 등 비재래식 위협, 중국 군사력의 현대화, 한반도의 통일을 제시했다. 아울러 팰런은 "한·미·일 3국 사이의 안보협력이 강화되기를 희망하고, 한국이 보다 지역적인 관점을 수용한 것을 환영한다"고 덧붙였다.58) 버웰 벨 주한미군 사령관 역시 "한국이 자주국방을 위해 전투 능력을 향상시키고 있는 것은 미국의 동맹국이 지역 안보에도 더 많은 역할을 할 것으로 기대하는 미국의 목적과 일치한다"고 강조했다.59)

　노무현 정부가 미국의 한미동맹의 지역동맹화 입장을 수용한 것도

---

56) ≪프레시안≫, 2006년 2월 15일.

57) ≪중앙일보≫, 2004년 5월 25일자.

58) Statement of Admiral William J. Fallon, Commander U.S. Pacific Command before the Senate Armed Services Committee on U.S. Pacific Command Posture (March 7, 2006).

59) Statement of General B. B. Bell, Commander US Forces Korea, before the Senate Armed Services Committee on U.S. Pacific Command Posture(March 7, 2006).

주목된다. 노 대통령은 2003년 4월 19일 한국군의 자주국방 역량 확보의 필요성을 강조하면서 "주한미군은 앞으로 동북아의 새로운 균형자로서 지역안정을 도모"하는 역할을 하게 될 것이라고 말했다. 국방부 역시 한미 간의 역할 분담과 관련해 "한국은 대북 억제에 주도적 역할을 하고 미군은 한국방위의 보조역할을 하면서 지역안정 역할을 수행하는 방향" 이 될 것이라고 설명했다.[60]

2) 한미동맹 재편과 중국

그렇다면 부시 행정부는 클린턴 행정부와는 달리 한반도 평화체제 구축에 실질적인 진전도 없는 상태에서 왜 한미동맹을 지역동맹으로 재편하기를 추진했을까? 이는 부시 행정부가 중국이 미국과 대등해지는 것 자체를 수용할 수 없다는 생각을 갖고 있었고, 이에 따라 미일동맹은 물론 한미동맹의 재편 필요성을 강하게 인식했을 가능성이 높았기 때문 이다.[61] 이에 따라 '한국 방위의 한국화'를 통해 대북 억제 및 방어의 주된 임무를 한국군에게 넘기고 있는 미국은 주한미군의 전략적 유연성 을 확보해, 중국이 미국의 전략적 경쟁자로 부상하는 것을 예방·봉쇄하 는 것을 비롯한 지역적 역할 강화를 추구하고 있다. 이는 부시 행정부가 중국을 '전략적 경쟁자'로 규정하고 중국이 미국과 대등해지려는 노력을 좌절시키겠다(dissuade)는 대중국 군사전략이 한미동맹에도 적용되고 있 다는 것을 의미한다.

---

60) 국방부, 『참여정부의 국방정책』(2003년 7월).
61) 정재호는 부시 행정부 출범 이전부터 미중관계와 한미동맹 사이의 딜레마에 대비해
   야 한다는 지적했다. 정재호, "중국의 부상, 미국의 견제, 한국의 딜레마", ≪신동아≫
   (2000년 10월호).

중국의 부상과 관련해 부시 행정부는 중국이 미국의 패권에 도전할 만큼 성장하는 것을 사전에 억제하는 것을 대외 전략의 핵심으로 삼아왔다. 2002년 「국가안보전략보고서(NSS)」에서는 "우리의 군사력은 잠재적인 적이 미국의 힘을 추월하거나 대등해지려는 희망을 좌절시킬 만큼 충분히 강해질 것이다"라고 명시해 중국의 부상을 사전 억제할 방침을 밝혔고, 이러한 기조는 2006년 NSS에서도 거듭 확인되었다. 2001년 말에 작성된 「핵태세 검토보고서(NPR)」에서도 미국의 선제 핵무기 사용이 고려될 수 있는 '우발 상황(contingency)'으로 중국의 대만 공격 시를 명시함으로써, 대만 방어를 위해 핵무기를 사용할 수 있음을 내비쳤다.

여기서 주목할 것은 미국이 대중국 군사전략으로 삼고 있는 단념시키기 전략(dissuasion strategy)과 한미동맹 재편 등 미국의 동맹전략과의 관계이다. 이에 대한 분석의 단초는 「2006년 4개년 국방정책 검토보고서(QDR)」에서 찾을 수 있다. 이 보고서에서는 미국의 대중전략이 양면전략(hedging strategy)에 있다는 점을 거듭 확인하면서, "성공적인 양면전략을 위해서는 동맹·우방국들의 능력을 제고하고 그들의 취약성을 줄일 필요가 있다"고 강조했다. 이를 위해 "이들 국가와의 통합은 가속화하되, 적대국들이 이러한 통합을 해체하려는 노력은 어렵게 해야 한다"고 주문했다. 주요 통합 분야로는 정보 전력과 MD, 그리고 해저(海底) 전투가 강조되었고, 또한 동맹 및 우방국들이 자체적인 능력을 배가하도록 독려해야 할 것이라고 밝혔다. 미국이 한미동맹 및 미일동맹을 강화하면서도 한국과 일본에게 자체적인 군사력 증강 요구하고 있는 것은 이러한 맥락에서 이해할 수 있다.

대중국 단념시키기 전략과 해외주둔미군재배치(GPR)의 관계도 적시했다. 2006년 QDR은 "부상하는 강대국들의 지역 안전을 위협할 수 있는 군사력 강화를 좌절시키기 위해서" 미국은 주둔태세를 다양화할 필요가 있다며, "국방부의 GPR은 이의 기초에 해당된다"고 밝혔다. 구체적으로는 "양자관계를 강화하고, 접근 불가 지역을 줄여나가며, 미국의 접근을 차단하고자 하는 정치적 강요를 상쇄해나가겠다"는 것이다. 또한 감시 및 장거리 공격능력 강화, 육·해·공군력의 압도적인 우위 확보 등 군사력의 확충을 통해 "미국의 행동의 자유를 보존하고 미국 대통령에게 확대된 선택의 폭을 제공하게 될 것"이라고 강조했다. 이 보고서는 이러한 동맹 재편 및 통합 강화, GPR, 그리고 미국 군사력의 강화의 목적이 "어떠한 잠재적인 적대국도 무력 충돌에서 이길 수 없고, 무력을 행사하는 것이 군사적 패배를 넘어 중대한 전략적 위험까지 초래하게 될 것이라는 점을 주지시키는 데 있다"고 밝혔다.[62] 동맹 재편 및 GPR이 '테러와의 전쟁'이나 'WMD 확산 방지' 수준에 머무는 것이 아니라, 대중국 전략과 밀접히 연관되어 있다는 것을 분명히 한 것이다.

이처럼 부시 행정부가 중국이 미국과 대등해지는 것을 사전에 단념시키겠다는 것을 핵심적인 군사전략으로 삼고, 한미동맹도 이러한 목적에 부합하도록 재편하면서 주한미군이 미중 간의 군사 충돌에 개입하는 것이 아니냐는 논란을 낳고 있다. 이와 관련해 전략적 유연성에 대한 한미 간의 합의는 여전히 논란거리로 남아 있다. 이에 대해서는 6장에서 자세히 다뤘다.

한미동맹 재편과 미국의 대중국 군사전략 사이의 관계에서 정작 중요한 것은 주한미군 군사력이 중국을 염두에 둔 '맞춤형 봉쇄'로 전환되고 있다는 점이다. 미국이 한국의 서남부를 동북아 전초기지로 삼고 있는 배경에는 북한뿐만 아니라 중국도 염두에 둔 것이라고 할 수 있기 때문이다. 실제로 주한미군의 투입 시나리오 가운데 '고강도'는 중국과의 군사

---

62) Department of Defense, *Quadrennial Defense Review*(February, 2006), pp.30~31.

충돌을 염두에 두고 짜여 있다. 주한미군의 '고강도 개입' 시나리오에는 중국-대만 사이의 갈등 시 군사적 조정, 주변국 내 분리·독립운동 시 간접적 지원, 그리고 북한에서 급변 사태 발생 시 주변국 간 분쟁 개입, 중일 간의 영토 분쟁 개입[63] 등이 있는데, 이들은 하나같이 중국을 염두에 둔 것이라고 할 수 있다.

주지하다시피 한국의 서남부는 중국과 지리적으로 가장 인접한 지역이다. 더구나 중국의 동부에는 베이징과 상하이를 비롯한 대도시가 밀집되어 있어, 한국의 서남부에 미국 군사력이 집중되면 중국으로서도 상당히 긴장하지 않을 수 없다. 또한 미국은 대만 해협으로부터 불과 약 1,000km 떨어진 제주도에 해군기지가 건설되면, 항공모함과 이지스함의 기항지로 사용하게 될 것이다. 중국이 주한미군 재편에 촉각을 곤두세우면서 미국이 한국 영토를 출격기지로 사용하는 일은 없도록 해야 한다고 경고하는 것도 이러한 맥락에 닿아 있다. 이를 반영하듯 닝푸쿠이 주한 중국대사는 주한미군의 전략적 유연성에 대해 "미군이 한반도에 주둔하는 것은 한국의 안보를 보장하기 위함이다. 계속 쌍무적인 틀 안에서 행동하면 우리는 이해할 수 있지만 만약 제3국을 대상으로 하여 행동하게 되면 우리는 관심을 돌리지 않을 수 없다"라고 말했다.[64]

---

63) 참고로 부시 행정부의 미일동맹 지침서라고 할 수 있는 아미티지 보고서에서는 "미국은 센카쿠 열도를 포함해 일본과 일본의 행정 통제하에 있는 지역에 대한 안보 공약을 확인해야 한다"라고 적시했다. Richard L. Armitage et al., "The United States and Japan: Advancing Toward a Mature Partnership," *INSS Speaceal Report* (October 11, 2000).

64) ≪연합뉴스≫, 2006년 3월 22일.

6. 자유민주주의와 시장경제를 위하여?

기존의 한미동맹은 적의 군사적 위협에 대응하기 위한 '군사동맹' 또는 '안보동맹'이었다. 그러나 21세기 들어 한미동맹 재편 논의가 시작되면서 한미 양국 정부와 민간 전문가들 사이에서는 이러한 군사동맹을 군사안보 영역뿐만 아니라 민주주의와 시장경제 등 양국이 공유하는 가치를 증대하기 위한 포괄적인 동맹으로 재편되어야 한다는 주장이 제기되어왔다. 이러한 흐름을 반영하듯 최근 한미동맹과 관련된 양국의 공식 문서에서는 "한미동맹이 포괄적이고 역동적으로 발전하고 있다"라는 표현이 단골 메뉴처럼 등장하고 있다. 그러나 '포괄적인 동맹'이라는 표현은 그 자체의 범주가 넓어, 재편되고 있는 한미동맹의 성격을 정확히 표현하는 데 한계가 있다.

이러한 맥락에서 재편되고 있는 한미동맹의 또 한 가지 성격을 규정할 수 있는 대안적인 개념이 필요한데, 이 책에서는 이를 '가치동맹(alliance of values)'이라고 표현코자 한다. 가치동맹은 부시 대통령이 미영동맹을 일컬어 사용한 표현으로, 미영동맹이 안보동맹의 성격을 넘어 민주주의와 인권, 자유와 시장경제 등 가치와 이념의 공유가 심화되고 이를 전 세계로 확산시키는 데 양국이 함께 노력하고 있다는 의미를 담고 있다.[65] 아울러 앞으로 북대서양조약기구(NATO)가 중동의 민주화를 위해 민주주의 동맹으로 거듭나야 한다는 점을 강조하는 한편,[66] NATO와 미국의 아시아 동맹국들인 한국, 일본, 호주 사이에 공식적인 협력관계 구축을 추진하고 있다.[67] 이는 기존의 양자동맹 관계를 '민주주의 공동체'에

---

65) *Independent*(November 19, 2003).

66) *The Guardian*(February 21, 2005).

기반을 둔 미국 주도의 글로벌 파트너십으로 확대하려는 미국의 의도에서 나온 것이다.

이처럼 부시 행정부가 동맹에 가치론적 해석을 강조하고 있는 이유는 이라크 정책 실패에 대한 국내외의 비판 여론을 희석시키고, 2기 행정부의 대외정책 기조를 자유와 민주주의 확산에 내세운 것을 정당화하기 위한 의도에서 나온 것으로 풀이된다. 이보다 더 전략적인 관점에서는 동맹 유지·강화의 새로운 명분 찾기로 해석할 수 있다. "공동의 위협(common threat)"에 기반을 둔 군사안보동맹은 그 위협이 사라지거나 위협 인식에 차이가 발생하면 명분이 약화될 수 있는 반면에, 민주주의와 시장경제 등 "공동의 가치(common values)"에 기초한 가치동맹은 동맹국 사이에 "공동의 정체성(common identities)"을 강화함으로써 동맹의 지속성을 담보할 수 있기 때문이다.68)

부시 행정부가 이처럼 "폭정의 종식"과 "민주주의와 자유의 확산"을 대외정책의 기조로 내세우고 '민주주의 공동체'를 통한 미국 주도의 글로벌 파트너십 구축에 주안점을 두면서, 한미동맹에도 이러한 가치동맹의 성격이 반영되고 있는 실정이다. 2003년 5월 14일 정상회담 공동성명에서 한미동맹을 민주주의, 인권, 시장경제의 가치를 증진하는 방향으로 발전시키기로 합의한 한미 양국은 2005년 11월 17일 한미정상회담에서 채택된 '한미동맹과 한반도 평화 공동선언'을 통해 "한미동맹이 위협에의 대처뿐만 아니라 아시아와 세계에서 민주주의, 시장경제, 자유 및

---

67) R. Nicholas Burns, Briefing on NATO Issues Prior to Riga Summit(November 21, 2006), http://www.state.gov/p/us/rm/2006/76464.htm.

68) Victor D. Cha, "Shaping Change and Cultivating Ideas in the US-ROK Alliance," *The Future of America's Alliances in Northeast Asia*, Ed. Michael Armacost and Dan Okimoto(Stanford, Calif.: Asia-Pacific Research Center, 2004).

인권이라는 공동의 가치 증진을 위해 있다는 데 동의하였다." 2006년 1월 19일 한미 간의 첫 전략대화에서도 "양국 간의 안보협력은 경제적인 유대관계의 발전과 성장, 그리고 민주주의와 인권 및 법치주의에 대한 존중을 공유하는 데 뿌리를 두고 있는 공동의 가치를 증진시키고 보호하기 위한 틀을 제공해오고 있다"라는 내용을 공동성명에 포함시켰다. 이는 "공동의 위협"에 기반을 둔 군사안보동맹에서 "공동의 가치"를 강조하는 가치동맹으로의 변화를 잘 보여주면서, 한미동맹에 민주평화론(Democratic Peace theory)이 강하게 투영되고 있음을 알 수 있는 대목들이다.

이처럼 민주평화론에 입각해 한미동맹에 가치동맹의 성격이 더해지면, 한미동맹이 공동의 적으로 삼고 있는 북한과 미국이 잠재적인 적으로 상정하는 중국에 대해서도 새로운 함의를 갖게 된다. 민주평화론은 가치를 공유할 때 갈등이 줄어들고, 민주주의 국가들 간의 분쟁 가능성이 낮다는 것을 전제로 한다. 그런데 북한과 중국은 비민주국가로 분류할 수 있고, 미국은 이를 근거로 한국과 일본에게 대북·대중 압력에 동참할 것을 요구할 수 있게 된다. 그러나 이러한 접근법은 "민주국가들과 비민주국가들 간의 관계를 긴장시키고 비민주국가들 내부에는 무질서와 함께 정치적 억압의 필요성을 심화시키는 환경이 될 수 있다는 점을 유의해야 한다".69)

군사동맹에 가치동맹 개념이 부가되는 방향으로 한미동맹이 재편되는 것은 한미동맹의 지리적 범위를 전 세계로 확대시켜, 미국 주도의 '테러와의 전쟁' 및 'WMD 확산 방지'에 한국도 참여하는 근거로 작용하고 있다. 부시 행정부는 테러리즘 및 WMD 확산이 민주주의와 시장경제의

---

69) 이삼성, 「동아시아 – 대분단체제와 공동체 사이에서」, 5·18민중항쟁 제26주년기념 국제학술대회 자료집(2006년 5월 23~24일), 187쪽.

가치를 위협하는 핵심적인 요소로 규정하고 이에 대한 공동 대응을 강조해왔고, 여기에 한국의 참여도 요구해왔다. 한국 역시 이러한 요구를 받아들여 두 차례에 걸쳐 이라크 파병을 단행했고, 미국 주도의 대량살상무기확산방지구상(PSI)을 지지하고 부분적인 참여를 결정했다. 아울러 양국은 2007년 4월 초에 한미 자유무역협정(FTA: Free Trade Agreement) 협상을 타결했는데, 이는 군사동맹을 경제동맹의 영역으로 확대하고자 하는 의도에서 나온 것이다. 이에 따라 한미동맹의 가치동맹화는 더욱 가속화될 전망이다.

이러한 가치동맹의 가속화는 한미 양국이 위협 인식을 놓고 갈등을 보여온 북한과 중국에 대한 전략상의 혼란을 야기하고 미국 주도의 '테러와의 전쟁' 및 '대량살상무기와의 전쟁'에 한국의 무분별한 연루를 초래하는 수준에서 그 문제점이 끝나지 않는다. 근본적으로 한미 양국이 공동의 가치를 수호하기 위해 한미동맹을 유지하는 것과 부시 행정부가 대외정책의 기조로 내세운 '민주주의와 자유의 확산'을 위해 한미동맹을 재편하는 것은 전혀 다른 차원의 문제다. '민주주의의 자유의 확산'의 수단으로 한미동맹이 이용된다는 것은 주권과 영토 존중을 핵심으로 하는 유엔 헌장체제와 '침략전쟁의 부인'과 한국군의 역할을 '국토방위'로 정한 대한민국 헌법, 그리고 군사력의 발동 요건을 제3자가 양국의 행정구역을 공격했을 때로 한정한 한미상호방위조약[70]과 근본적인 모순관계를

---

70) 이와 관련해 이종석 NSC 사무차장은 2005년 12월 29일 NSC 상임위원회 회의에서 "미국이 참략을 받지 않은 경우에 주한미군을 한반도 이외 지역으로 이동시키는 것은 한미상호방위조약에 어긋난다"라고 말했다. 최재천 의원실, 『주한미군 전략적 유연성 협의 추진 방안: NSC 상임위 논의 내용』, 2006년 2월 1일 공개. 그러나 정부는 주한미군의 전략적 유연성에 대한 합의는 조약이 아니라 정치적 선언이라며 국회 동의 절차를 밟지 않았다.

갖는다.

또한 역설적으로 한미동맹의 재편 과정은 한국의 핵심적인 가치인 민주주의와 인권을 '안'으로부터 위협하는 과정에 지나지 않았다. 미국으로부터 '반미' 혐의를 씻고자 노무현 정부는 공론화와 국민적 합의, 그리고 민주적 절차를 무시한 채, 주한미군 재배치 및 전략적 유연성에 합의해 주었다. 일례로 한 여론조사에서는 국민 88.8%가 주한미군의 전략적 유연성의 내용에 대해 알지 못하고, 67.1%가 주한미군 재편에 대한 정부의 설명이 부족하다고 답했다.[71] 더구나 정부는 한미 간의 합의를 내세워 2008년까지 평택 미군기지 이전사업을 마무리해야 한다며, 군과 경찰을 투입해 강제토지수용과 강제퇴거에 나서 현지 주민들의 '평화적 생존권'을 유린하고 있다는 비판에 직면했다.

7. 1990년대와의 비교

흔히 오늘날의 한미동맹 재편을 1990년대의 연장선상에서 파악하는 경향이 강하다.[72] 점증주의(incrementalism) 시각이라고 볼 수 있는 이러한 경향은, 1990년부터 추진되었던 동맹 재편이 부시 행정부가 들어서면서 가속화되고 있다는 것을 전제로 한다. 이러한 시각은 한미동맹의 지역

---

71) 참여연대·한겨레 21 공동 여론조사, 2006년 5월 22일.

72) 이러한 관점에서의 기존 연구들로는 이혜정, 「한미동맹의 변화」, 제2차 한국학술연구원 코리아 포럼: 한반도 평화체제 구축을 위한 우리의 전략 발표논문(2003); 문장렬, 「주한미군의 전략적 유연성과 한·미 군사협력 관계의 미래」, ≪전략연구≫, 34호(한국전략문제연구소, 2005); 서재정, 「주한미군 재배치와 한미동맹의 성격 변화」, 강정구 외, 『한미관계 새판짜기』(서울: 한울, 2005) 등이 있다.

동맹화가 1990년대 초부터 논의되었다는 점에서 적실성을 갖는 것이 사실이다. 그러나 당시의 논의는 북한의 위협 소멸을 전제로 하고 있다는 점에서 오늘날의 한미동맹 재편과는 그 맥락과 성격이 다르다. 또한 당시의 한미동맹 재편이 '한국 방위의 한국화'와 지역동맹화에 초점이 맞춰진 반면에, 최근의 한미동맹 재편은 지역동맹화와 함께 '공격형 동맹', '가치동맹'의 개념이 부과되고 있는 것 역시 차이가 있다. 이러한 맥락에서 볼 때, 1990년대 한미동맹 재편 논의와 오늘날의 한미동맹 재편 사이에는 연속성보다 단절의 성격이 강하다고 할 수 있다.

1980년대 말부터 동유럽과 구소련의 붕괴가 본격화되면서 미국은 '한국 방위의 한국화'를 추진했다. 이러한 계획은 1990년 4월 '넌-워너 수정안'에 따라 의회에 제출된 『동아시아 전략구상』에 상세히 담겨 있다. 당시 미국은 주한미군을 3단계로 감축할 계획을 세웠는데, 1단계(1990~1992년)로 공군 병력 2,000명과 지상군 중 비전투 요원 5,000명 등 총 7,000명을 감축하고, 2단계(1993~1995년)에서는 전체 병력 수를 3만 명 가량으로 줄이며, 마지막 3단계(1996~2000년)로 1, 2단계가 성공적으로 이뤄지면 한국군이 한미연합전력에서 주도적인 역할을 해야 한다고 밝혔다.[73] 미국은 이러한 계획을 한국에도 전달했는데, 1990년 SCM에서는 주한미군 감축 계획이 "한국의 방위력 증강을 포함한 전반적인 한반도 상황 변화를 반영한 것"이라고 설명했고, 1991년 SCM에서는 양측이 "한국 방위에 대한 미국의 역할을 점차 지원적 역할로 전환해나간다는 원칙"에 합의하기도 했다.[74]

그러나 1차 북핵 문제가 발생하고 미국이 기존 계획을 전면 재검토하면

---

73) 조성렬 외, 『주한미군: 역사, 쟁점, 전망』(서울: 한울, 2003), 129~131쪽.
74) 국방부, 『한미연례안보협의회의(SCM) 공동성명(1989-2004)』, http://www.mnd.go.kr.

서 3단계 감축계획은 1단계에서 끝났다. 한미 양국은 1991년 SCM 공동성명에서 "넌-워너 2단계 주한미군 감축을 연기하기로 합의"한 데 이어, 미국은 1993년 ≪바텀-업 리뷰≫에서 "미국이 북한과 이라크에 맞서 동시에 양대 전쟁을 승리로 이끌기 위해서는 대규모 병력을 계속 주둔시켜야 한다"고 결론지었다.[75] 이러한 정책 변화를 반영하듯, 1994년에는 "주한미군이 한반도 전쟁 억제와 동북아 지역의 안정에 지대하게 기여하여 왔으며 앞으로도 계속 기여할 것이라는 데" 의견을 같이했다.[76] 이는 주한미군 3단계 감축 계획이 중단되었다는 것을 의미한다. 실제로 1994년까지 양국은 2단계 감축 계획을 연기한다는 내용을 SCM 공동성명에 담았으나, 1995년 SCM 공동성명부터는 이러한 내용이 누락되었다. 주한미군 감축과 '한국 방위의 한국화'를 골자로 한 한미동맹 재편이 사실상 중단된 것이다.

흔히 1990년대 한미동맹 재편의 교과서로 인식되는 한국국방연구원(KIDA)과 미국 랜드연구소(RAND)의 공동연구보고서도 오늘날 한미동맹 재편과는 그 맥락과 성격이 다르다. 1992년 SCM 합의에 따라 양국의 국방연구기관은 2년간의 연구 끝에 '21세기를 지향한 새로운 한미동맹'에 관한 공동보고서를 내놓았다. 이 보고서에서는 한반도 안보 상황의 변화단계를 현상태로부터 '화해 및 통합' 단계를 거쳐 '통일 이후' 등 3단계로 나누어 각 단계별 선택할 수 있는 가장 바람직한 대안들을 검토했다. 그 결과는 '화해 및 통합 단계'와 '통일 이후 단계'에서 '지역안보동맹'을 가장 선호하는 것으로 나타났다.[77] 외형적으로는 지역동맹의 성격

---

75) Department of Defense, *Report on the Bottom-up Review*(October 1993).

76) 같은 글.

77) Jonathan D. Pollack and Young Koo Cha, *A New Alliance for the Next Century: The Future of U.S.-Korean Security Cooperation*(Santa Monica: RAND, 1995).

이 포함된 최근의 한미동맹 재편과 흡사한 모습을 보이고 있지만, 둘 사이에 중대한 차이가 있다. KIDA-RAND 보고서에서 '한반도의 화해 및 통합 단계'에서 지역안보동맹으로의 재편을 추구했지만, 오늘날 한미동맹의 지역동맹화는 이와 무관하게 진행되고 있기 때문이다. 또한 한미동맹에 가치동맹의 개념을 부과해 지리적 범위를 전 세계로 확대한 것이나, 북한의 대량살상무기(WMD) 위협에 대한 예방적 선제공격 전략이 포함된 것은 1990년대에 찾아볼 수 없는 특징이다.

이러한 맥락에서 볼 때, 1990년대 구상되었던 동맹의 재편과 오늘날의 그것은 그 전제와 성격에 근본적인 차이를 내포하고 있으며, 이에 따라 오늘날의 한미동맹 재편을 과거와의 연속성의 관점에서 해석하는 것은 한계를 갖는다. 이에 따라 오늘날의 한미동맹 재편의 원인과 배경을 설명하는 데는 점증주의와는 다른 분석틀을 요한다. 이는 크게 부시 행정부의 신군사전략이라는 '미국 측 요인'과 이에 적절히 대응하지 못한 '한국 측 요인'으로 나눌 수 있다. 특히 전자는 한미동맹 재편의 시점, 경과, 성격을 규정하는 압도적인 요인으로 작용해왔다. 이는 한미동맹 재편의 본질을 이해하고 대응책을 수립하기 위해서는 미국의 신군사전략에 대한 이해가 필수적이라는 것을 의미한다.

한미동맹 재편의 원인에 미국 측 요인이 압도적이라는 것은 한국 정부의 기존 입장을 살펴보면 여실히 드러난다. 당초 김대중 정부는 물론이고 '동맹의 변화'를 원했던 노무현 정부도 주한미군의 역할 변경 등 한미동맹 재편을 한반도 평화체제 구축에 실질적인 진전이 있거나 그 이후로 상정했었다. 2000년 6월 남북정상회담을 전후해 주한미군의 미래에 대한 논란이 벌어지고 이에 대한 보수진영의 공세가 강화되자, 김대중 정부는 주한미군에 대한 공식 입장을 발표했다. 그 내용은 첫째, 주한미군은 한미상호방위조약에 따라 주둔하는 것으로 전적으로 한미 간의 문제이지 남북이나 북미 간에 논의될 사안이 아니고, 둘째, 평화체제 구축에 실질적인 진전이 이뤄질 때 주한미군을 포함한 한반도의 모든 군대의 구조나 배치 문제의 논의가 가능하며, 셋째, 한반도에 평화체제가 구축되고 통일이 이뤄진 후에도 미군은 동북아지역의 안정자 역할을 수행하기 위해 한반도에 주둔하는 것이 바람직하다는 것이었다. 뒤이어 집권한 노무현 정부 역시 '3단계 평화 정착 방안'을 발표하면서, '1단계: 남북한 군사적 신뢰구축→2단계: 한미동맹 관계의 변화 모색→3단계: 평화협정 체결과 평화의 제도화 및 유엔사 역할 조정과 주한미군 역할 변경'을 제시한 바 있다.[78] 전반적으로 한국 정부의 기존 입장은 한미동맹의 재편은 평화체제 구축과 병행되거나 그 이후로 상정하고 있었다는 것을 알 수 있다.

그러나 실제 한미동맹 재편은 한반도 평화체제 구축과는 무관하게 이뤄졌다. 한미 양국은 2002년 제34차 SCM에서 "한미동맹을 세계 안보 환경의 변화에 적응시켜나가는 것이 중요하다는 데 합의하고, FOTA를 추진"하기로 했는데, 이 시점은 북미 간의 갈등이 고조되면서 2차 북핵 문제가 발생하고, 남북한의 군사적 신뢰구축이 미흡한 때였다. 한반도의 안보 불안이 가중되던 시점에 한미동맹 재편이 시작되었고, 북핵 문제 등 한반도의 안보 상황에 진전이 없었는데도 동맹관계의 재편은 급물살을 타게 된 것이다. 이는 미국의 요구에 따라 이뤄진 것으로써,[79] 결국 한미동맹 재편의 근본적인 요인이 미국의 신군사전략에 있다는 것을 보여준다. 또한 1차 북핵 위기가 발생했을 때 주한미군 감축을 중단했던

---

78) 김대중 정부와 노무현 정부 초기의 주한미군 지위 등 한미동맹 재편에 대한 입장은 조성렬 외, 『주한미군: 역사, 쟁점, 전망』, 237~243쪽 참조.

79) 실제로 피터 페이스 미국 국방차관은 2002년 11월 6일 이준 국방장관에게 미래한미 동맹정책구상회의(FOTA)를 제안했고, SCM 회의에서 합의에 도달했다.

사례나 한반도 평화체제 구축을 전제로 '지역안보동맹'으로의 재편을 권고했던 KIDA-RAND의 연구 결과와도 대비된다.

제5장

한미동맹은 지속 가능한가?

"냉전의 종식이 임박했을 때, 프란시스 후쿠야마는 '역사의 종말'을 말했다.
이보다 10년 전에는 다니엘 벨이 '이념의 종말'을 예언했다. 그리고 오늘날
에는 '동맹의 종말'이 다가오고 있다." *

1. 분석틀의 모색

1) 일반적인 분석틀[1]

리즈와 사번의 분석에 따르면, 1816년부터 1989년까지 304개의 양자
동맹이 있었다고 한다. 이 가운데 44개를 제외한 260개의 동맹은 다양한
이유로 해체되었다. 어느 한 당사자의 파기에 따라 동맹이 해체된 비율은
34%이고, 두 당사국이 동맹을 다른 관계로 대체키로 하고 새로운 관계를
형성한 비율이 25%, 동맹의 목적이 달성되어 자연스럽게 종결된 비율은
16%, 제3자의 압력에 의해 해제된 비율이 11% 등이다. 그리고 종결된
동맹의 평균 수명은 9년 4개월이라고 한다. 이를 통해 알 수 있는 것은

---

* Rajan Menon, "The End of Alliance," *World Policy Journal*(Summer, 2003).

1) 이 부분은 다음 논문을 기초로 작성한 것이다. Brett Asley Leeds and Burcu Savun,
"Terminating Alliance: Why do States Abrogate Agreements?" *Journal of Politics*,
(November 20, 2007).

동맹이 계속 유지되는 것보다 어떠한 이유로든 해체되는 것이 경험적으로 더 일반적이었다는 점이다.

그렇다면 동맹은 왜 해체되는 것일까? 동맹의 존속 여부는 크게 네 가지 요소에 의해 결정된다. 외부 위협에 대한 동맹국 사이의 인식의 공유 수준, 동맹국의 군사적 능력, 동맹국이 공유하는 정책 목표, 동맹의 대안 등이 바로 그것들이다. 동맹이 해체될 가능성이 높은 경우는 다음과 같다. 첫째, 두 당사자나 한 당사자가 외부의 위협이 크게 줄어들었다고 판단할 때, 둘째, 동맹체결국의 국력이 크게 신장해 독자적으로 외부의 위협에 맞설 수 있게 되었을 때, 셋째, 국가 내부의 정치체제가 바뀌고 그 지도자가 동맹 유지보다 해체를 선호하게 될 때, 넷째, 한 당사자가 다른 나라와 새로운 동맹관계를 맺게 될 때 등이다. 물론 이러한 경우가 발생한다고 해서 동맹이 자연스럽게 해체되는 것은 아니다. 이러한 요인들이 있더라도 동맹 해체 비용이 너무 크다고 판단하면 동맹 유지를 선택할 수도 있기 때문이다.

실제로 위의 네 가지 경우가 발생하더라도, 동맹의 유지 가능성을 높이는 요인들은 많다. 먼저 민주국가들 사이의 동맹은 지속성이 높은 편이다. 법치주의와 제도정치가 확립된 민주국가의 정부가 갑작스럽게 안보정책의 핵심인 동맹을 파기하기란 쉽지 않다. 둘째는 동맹 체결국 사이에 경제, 외교, 인적교류 등 비군사적인 분야에서 이익이 클수록 동맹은 지속될 가능성이 높다. 비군사적 이익이 큰 상황에서 동맹을 해체할 경우 이러한 이익이 침해받을 수 있기 때문이다. 셋째, 경제협력이나 영토 분쟁 해결과 같이 상호 방어 목적 이외의 협력 문제가 동맹 조약에 포함되어 있을 경우에도 동맹은 지속될 가능성이 높다. 넷째, 의회의 비준을 거친 공식적인 조약으로 동맹이 체결되었을 경우에도 동맹은 지속될 가능성이 높다. 끝으로 군사협력의 제도화가 강할수록 동맹은 쉽게 해체되지 않는다.

이러한 동맹의 종결 여부에 대한 다양한 요소 이외에도 두 가지 요소가 추가적으로 고려되어야 한다. 하나는 동맹을 약화시키는 요인과 유지시키는 요인 사이의 영향력의 크기는 객관적으로 산술화하기 어렵기 때문에, 동맹 유지의 비용과 이익에 대한 판단은 객관성 못지않게 정책 결정자의 주관성이 강하게 개입된다는 점이다.[2] 다른 하나는 동맹의 지속성에 영향을 미치는 변수는 독립변수이고 동맹의 지속성은 종속변수라는 함수관계의 역관계도 존재한다는 것이다. 즉, 동맹 자체가 동맹의 지속성에 영향을 주는 변수들에도 영향을 행사하는 독립변수로 작용할 수 있다는 것이다.

2) 한미동맹의 지속성을 평가하기 위한 분석틀

경험적으로 볼 때, 양자동맹이 지속되는 것보다 해소되는 것이 일반적이고, 그 평균 수명 역시 9년 4개월로 그리 길지 않다. 그러나 한미동맹은 1953년 10월 1일 상호방위조약이 체결된 이후 50년 넘게 지속되고 있다. 이는 지금까지 한미 양국이 북한에 대한 위협 인식을 공유했고, 남한 독자적으로 북한의 위협을 억제할 능력이 부족하다고 판단했으며, 북한의 위협을 억제하는 것이 양국의 이익이 부합하는 공동의 정책 목표이며, 한미동맹의 대안이 마땅치 않다는 인식 때문이라고 할 수 있다. 이는 한미동맹이 정전협정과 함께 한국전쟁이 낳은 역사적 쌍생아라는 점에서

---

2) 일례로 2007년 12월 한국 대선에 함께 출마한 이명박 한나라당 후보는 '한미동맹 강화'를, 권영길 민주노동당 후보는 '한미동맹 해체'를 공약으로 제시한 바 있다. 이는 같은 시기에 같은 사안을 보는 관점이 첨예하게 달라질 수 있다는 것을 상징적으로 보여준다.

정전체제의 유지가 한미동맹의 지속성을 담보해준 핵심적인 요인이라는 것을 의미한다. 또한 양국이 시장경제와 민주주의라는 군사동맹 외적인 측면에서 친밀도가 높고, 한미연합사령부가 보여주듯 제도화의 수준도 상당히 높다는 것 역시 동맹의 지속성을 설명해주는 중요한 요소들이다.

그러나 한미동맹의 지속성을 담보해주었던 요인에 큰 변화가 발생하고 있다. 첫째, 북핵 문제의 해결 여부라는 큰 변수가 남아 있지만, 한국의 북한에 대한 위협 인식은 크게 줄어들었다. 둘째, 한국의 독자적인 대북 억제 및 방어 능력도 크게 신장되었다. 한국 정부는 공식적으로 남한군이 북한군보다 우위에 있다는 것을 인정하지 않고 있지만, 미국은 이미 남한이 북한을 압도하고 있다고 보고 있다. 이는 미국이 한미동맹을 계속 유지할 것인가를 고려할 때, '북한 요소'가 크게 줄어들었다는 것을 의미한다. 셋째, 한미 양국이 연합방위체제를 협조체제로 전환키로 함으로써 제도화의 수준이 떨어지게 되었다. 양국 정부는 2012년 4월까지 전시작전통제권을 한국군이 행사하고 연합사령부를 해체하고 각기 독자적인 사령부를 구성해 협조체제로 전환키로 했는데, 이는 '한 몸'이나 다름없었던 한미동맹이 '두 개의 몸'으로 분리된다는 것을 의미한다.

더 거시적인 측면에서 볼 때에도 한미동맹의 종결을 재촉하는 변수들이 현시화 될 조짐을 보이고 있다. 먼저 한미동맹 탄생 및 유지의 역사구조적 요인이었던 정전체제를 평화체제로 전환하는 문제가 가시화되고 있다. 이는 물론 북미 협상 및 6자회담에서 논의되고 있는 한반도 비핵화의 달성 여부에 달려 있다. 둘째는 동북아 평화안보협력 체제의 등장 가능성이다. 한미상호방위조약 전문에서는 한미동맹의 목적이 "태평양 지역에 있어서 더욱 포괄적이고 효과적인 지역적 안전보장 조직이 발생할 때까지 평화와 안전을 유지하고자 집단적 방위를 위한 노력"을 공고히 하는 데 있다고 밝히고 있다. 이에 따르면 동북아 지역에서 다자간 안보협력 체제가 등장할 경우 한미동맹의 중요한 목적이 달성되었다는 해석을 가능하게 한다. 즉, 한반도 평화체제와 동북아 평화체제는 한미동맹의 목적을 대체하는 효과가 있기 때문에, '한미동맹이 왜 필요한가?'라는 강한 의문을 낳게 될 것이다. 끝으로 '이라크 신드롬'의 여파로 미국 내에서 과도한 개입주의 및 막대한 군사비 지출에 대한 비판이 높아지고 있다. 이는 미국이 제1차·제2차 세계대전 사이의 '전간기(戰間期)' 때처럼 고립주의를 선택하지는 않더라도, 과도한 해외 군사기지 및 병력 유지에 대한 재검토에 들어갈 수 있다는 것을 시사한다.

이처럼 과거 한미동맹이 만들어지고 유지되어올 수 있었던 조건과 환경은 많이 달라지고 있다. 그러나 이것이 곧 한미동맹의 해체가 임박했다는 것을 의미하지는 않는다. 변화된 조건과 환경에 직면한 정책 결정자들이 선택을 내리는 데는 동맹 유지 여부에 대한 득과 실에 대한 판단이 전제되는데, 여기에 영향을 미치는 변수는 매우 다양하기 때문이다.

실제로 한미동맹은 '약화 요인' 못지않게 '유지 요인'도 강하다. 우선 한미 양국은 북한이라는 '공동의 위협'이 해소되더라도, 또 다른 외부 위협에 대한 인식을 갖고 있다. 주변 강대국들에 대한 역사적 피해의식이 강한 한국은 일본의 우경화와 중국의 부상에 우려하며, 이러한 우려는 '통일 이후에도 한미동맹은 필요하다'는 인식을 낳고 있다. 이른바 원교근공(遠交近攻)의 접근법이다. 반면 미국은 21세기 최대의 안보위협─테러리즘, 대량살상무기, 중국의 부상 등─에 대처하고 자신의 패권전략을 공고히 하는 데 한미동맹이 유용하다고 생각하고 있다. 둘째, 한미 간의 경제적 이익이다. 한국에게 미국은 세계 2~3위의 교역국이고 미국에게 한국은 일곱 번째 교역국이다. 특히 양국은 2007년에 자유무역협정(FTA)를 체결했는데, 이는 한미동맹이 '군사+경제'로 변화하고 있다는 것을 보여준다. 셋째, 한미동맹은 의회의 비준을 거친 상호방위조약이라는

'공식 조약'을 통해 탄생했다는 점이다. 넷째, 한미 양국은 권력 분립이 제도화되고 언론 및 여론이 정책 결정 과정에서 높은 영향력을 갖는 민주주의 국가라는 점이다. 이들 셋째와 넷째 요인은 특정 정권이 한미동맹의 해체를 선택하기 어렵게 만드는 법적·정치적 요인이라고 할 수 있다.

이렇듯 한미동맹의 지속성에 영향을 미치는 변수들은 많다. 이는 동맹의 지속성 여부가 동맹을 약화시키는 요인들과 유지시키는 요인들이 서로 경합하여 어떤 요인들이 더 강력한 영향을 미치느냐에 달려 있다는 것을 의미한다. 그런데 여기서 중요한 것은 이들 변수들이 서로 독립되어 있는 것이 아니라, 상호 간에 밀접한 영향을 주고받는 관계라는 점이다. 가령 최근 들어 한미동맹 유지의 가장 큰 근거 가운데 하나로 제시되고 있는 경제이익론은 한미동맹 해체기의 안보 환경과 밀접한 연관이 있다. 한반도 평화체제가 구축되어 북한 위협이 해소되고, 동북아 평화체제를 통해 중국의 부상 및 일본의 우경화에 따른 위협 인식이 줄어들면, 경제이익론에 근거한 한미동맹 유지 주장은 그 설득력이 약해질 수밖에 없다.

한미동맹의 지속성에 대한 판단을 할 때 또 한 가지 중요한 것이 있다. 한미동맹이 다른 변수들로부터 영향을 받는 종속변수일 뿐만 아니라 다른 변수들에게도 영향을 주는 독립변수로 기능한다는 것이다. 이는 두 가지 차원에서 이해할 수 있다. 하나는 한미동맹 유지를 상위의 목표로 설정함으로써 나타나는 현상이다. 가령 '중국의 위협에 대비하기 위해 한미동맹이 필요하다'는 주장은 중국의 위협에 대한 객관적이고 냉정한 평가에 기초할 수도 있지만, 한미동맹 유지가 필요하다는 주관적 신념이 낳은 산물일 수도 있다. 전자의 경우에는 중국이라는 외부위협의 인식이 '독립변수'이고 한미동맹의 유지가 '종속변수'인 반면에, 후자의 경우에는 그 관계가 바뀌게 되는 것이다.

다른 하나는 한미동맹 유지를 정당화하기 위해 만들어낸 명분이 '자기 충족적 예언'으로 작용해 실제로 한미동맹의 필요성을 정당화시켜주는 경우다. 중국의 위협에 대처하려는 이유로 추진한 한미동맹의 재편이 중국의 반작용을 야기해 '중국위협론'이 현실화되는 경우가 이에 해당한다. 미국이 동북아 평화체제의 필요성을 인정하면서도 양자동맹의 유지를 전제로 하고 있는 것도 역시 동북아 평화체제 구축을 어렵게 함으로써, 결과적으로 한미동맹의 지속성을 강화시키게 된다.

3) 유형화: 유지, 재조정, 종결

정리하자면, 한미동맹은 약화 요인과 유지 요인이 상호작용하고 있는 동시에, 한미동맹 자체와 한미동맹의 지속성에 영향을 미치는 요인들 사이에도 상호작용이 일어나고 있다. 이는 동맹의 종결을 재촉하는 요인의 영향력이 동맹의 유지를 가능케 하는 요인의 영향력보다 커진다고 해서 곧 한미동맹이 해체되지는 않는다는 것을 의미한다. 이러한 경우가 발생하더라도, 동맹의 두 당사자나 어느 일방이 동맹을 유지하는 것 자체를 상위의 목표로 설정하면, 한미동맹은 유지될 수 있기 때문이다. 따라서 한미동맹의 지속성을 전망하는 데 필요한 것은 크게 두 가지다. 하나는 한미동맹에 대한 득과 실의 관계이고, 다른 하나는 한미동맹 유지를 다른 정책 목표보다 우선순위에 두느냐의 여부이다. 이에 따라 한미동맹이 해체되려면 두 가지 조건이 충족되어야 한다. 동맹 유지의 비용이 이익보다 커지고, 한국과 미국 모두, 또는 어느 일방이 한미동맹을 유지하는 것 자체를 전략의 우선순위에 두지 않을 때이다. 이러한 분석틀에 기초하면 다음과 같은 경우의 수가 나온다.

한미동맹 유지　한미 양국 모두에게 동맹의 이익이 비용보다 크고, 양국 모두 동맹 유지의 필요성을 공유할 때 동맹은 유지된다. 동맹의 이익과 비용의 관계에 대한 양국의 평가가 엇갈려도 양국 모두 동맹 유지를 우선순위에 두면 동맹은 유지된다.

한미동맹의 재조정(재편)　재조정은 동맹 유지와 해체 사이의 완충지대다. 재조정에 성공할 경우 동맹은 유지될 수 있지만, 실패할 경우 동맹은 해체될 상황에 직면할 수 있다. 동맹의 이익과 비용의 관계에 대한 양국의 평가가 엇갈리고 이익보다 비용이 크다고 판단한 당사자가 동맹 유지를 우선순위에 두지 않을 때, 그 나라는 상대방에게 재조정을 요구하거나 종결을 선언할 수 있다. 또한 두 나라 모두에게 동맹 비용이 이익보다 크지만, 두 나라 모두 동맹 유지를 선호하게 되면 양국은 재조정을 시도하게 된다.

한미동맹의 종결　동맹의 종결은 한미 두 나라나 어느 한 나라가 이익보다 비용이 크다고 판단하고, 동맹 유지 자체를 우선순위에 두지 않으며, 재조정의 필요성을 느끼지 않을 때 발생한다. 또한 재조정에 실패할 경우에도 동맹의 종결 가능성은 높아진다.

한미동맹의 미래와 관련해, 1차적이면서 가장 큰 변수는 '북한'이라고 할 수 있다. 이는 북핵 문제의 평화적 해결 및 한반도 평화체제 구축 여부와 밀접한 관계를 갖는다. 북핵 문제가 평화적으로 해결되고, 정전협정의 평화협정으로의 전환, 남북관계의 지속적인 개선, 북미·북일관계 정상화 등을 통해 한반도 평화체제가 구축되면, 한미동맹은 그 존재 이유에 대한 근본적인 문제 제기를 피할 수 없게 될 것이다.

반면 북핵 문제가 해결되지 않고 이에 따라 한반도 평화체제가 구축되지 않으면, 한미동맹이 종결될 가능성은 거의 없다고 할 수 있다. 북핵 문제의 미해결은 한미동맹이 '공동의 적'으로 삼고 있는 북한의 위협이 지속된다는 것을 의미한다. 또한 북핵 문제의 미해결은 한미동맹에 중대한 영향을 미칠 또 하나의 변수인 동북아 평화체제의 실현 가능성을 극도로 줄이게 된다. 이는 동맹의 약화 요인이 크게 줄어든다는 것을 의미한다.[3] 따라서 앞으로 검토할 한미동맹의 지속성에 대한 전망은 '한반도 비핵화 및 평화체제 구축'을 전제로 하기로 한다.

2. 한국과 미국의 선택

한미상호방위조약 6조에 "본 조약은 무기한으로 유효"하고, "어느 당사국이든지 타 당사국에 통고한 일 년 후에 본 조약을 종지시킬 수 있다"고 규정하고 있다. 이 조항에 따르면, 한미동맹은 어느 일방이나 양자가 함께 동맹의 파기를 원하지 않으면 무기한 지속된다. 그러므로 한미동맹이 종결되려면, 한국이나 미국 어느 한 당사자의 요구가 있어야 한다. 한 당사자가 일방적으로 한미동맹의 파기 의사를 전달할 수 있고, 통보를 받은 상대 측에서 협상을 요구하고 동맹의 재조정에 나설 수도 있다. 재조정에 성공할 경우 동맹은 유지될 수 있지만, 그렇지 못할 경우 동맹의

---

3) 이와 관련해 다소 극단적인 가정을 세워볼 수 있다. 한미 양국 사이에 대북정책에 대한 첨예한 이견이 발생하고 이견 조정에 실패해 한미동맹이 파국을 맞는 경우다. 이러한 우려는 노무현–부시 시기에 끊임없이 제기되었다. 그러나 이러한 과장된 우려를 비웃기라도 하듯, 이 시기에 한미동맹은 양국 정부, 특히 부시 행정부가 만족을 표할 정도로 재편되고 있었다.

종결 가능성은 높아진다.

한미동맹 유지 여부에 대한 한미 양국의 선택을 분석할 때 전제되어야 할 것이 있다. 한미동맹은 단색으로 존재하는 것이 아니라 다양한 색깔을 띨 수 있다는 것이다. 동맹의 목적이 '방어'에 있을 수도 있지만, 무력 개입이 가능한 형태, 즉 공격적 성격을 가질 수 있다. 한미동맹의 임무 범위를 한국 방어로 한정할 수도 있지만, 양안 사태 개입 등 지역적 역할이 강화될 수도 있다. 한미 양국이 방위비 분담금을 미국이 원하는 것처럼 한국이 더 많이 부담하는 형태도 있을 수 있지만, 그렇지 않을 수도 있다. 이러한 성격 변화는 이미 나타나고 있고, 이들 사안을 놓고 한미 간에 갈등이 있었다는 점에서 이는 단순한 가정 이상의 의미를 담고 있다. 또한 지금까지는 대규모의 주한미군이 주둔하고 있는 동맹이 지만, 상황에 따라서는 상징적 수준의 미군 주둔이나 '주한미군 없는 한미동맹'도 있을 수 있다.

결론적으로 '한국이 원하는 한미동맹'과 '미국이 원하는 한미동맹' 사이에 불일치가 발생할 가능성은 얼마든지 존재한다. 일례로 이명박 정부 등장 이후 한미 양국에서는 한미동맹의 강화에 대한 기대감은 높지 만, 전시작전통제권 전환을 둘러싸고 이견을 보이고 있다. 이는 이명박 정부가 '전작권을 미국이 갖고 있는 한미동맹'을 원하고 있는 반면에, 미국은 '한국 방위의 한국화가 완성되어 전략적 유연성을 확보하는 한미 동맹'을 희망하고 있는 데서 비롯된 것이다. 이러한 불일치가 양국의 협상을 통해 해결되면 동맹은 계속 유지되겠지만, 그렇지 못할 경우에는 동맹의 긴장은 계속될 것이고, 이것이 누적되고 사활적인 이해까지 침해 받는 수준으로 간다면, 동맹은 해체될 수 있다.

1) 한국은 한미동맹 해체를 선택할 수 있을까?

군사력을 포함한 한국의 국력은 이미 북한을 압도하고 있고, 한국의 종합국력이 세계 10위권에 달할 정도로 높아졌다. 그리고 한중·한러 수교를 통해 냉전시대의 적대국이었던 중국·소련(러시아)과의 우호협력 관계가 강화되고 있는 것은 한미동맹의 형성 당시보다 주관적·객관적인 조건이 크게 호전되었다는 것을 의미한다. 여기에 더해 한반도 평화체제가 구축되면, 한미 양국의 '공동의 적'인 북한의 위협은 설자리를 잃게 된다. 적어도 안보 환경이나 능력의 측면에서 볼 때에 한미동맹의 효용가치가 크게 떨어지고 있다는 것을 알 수 있다.

그러나 한국이 한미동맹의 해체를 선택할 가능성은 거의 없어 보인다. 앞서 소개한 리즈와 사번의 이론에 따르면, 한미동맹은 민주주의 국가 간의 조약이고, 경제를 비롯한 비군사적 이익 공유의 지점이 넓으며, 의회의 비준을 거친 공식 조약의 형태로 맺어져 있다. 이러한 특징은 한국이 동맹 해체를 선택하기 쉽지 않은 요인이라고 볼 수 있다. 그러나 한미동맹은 이러한 '일반론' 이상의 특징을 갖고 있다. 우선 한국의 주류 층은 한미동맹에 대한 관성적인 이해가 대단히 강하다. "미국의 참전으로 북한의 남침을 격퇴하고, 한미동맹 덕분에 경제성장과 민주주의를 이룰 수 있었다"는 주류적 역사 인식은 '한미동맹 없는 한국'을 생각하는 것 자체를 어렵게 한다. 이는 한미동맹의 위상을 다른 목적을 달성하기 위한 수단이라기보다는 그 자체를 절대적인 목표로 설정하게 만드는 요인이 되고 있다.

한미동맹의 비대칭성 역시 한국이 동맹 해체를 선택하기 어렵게 만드는 요인이다. 한미 양국 사이에는 힘의 역학관계, 동맹국 수, 국내 정치적 민감성, 북한에 대한 위협 구조 등 네 가지의 비대칭성이 존재한다. 미국보다 국력이 약한 한국은 동맹 파기 시 미국으로부터 응징을 당할 수 있다는 두려움을 가질 수 있다. 또한 한국에게 미국은 유일한 동맹국인 반면에, 미국에게 한국은 수많은 동맹국 가운데 하나인데, 이러한 비대칭성은 한미동맹의 가치에 대한 양국 사이의 인식 차이를 가져온다. 미국은 한미동맹 자체를 사활적인 이해로 보지 않을 수 있는 반면에, 한국은 동맹 파기의 대안을 찾기가 쉽지 않다는 점에서 한미동맹 자체를 사활적인 이해로 바라보는 경향이 강하다는 것이다. 한미동맹이 한국 국내 정치적으로 대단히 민감한 문제라는 점 역시 중요하다. 한미동맹에 약간의 변화나 갈등이 있어도 정치적 논란과 남남갈등을 야기해왔다는 점을 고려할 때, 어떤 정부가 한미동맹의 해체를 추진하기란 국내 정치적으로 불가능에 가까운 일이다. 끝으로 미국과는 달리 북한의 안보를 걱정하고 해결해야 할 한국의 입장에서는 한미동맹이 파기될 경우 미국의 대북정책에 대한 개입력이 떨어질 수 있다는 우려를 가질 수 있다. 결론적으로 한미동맹의 비대칭성은 동맹 파기에 대한 한미 양국의 비대칭적인 고려로 이어지는 셈이다.

그렇다고 한국이 한미동맹의 해체를 추진할 가능성이 전혀 없는 것은 아니다. 한미동맹이 한국의 핵심적인 국익을 침해할 우려가 큰 경우가 발생했을 때, 한국은 동맹의 해체를 고려하게 될 것이다. 여기서 핵심적인 국익은 생존과 사활적인 이익을 의미한다. 생각해볼 수 있는 경우의 수는 크게 네 가지다. 물론 다음의 경우의 수는 동맹 해체를 고려할 수 있는 상황이 도래한다는 가정에 기초하고 있다.

첫째, 미국이 한국의 동의 없이 북한에 대한 선제공격에 나서려고 하거나 그렇게 할 때 발생한다. 미국의 대북 선제공격은 북한의 보복으로 이어져 한반도에서 전면전을 야기할 수 있다. 이는 물론 한국의 생존과 직결되어 있는 문제다. 미국이 북한에 대한 선제공격에 나설 것이라는 확신을 한국이 갖게 되거나 실제로 미국의 대북 공격이 이뤄지면, 한국은 전면전을 피하기 위해 주한미군의 즉각적인 철수와 한미동맹 파기를 선언함으로써 적어도 한국이 전쟁터가 되는 상황은 피하려고 할 수 있다.

둘째, 미국과 중국 사이에 무력 충돌이 발생하고, 미국이 주한미군을 투입하거나 한국의 영토·영해·영공을 사용하려고 할 때이다. 주한미군의 투입이나 미국이 한국을 기지로 사용하는 것은 한국이 미국의 대중 적대 행위에 동참한다는 것을 의미한다. 이렇게 되면, 중국은 주한미군 기지 공격, 한국에 대한 무역 보복, 해상교통로 봉쇄 등 보복조치를 취할 가능성이 있다. 이러한 중국의 보복 조치들은 한국에게는 국가의 존망과 직결되는 사안들이다. 이에 따라 한국은 미중 무력 충돌 시 최소한 한국이 미군 발진기지나 중간기지로 이용하지 말 것을 미국에게 요구할 수 있다. 이러한 요구가 받아들여지면, 일단 한국은 미중 간의 무력 충돌에서 중립적 위치를 점할 수 있다. 그러나 미국이 한국과 사전 협의 없이 주한미군을 투입하거나 한국의 요구를 거부할 경우, 한국은 추가적인 상황 악화를 방지하기 위해 한미동맹의 파기를 고려할 가능성이 있다.

셋째, 한미동맹이 존재하는 한, 한반도 통일이 불가능해질 경우가 발생할 때이다. 가령 통일의 동반자인 북한이 통일 실현의 '양보할 수 없는 조건'으로 주한미군 철수를 비롯한 한미동맹 해체를 요구할 가능성이 있다. 이렇게 되면 한국은 한반도 통일과 한미동맹 가운데 양자택일을 해야 한다.

넷째, 중국이나 러시아, 또는 둘 모두의 압력과 위협에 직면할 경우다. 통일코리아가 미국과 동맹을 유지하는 것은 중국과 러시아에게는 상당한 위협 요인이 될 수 있다. 이에 따라 중국과 러시아는 한반도 통일을 지지하고 협력하는 조건으로 한미동맹 해체나, 최소한 주한미군의 철수를 요구하고 나올 수 있다. 이러한 요구가 수용되지 않은 상태에서 한반도가 통일된다면, 중국과 러시아는 미국과 동맹관계인 통일코리아를 상대로 군사적 준비태세를 강화하고 군사적 위협을 높일 가능성이 있다. 이렇게 되면, 통일코리아는 중국과 러시아라는 강대국과 군사적 긴장에 빠지게 된다. 이러한 상황을 우려한 한국은 한미동맹의 종결을 고려할 수 있게 될 것이다.

물론 위와 같은 상황이 발생한다고 해서 한국이 한미동맹의 파기를 선택할 것인지는 미지수다. 미국의 대북 선제공격으로 인한 한국의 휘말림에 대한 우려는 반대로 통일의 호기로 인식될 수도 있다. 미중 간의 무력 충돌에 한국이 어떠한 형태로든 개입된다 하더라도, 이것이 곧 한미동맹 종결로 이어지지 않을 수 있다. 북한이 통일의 양보할 수 없는 조건으로 한미동맹 해체를 요구할 경우, 한국은 통일을 늦추더라도 한미동맹을 양보하지 않을 수도 있다. 통일코리아가 미국과 동맹을 맺어 중국과 러시아의 반작용을 야기하더라도, 미국과 동맹관계를 유지하는 것이 더 낫다는 판단을 내릴 수도 있다. 결국 한미동맹의 존속 여부는 이러한 상황이 발생할 때에 정책 결정자의 선택과 여론의 향배에 따라 결정될 수밖에 없는 것이다.

2) 미국은 한미동맹을 파기할 수 있을까?[4]

미국은 한국에 비해 한미동맹 파기를 더 자율적으로 고려할 수 있는 위치에 있다. 미국은 한국보다 국력이 훨씬 강하기 때문에 동맹 파기 시 한국으로부터의 보복에 대한 두려움을 크게 갖지 않아도 된다. 또한

---

4) 이 부분은 『동맹의 덫: 지독한 역설, 두 개의 코리아와 미국』(삼인, 2005)의 290~294쪽의 내용을 크게 수정한 것이다.

한미동맹은 미국이 맺고 있는 많은 동맹 가운데 하나이기 때문에, 동맹 파기 시 대안의 부재에 대한 우려도 크지 않다. 미국 국내적으로도 한미동 맹은 한국만큼이나 극심한 논란이나 갈등을 일으키는 정치적 소재도 아니다. 한미동맹 파기 시 한국의 대북정책에 대한 개입력과 영향력은 약해질 수 있지만, 반대로 미국의 대북정책의 자율성도 높아지는 측면이 있다.

그러나 이는 어디까지나 한국과 비교할 때 한미동맹 해체를 고려할 수 있는 자율성이 높다는 것이지, 미국이 쉽게 동맹 해체를 선택할 수 있다는 것을 의미하지는 않는다. 미국 주도의 패권질서를 유지·강화하는 데 동맹을 핵심적인 정책 수단으로 삼아온 미국이 먼저 한미동맹을 파기 한다는 것은 적지 않은 전략적 혼란과 손실로 이어질 수 있다. 특히 주한미군은 "미국이 아시아 대륙에 남아 있는 것을 가능케 한다는 중요한 지리전략적 가치"를 갖고 있다.[5] 미국이 한미동맹 해체를 선택하기 어려 운 구체적인 이유를 살펴보면 다음과 같다.

첫째, 미국은 한국을 포함한 동북아 지역에서 중요하고도 장기적인 경제적 이익을 갖고 있기 때문이다. 미국은 한국, 일본, 중국, 러시아, 대만 등 동북아 지역 국가들과의 교역량이 크게 늘어나고 있는 점을 주목해, 이 지역을 사활적인 이해관계가 걸려 있는 지역으로 분류하고 있다. 미국의 전체 해외교역량에서 동북아 지역이 차지하는 비중은 약 1/4로서, 이는 북미자유무역지대(NAFTA)에 이어 두 번째로 큰 규모이다. 또한 2003년 현재 동북아 지역에 직접 투자한 금액만도 1,000억 달러에 달한다.[6] 미국 스스로가 이와 같은 경제직 이익을 보호하기 위헤서는

---

5) Kongdan Oh Hassing and James Przystup, "Moving the U.S.-ROK Alliance into the 21st Century," *INSS Special Report*(September 2007), www.ndu.edu.

한미동맹이 필요하다고 보고 있으며, 이와 같은 입장은 최근에 들어 더욱 강화되고 있다.

둘째, 미국이 21세기 핵심적인 대외정책의 목표로 삼고 있는 대중국 견제 차원에서 한미동맹의 유용성은 강하기 때문이다. 지정학적으로 한국은 중국을 견제할 수 있는 최적의 전초기지에 해당한다. 또한 미국의 패권전략의 핵심에는 중국이 다른 강대국이나 중위국가(middle power state)와 동맹관계를 맺지 못하도록 막는 것이 있다. 중국이 혼자서는 미국에 필적하기 힘들지만, 다른 국가와 동맹을 맺거나 연대를 구축할 경우 중국의 영향력이 크게 강화될 수 있다고 보기 때문이다. 한국이나 통일코리아가 강대국까지는 아니더라도 무시할 수 없는 국력과 지정학적 위치를 갖고 있다는 점을 고려할 때, 미국이 한중동맹 또는 한중협력관계를 태동시킬 가능성을 배제할 수 없는 한미동맹의 파기를 선택하기는 쉽지 않을 것이다.

셋째, 미국은 한미동맹의 파기나 주한미군의 완전철수가 미국이 동아시아 전략의 기축으로 삼아온 미일동맹에도 큰 파장을 일으킬 것이라는 점을 잘 알고 있기 때문이다. 한미동맹의 파기는 미국의 동북아 동맹체제의 부담을 일본 혼자 짊어진다는 것을 의미한다. 이는 미국과 일본 모두에게 매우 부담스러운 일이 될 수밖에 없다. 주한미군 재배치에 대해 일본 정부가 촉각을 곤두세우면서 한미동맹이 계속 유지되어야 한다는 입장을 피력하고 있는 것도 이러한 맥락에서 나오는 것이다. 또한 미국의 전략가들이 '한반도 통일 이후에도 주한미군을 주둔시켜야 한다'는 주장의 이면에는 주한미군의 철수가 주일미군의 철수에 대한 압박으로 이어질 것이

---

6) General Leon J. Laporte, United States Army, Commander, U.S. Forces Korea, testimony on the Fiscal Year 2005 National Defense Authorization budget request from the Department of Defense(March 31, 2004).

라는 점을 잘 알고 있기 때문이다. "강력한 미일동맹을 위한 최선의 지원은 강력한 한미동맹으로부터 나온다."[7]

넷째, 미국은 한미동맹과 이에 대한 물리적인 근거로 주한미군을 주둔시키는 것이 한국의 핵무장을 사전에 차단할 수 있는 가장 효과적인 방법으로 인식하고 있기 때문이다. 한국이 핵무장을 시도할 경우, 일본의 핵무장뿐만 아니라 미국이 심혈을 기울여 만들어온 핵 비확산 체제에도 엄청난 파장을 몰고 올 수밖에 없고, 핵보유국 수가 늘어나면 알카에다와 같은 반미 테러집단이 핵무기를 획득할 가능성도 그만큼 높아질 것이라는 점을 미국은 잘 알고 있다. 이러한 맥락에서 볼 때, 한미동맹을 파기하거나 주한미군을 완전히 철수시킬 경우 한국에서 핵무장론이 거세게 일어날 것을 잘 알고 있는 미국이 한국에 대한 안보 공약을 철회하는 선택을 하기란 쉽지 않다.

경험적으로도 이러한 사례는 여러 차례 있었다. 닉슨 독트린과 뒤이은 카터 행정부의 주한미군 철수 공약에 맞서 박정희 정권이 핵무장이라는 카드를 꺼내들자 미국은 한국의 핵무장 시도를 철회시키기 위해 한국에 대한 안보 공약을 재확인시켜준 바 있다. 또한 2006년 10월 초 북한이 핵실험을 강행하자 미국이 취한 가장 발 빠른 조치 가운데 하나는 한국과 일본에 대한 안보 공약을 재확인하면서 이들 국가들이 독자적으로 핵무장으로 가지 않겠다는 다짐을 받아낸 것이었다. 이와 관련해 미국의 중도적 안보전문가인 캠벨과 오핸론(Michael O'Hanlon)은 "역사적으로 볼 때, 미국의 동맹·우방국에 대한 안보 공약은 독일, 한국, 대만, 일본 등이 독자적인 핵 억제력을 추구하지 않게 만든 매우 쉬운 방법이었고,

---

7) Gordon Flake, Statement to the House International Relations Committee on "The US-ROK Alliance"(September 27, 2006).

이러한 논리는 오늘날에도 여전히 유효하다"라고 지적하기도 했다. 이에 따라 이들은 경제적·군사적 부담이 크더라도 미국이 동맹체제를 유지하는 것은 핵확산 방지 차원에서 대단히 중요한 의미가 있다며, 차기 미국 정부는 동맹 강화에 더욱 매진해야 한다고 권고했다.[8]

다섯째, 한미동맹의 파기가 무기 시장으로서의 한국이라는 '황금시장'의 상실로 이어질 수 있기 때문이다. 미국이 대(對) 한국 무기수출은 매년 10억 달러 안팎에 달하는데, 이는 대만, 사우디아라비아 등과 비슷한 세계 최고 수준이다. 특히 미국은 한미동맹이 한국으로 하여금 미국제 무기를 구매하게 하는 가장 효과적인 수단이라는 것을 잘 알고 있다. 이는 미국이 한미동맹의 파기를 고려할 때 염두에 둬야 할 또 하나의 문제라고 할 수 있다.

여섯째, 한미동맹의 파기가 국제 외교무대에서 한국이라는 지원자의 상실로 이어질 수 있기 때문이다. 강대국이 약소국과 동맹을 맺고 유지하는 핵심적인 이유 가운데 하나는 약소국에 안보우산을 제공하는 대신에, 약소국의 대외정책을 강대국에게 유리하게 전개되도록 개입력과 영향력을 확보할 수 있다는 것이다. 이를 뒷받침하듯, 한국은 미국의 거수기라는 오명을 들을 정도로 철저하게 국제 외교무대에서 '친미'로 일관해왔다. 한국의 대외정책을 미국의 범위에 묶어둘 수 있는 가장 효과적인 방법이 한미동맹이라는 점에서, 미국이 한미동맹을 파기하기는 쉽지 않을 것이다.

끝으로 한국은 자유민주주의와 시장경제라는 미국의 체제 이념과 잘 부합하는 동맹국이기 때문이다. 냉전 시대에는 체제경쟁의 맥락에서, 탈냉전 이후에는 미국 주도의 세계체제의 공고화를 위해 미국은 자유민

---

8) Kurt M. Campbell and Michael E. O'Hanlon, *Hard Power: The New Politics of National Security*(New York: Basic Books, 2006), pp.213~214.

주주의와 시장경제의 확산을 대외정책의 핵심적인 목표로 내세워왔다. 이를 위해 클린턴 행정부는 개입과 확산(engagement and enlargement)을, 부시 행정부는 "악의 축" 국가들에 대한 선제공격도 불사한다는 전략을 추구했다. 이러한 맥락에서 한미동맹의 동맹 파기는 민주주의와 시장경제 확산이라는 미국의 대외정책의 목표와 정신에 손실을 가져올 수 있다.

이러한 일곱 가지 측면을 종합해볼 때, 미국이 한미동맹 유지를 사활적인 이해로 바라보고 있다고 해석할 수 있다. 그러나 이것이 곧 '미국이 한미동맹을 파기하지 않을 것'라는 결론으로 이어지지는 않는다. 두 가지 이유 때문이다. 하나는 한미동맹 유지가 사활적인 이해라고 하더라도, 한미동맹 파기가 최고의 국가이익이라고 할 수 있는 미국의 '생존'을 위협하는 수준은 되지 않기 때문이다. 다른 하나는 앞에서 언급한 일곱 가지 이해관계의 상당 부분은 한미동맹 자체에 내재되어 있는 것이 아니라 한미동맹 파기 시 발생할 수 있는 잠재적 우려라는 점이다. 이는 한미동맹이 해체되어도 이러한 이해관계의 손실이 발생하지 않을 수 있다는 판단이 서거나 한미동맹이 아닌 다른 수단으로 대체할 수 있다면, 미국의 선택이 달라질 수 있다는 것을 의미한다.

먼저 한미동맹 해체가 동북아에서 미국의 경제적 입지를 좁히고 경제적 이익을 축소시킬 수 있다는 우려는 간접적이고 파생적인 것이다. 경제는 기본적으로 안보논리보다는 경제논리에 의존한다는 점에서 '간접적'이고, 경제적 우려는 한미동맹 해체 이후 어떤 관계를 맺느냐에 따라 달라질 수 있다는 점에서 '파생적'이다. 가령 미국이 한국과의 동맹을 해체하는 대신 우호협력관계를 유지할 수 있다면 미국의 경제적 손실에 대한 우려는 크게 줄일 수 있다.

대중국 견제 전략에서 한미동맹의 유용성도 마찬가지 맥락에서 이해할 수 있다. 확장되고 있는 평택 기지가 중국의 심장부에서 가장 가까운 미군기지라는 점에서 미국에게 군사전략적 가치는 큰 것은 사실이다. 그러나 이는 거꾸로 중국과의 무력 충돌 시 미군의 인적·물적 피해를 높이는 원인이 될 수 있다. 또한, 미국은 주한미군 이외에도 미일동맹을 비롯한 중국을 견제하고 억제하며 필요 시 투입할 수 있는 다양한 군사력을 보유하고 있다. 특히 미국이 박차를 가하고 있는 군사 분야의 혁신(RMA)은 미국의 다방면·다층적인 원거리 억제능력을 더욱 강화시켜줄 것이다.

이보다 더 중요한 것은 미국의 대중전략이 '견제와 봉쇄'로 굳어져 있는 것은 아니라는 점이다. 1990년대 중반 이후 중국의 부상이 두드러지게 나타나면서 미국 내에서는 중국을 동반자로 볼 것인가, 경쟁자로 볼 것인가라는 논쟁이 있어왔다. 미국이 중국을 경쟁자로 인식하면서 견제와 봉쇄의 유력한 수단으로 군사동맹을 선호할 경우 한미동맹의 유용성은 커진다. 그러나 반대로 동반자에 무게중심을 두면서 협력안보를 추구할 경우 한미동맹의 존재 가치는 떨어질 수 있다. 이에 따라 주한미군의 주둔을 비롯한 한미동맹의 존속 여부에 관한 최대 변수 가운데 하나는 미국의 대중전략에 있다.

한미동맹 파기 시 한국의 핵무장에 대한 우려 역시 해소될 수 있다. 일단 통일 이전에 한국의 독자적인 핵무장 가능성은 거의 없다. 통일 이전에 한국이 핵무장을 추진하면, 북한의 반작용을 야기해 한국 안보에도 치명타를 가하게 된다. 북한의 비핵화가 평화통일의 필수조건이듯이 남한의 비핵화 유지 역시 마찬가지다. 또한 통일 이후에도 통일코리아는 핵확산금지조약(NPT) 및 국제원자력기구(IAEA) 안전조치협정 등 핵 비확산 체제에 남아 있게 될 것이다. 이에 따라 한국의 최고 국가이익이 침해될 위기에 처하지 않는 한, 통일 이전은 물론이고 통일 이후에도 한국이 핵무장을 선택할 가능성은 극히 낮다. 또한 한반도 비핵화 유지는 미국은 물론이고 주변 4강도 공유하고 있는 핵심적인 이해관계라는 점에서, 미국 등 국제사회는 한국의 핵무장 추진 시 이를 저지할 수 있는 다양한 수단을 갖고 있다고 할 수 있다.

이에 반해, 한미동맹 파기 시 미일동맹에의 불안 가중, 미국 군수산업체의 이익 반감, 국제 외교무대에서 한국의 친미노선 완화 등은 미국이 치러야 할 불가피한 비용이라고 할 수 있다. 그러나 미일동맹의 내구성이 강하고 미일 양국이 동맹의 전략적 가치를 높게 보고 있어, 한미동맹이 파기되더라도 미일동맹의 파기로까지 이어질 가능성은 그리 높지 않다. 또한 한미동맹의 파기가 미국에게는 무기 구매 압력수단을, 한국에게는 동맹이라는 정책적 고려를 더 이상 유효하게 만들지 못해, 미국의 무기 수출이 줄어들게 만들 수 있지만, 이 역시 감당하기 힘든 것이라고 보기는 힘들다. 또한 국제 외교 무대에서 한국이 미국에 대한 전폭적인 지지에서 사안별 선택으로 선회하더라도 한국이 유엔 안보리 상임이사국 등 국제 외교의 핵심적인 행위자는 아니라는 점에서 이 역시 큰 비용이라고 보기는 어렵다. 한미동맹 파기에 따라 미국이 치러야 할 불가피한 비용은 있지만, 미국이 감당할 수 없을 정도는 아니라는 뜻이다.

3. 분석의 종합: '균형' 동맹은 가능한가?

흔히 "국가는 국익 극대화를 추구한다"고 말한다. 그러나 국익과 이것을 달성하는 수단에 대해서는 다양한 관점이 존재할 수 있다. 이는 정권의 정체성과도 직결되어 있다. 가령 한국이 자신의 생존과 사활적인 이해가 침해받지 않는다면, 이라크 파병과 주한미군 기지 이전비용 부담을 높여서라도 한미동맹을 유지·강화하는 것이 국익이라고 볼 수 있다. 반면,

한미동맹이 한국의 대외정책 자율성을 저해하고 한반도 통일을 어렵게
하며 중국으로부터 견제를 받을 수 있기 때문에 국익에 부합하지 않는다
는 해석도 가능하다. 미국의 관점에서 볼 때에도 한미동맹과 국익의 상관
관계에 대해 그 해석이 상반될 수 있다. 그러나 양국 정부를 비롯한
주류층에서는 한미동맹이 한국과 미국의 국익에 부합한다는 해석이 압도
적이었다.

그러나 이미 한미동맹은 바뀌고 있다. 미국은 한국이 한미동맹 유지에
필요한 재정적 부담을 크게 늘리기를 원하고 있다. 또한 미국이 '테러와의
전쟁'이라는 이름하에 세계 도처에서 벌이고 있는 전쟁과 군사적 개입에
한국이 더욱 많은 기여를 하길 바란다. 무엇보다도 한미동맹이 중국 견제
와 같은 지역적 역할을 강화하는 방향으로 재편되기를 원한다. 노무현
정부 때 이러한 미국의 요구가 상당 부분 관철된 것은 사실이지만, 일반적
인 관점에서 볼 때 이러한 한미동맹은 한국의 입장에서 수용하기 쉽지
않다. 한미동맹이 미국의 세계전략에 따라 재편되고 있는데 한국이 재정
적 부담을 늘리는 것에 대한 비판 여론은 높다. 이라크 파병 반대 여론에
서도 알 수 있듯이, 한미동맹이라는 이름하에 미국의 무분별한 군사 개입
에도 비판 여론이 높다. 특히 미중 간의 군사충돌에 한미동맹이 어떠한
형태로 연루되는 것은 한국의 생존과 직결되어 있어, 아무리 보수적인
정권이라 하더라도 쉽게 수용할 수 없는 문제다. 여기에 더해 한반도
평화체제가 구축되어 한미동맹의 북한을 '공동의 위협'을 상정하기가
더 이상 어려워진다면, 안보 환경도 크게 달라진다. 이처럼 동맹이 바뀌고
안보 환경이 변하고 있다면, 동맹과 국익의 상관관계에 대한 해석도 달라
져야 한다.

한미동맹의 지속성과 관련해 가장 근본적인 질문은 '한국이 원하는
동맹과 미국이 원하는 동맹이 양립할 수 있는가'라고 할 수 있다. 즉,

'양국의 이익과 비용이 균형적으로 반영되는 동맹이 가능하냐'는 것이다. 물론 앞서 언급한 것처럼 이익과 비용은 그 자체가 계량화하기 어려울 뿐 아니라 해석하는 주체에 따라 얼마든지 달라질 수 있기 때문에, 이에 대한 결론을 내리기란 쉽지 않다. 그러나 일반론적인 관점에서 다음와 같은 가정을 세워볼 수 있다. 이는 앞서 언급한 것처럼, 한반도 평화체제의 구축을 전제로 한 것이다.

가정 1   2002년 6월 발생한 미군 장갑차에 의한 여중생 압사 사건과 이에 대한 미군 법원의 무죄평결과 같이 미군에 의한 사고와 범죄가 발생하고 이에 대해 한국인이 납득하기 힘든 판결이 많이 나올수록 한미동맹에 대한 한국의 지지도는 약화된다. 반면, 미군에 의한 사고와 범죄로 인해 한국 내 반미감정이 높아지고 한국이 형사관할권의 이양을 비롯한 주한미군지위협정(SOFA) 개정을 요구할수록 한미동맹에 대한 미국의 지지도는 약화된다.

가정 2   미국이 한국에게 방위비 분담금 등 재정적 비용을 높여달라고 요구할수록, 한미동맹에 대한 한국의 지지도는 약화된다. 반대로 한국이 재정적 비용을 적게 부담하려 할수록, 미국의 한미동맹 지지도는 약화된다.

가정 3   미국이 한국에게 이라크 파병과 같이 동맹국으로서 "국제 평화와 안전에 더 많은 기여를 해야 한다"고 요구할수록, 한미동맹에 대한 한국의 지지도는 약화된다. 반대로 한국이 미국의 이러한 요구를 거부할수록, 한미동맹에 대한 미국의 지지도는 약화된다.

가정 4   미국이 한미동맹을 중국 견제와 봉쇄, 그리고 필요 시 군사적 투입이 가능한 형태로 바꾸길 원할수록, 한미동맹에 대한 한국의 지지도는 약화된다. 반대로 한국이 미국의 요구를 거부할수록, 한미동맹에 대한 미국의 지지도는 약화된다.

가정 5　미국이 한반도가 통일되어도 한미동맹이 중국과 러시아 견제를 위해 필요하다고 보고 이러한 입장을 관철하려고 할수록, 그러나 한국이 중국 및 러시아와 우호협력관계를 유지·강화하기를 희망하면 한미동맹에 대한 한국의 지지도는 약화된다. 반대로 한국이 이러한 미국의 요구를 거부할수록, 한미동맹에 대한 미국의 지지도는 약화된다.

가정 6　한미동맹이 한반도의 평화적 통일 실현에 걸림돌이 된다는 인식이 강해질수록 한미동맹에 대한 한국의 지지도는 약화된다. 반면, 한국이 미국과의 동맹보다 통일에 더 주안점을 두고 있다고 미국이 인식한다면, 한미동맹에 대한 미국의 지지도는 약화된다.

　이처럼 구체적인 사안으로 들어가면, 한미동맹에 대한 한미 양국 사이의 '동상이몽'은 얼마든지 나타날 수 있다. 대체로 방위비 분담금과 미군 범죄 및 형사 관할권 문제, 그리고 이라크 파병은 '종속형' 한미동맹의 문제점을 내포하고 있을 뿐만 아니라, 국민 감정과 직결되어 있는 휘발성이 높은 사안들이다. 특히 한미동맹이 미국의 세계전략에 따라 재편되고 있는데 한국이 치르는 유·무형의 비용이 높아지고 있다는 판단이 강해질수록, 한미동맹에 대한 한국 국민의 지지는 크게 줄어들 것이다. 또한 한미동맹과 중국 및 러시아와의 관계, 그리고 한반도 통일 실현에 갖는 함의는 한국의 생존 및 미래 전략과 직결되어 있다.
　결국 한미동맹의 미래는 한미 양국이 상호 간의 이익과 비용을 균형적으로 나누면서 앞에서 언급한 한미동맹의 긴장 요소들을 어떻게 해소해 나가느냐의 여부에 달려 있다고 할 수 있다. 그러나 이러한 긴장 요소들은 해결되기가 쉽지 않은 속성을 갖고 있다. 한미상호방위조약에 따라 한미동맹의 범위가 한반도에 국한될 경우, 미국은 자신의 세계전략에서 한미동맹의 유용성이 크게 줄어든다고 판단할 것이다. 반대로 한미동맹의 범위가 동북아와 전 세계로 확대되면, 한국 내에서는 한미상호방위조약 위반 논란과 함께 한미동맹의 반(反)평화성에 대한 문제 제기가 커질 것이다. 미국은 '미국인을 다른 나라의 재판장에 세울 수 없다'는 예외주의 전통이 대단히 강해, 미군 범죄자에 대한 형사 관할권을 한국에게 이양하려고 하지 않을 것이고, 한국 내에서는 이에 대한 비판 여론이 커지게 될 것이다. 방위비 분담금 역시 휘발성이 큰 사안이다. 미국에서는 한국이 방위비 분담금을 크게 늘려야 한다고 요구하고 있는 반면에, 한국에서는 한미동맹 재편이 미국의 세계전략에 따라 이뤄지고 있는데 왜 분담금을 늘리는 것에 비판 여론이 커지고 있다.

이처럼, 한미동맹의 미래를 둘러싸고 한미 양측의 이해관계가 엇갈리는 사안들은 많다. 특히 한반도의 평화체제 구축과 동북아 다자간 안보협력체제의 진전 등 한미동맹의 대체재들이 부상하는 시점에 위와 같은 긴장 요인들이 해소되지 않는다면, 한미동맹이 계속 유지될 수 있다고 장담하기 힘든 상황이 도래할 수 있다.

4. 미국의 세계전략과 한미동맹의 운명

앞에서의 논의는 한미동맹의 지속성 여부를 주로 한미관계 차원에서 바라본 것이다. 그러나 한미동맹의 운명을 결정할 가장 큰 변수는 한미관계의 '밖에' 있을 수 있다. 미국의 세계전략의 변화 가능성이 바로 그것이다. 1905년 가쓰라-태프트 밀약, 1949년 애치슨라인 발표 및 주한미군 철수, 1969년 닉슨 독트린 및 주한미군 감축, 1970년대 후반 카터 행정부의 주한미군 철수 계획, 1990년을 전후한 주한미군 3단계 감축 계획, 그리고 21세기 초엽 부시 행정부의 한미동맹 재편 계획을 관통하는 교훈은 한미관계의 대폭적인 변화가 한미관계 및 한반도 정세 변화에 대한 대응이라기보다는 세계 정세의 변화 및 미국의 세계전략 변화에 기인한 것들이었다는 것이다. 이에 따라 미국이 또 다시 세계전략의 큰 변화를 추구할 경우 주한미군의 철수를 비롯한 한미동맹에 커다란 변화가 발생할 수 있다.

1) 부시 독트린의 퇴조와 한미동맹

'부시 독트린'으로 불리는 미국의 신군사전략이 한미동맹 재편의 구조적 요인이라는 분석이 적실성을 갖는다면, 미국의 신군사전략, 즉 부시 독트린의 향방은 미래 한미동맹에도 중요한 변수가 될 것이다. 그런데 부시 독트린의 위세는 시간이 흐르면서 상당히 약화되고 있다. 이는 미국의 신군사전략에 포섭되는 방향으로 재편되어온 한미동맹의 변화가 돌이킬 수 없는 것만은 아니라는 전망을 가능케 한다.

미국의 신군사전략이 약화되게 된 배경은 크게 세 가지로 정리할 수 있다. 첫째는 이라크 침공의 반작용이다. 이른바 '예방전쟁론'과 '럼스펠드 독트린'이 적용된 이라크 침공은 부시 독트린의 첫 사례로 거론되어왔다. 특히 개전 초기에 상대적으로 적은 병력을 투입하고도 개전 3주만에 바그다드를 점령함으로써 신군사전략은 각광을 받았다. 그러나 침공의 명분으로 내세웠던 후세인의 대량살상무기 개발 의혹과 알카에다와의 연계설은 잘못된 정보였다는 것이 밝혀지면서 미국의 위신은 큰 도전에 직면하게 되었다. 또한 이라크 저항세력의 반격이 본격화되면서 미군 사상자 수가 크게 늘어나고, "안정적이고 민주적인 이라크 건설"이라는 부시 행정부의 공언을 일축하듯 이라크에서 내전을 방불케 하는 상황이 벌어지고 있다. 이에 따라 미국 내에서는 '제2의 베트남 전쟁'이라는 신드롬마저 나타나고 있고, 이러한 일련의 상황 전개는 부시 독트린의 유용성과 대중적 지지를 크게 반감시키고 있다.

둘째는 미국의 신군사전략에 막강한 영향력을 행사해온 네오콘의 퇴조이다. 이는 물론 네오콘이 주도했던 이라크 정책 실패의 산물이기도 하다. 우선 네오콘의 핵심적인 인물이자 신군사전략의 설계·집행자인 도널드 럼스펠드와 폴 월포위츠가 국방부에서 퇴장했다. 또한 미국 역사상 가장 큰 영향력을 갖고 있고 부시 행정부의 대외정책의 막후 실력자로 평가받았던 딕 체니 부통령의 영향력 역시 크게 퇴조하고 있다. 아울러 이라크 정책 실패 책임 및 부시의 대북정책 전환을 둘러싸고 부시 행정부와 네오콘들 사이에서 분열 현상까지 나타남으로써 네오콘이 미국의 외교안보전략에 막강한 영향력을 행사하는 시대는 지나갔다는 평가도 나오고 있다.

셋째는 부시 독트린이 대량살상무기(WMD) 위협 대처에 이렇다 할 기여를 하지 못했을 뿐만 아니라, 오히려 북한, 이란 등 부시 행정부가 "악의 축"으로 지목한 국가들의 핵개발을 막지 못해왔기 때문이다. 부시 독트린의 요체는 WMD 위협을 전면화시키면서 이들 위협이 현실로 나타나는 것을 막기 위해서는 '선제공격'도 불사한다는 것이다. 그러나 북한의 2006년 10월 초 핵실험이 보여주듯 핵무기 보유를 물리적으로 입증한 상태이고, 이란 역시 우라늄 농축 프로그램을 확대하면서 핵개발 능력을 강화해왔다. 그럼에도 불구하고 미국은 부시 독트린에 따라 무력 사용을 추진하기가 불가능한 상황에 있고, 뒤늦게 외교적 해결을 모색하고 있는 실정이다.

그렇다면 이와 같은 부시 독트린의 퇴조는 한미동맹에 어떤 영향을 미칠 것인가? 한미동맹에 강하게 투영된 부시 독트린이 완화되면서 한미동맹도 또 다시 재조정될 것인가? 아니면 부시 행정부 임기 동안 이뤄진 한미동맹 재편이 제도화·구조화되면서 부시의 퇴임 이후에도 이를 되돌리기가 상당히 힘든 상태에 놓일 것인가? 부시 독트린의 퇴조 이외에도 한미동맹의 미래에 영향을 미칠 변수가 대단히 많다는 점에서 이를 예측하기란 대단히 어렵다고 할 수 있다.

단기적으로 볼 때, 부시 독트린의 퇴조 자체가 재편되고 있는 한미동맹에 미칠 영향은 크지 않을 것으로 전망된다. 우선 부시 독트린이 퇴조하는 추세지만 예정된 한미동맹 재편이 늦춰지거나 재조정되지 않고 있다. 일례로 한미 양국 정상은 2006년 11월 정상회담에서 럼스펠드의 해임과 관계없이 주한미군 재배치와 전시작전통제권 전환을 예정대로 진행하기로 했다. 또한 미국 내에서 한미동맹 재편에 대한 관심도 높지 않을뿐더러, 한미동맹 재편 결과에 대한 비판도 거의 찾아볼 수 없다는 점도 중요하다. 이러한 무관심과 무비판은 한미동맹에 또 한 차례의 변화를 야기할 수 있는 미국 내 동인(動因)이 약하다는 것을 의미한다.

그러나 중장기적으로 볼 때, 부시 독트린의 퇴조와 이에 따른 미국의 대외정책의 변화가 한미동맹의 근본적인 변화를 야기할 가능성은 충분히 있다. 우선 이라크 변수의 여파이다. 시간이 흐르면서 이라크에서의 실패는 미국 대외정책의 전반적인 재검토를 야기할 가능성이 높다. 그 결과가 개입주의와 팽창주의에 대한 근본적인 회의로 나타날 경우, 미국이 주한미군의 대폭 감축이나 철수까지 고려할 가능성을 배제할 수 없다. 미국이 베트남 전쟁의 여파로 주한미군의 감축과 철수를 추진한 바 있는 1970년대의 사례가 반복될 수 있다는 것이다.

이와 관련해 스틸(Ronald Steel)은 이라크와 아프가니스탄에 투입된 미군이 주로 육군과 해병대라는 점에서 해공군 중심으로 재편되고 있는 주한, 주일미군에 미치는 영향은 크지 않을 것이라고 전망한다.[9] 그러나 이는 병력 구조라는 기술적인 관점의 문제이자, 단기적인 전망이다. 이라크 신드롬은 미국 내에서 고립주의를 선호하는 여론을 강화시키고, 국제사회에서는 미국의 지도력에 치명타를 가하고 있다. 또한 '부시 독트린'의 실패는 중국과 인도의 부상, 유럽연합의 통합 가속화, 러시아의 복귀와 맞물려 '팍스 아메리카나'의 종말과 다극체제의 등장을 재촉하고 있다. 21세기 들어 20세기와는 다른 국제정세가 조성되고 있다는 것은 한미동맹을 포함한 미국의 세계전략에 근본적인 변화가 일어날 수 있음을 예고한다.

2) 미국, 세계전략 수정하고 주한미군 철수할까?

이처럼 한미동맹의 미래와 관련해 가장 중요한 관건은 미국이 또 다시 한미동맹에도 엄청난 영향을 몰고 올 세계전략의 변화를 추진할 것인가에 있다. 잘 알려진 것처럼, 미국은 2차 대전 이후의 냉전 시대는 물론이고, 세계적 수준의 탈냉전이 이뤄진 1990년대 이후에도 동맹을 세계전략의 중심으로 삼았다. 클린턴 행정부의 '확장과 개입(enlargement and engagement) 전략', 그리고 부시 행정부의 '테러와의 전쟁' 및 '민주주의 확산 전략'은 한미동맹을 포함한 미국의 양자 간·다자간 동맹을 자신의 세계전략의 필수 요소로 삼게 했던 것이다. 따라서 미국이 앞으로도 '세계

---

9) Ronald Steel, "An Iraq Syndrome?," *Survival*(Spring 2007).

경찰'을 자임하면서 동맹을 패권전략의 핵심 요소로 삼게 되면, 한미동맹이 지속될 가능성은 높아진다.

그러나 미국이 앞으로도 세계경찰을 자임할 수 있을지는 불확실하다. 앞서 언급한 것처럼, 미국 내에서도 과도한 팽창주의에 대한 비판 여론과 미국 단극체제의 종말이 다가오고 있다는 목소리가 높다. 그러므로 앞으로 미국이 개입주의와 팽창주의에 기초한 세계전략을 수정할 가능성이 크다. 그것이 제1차·제2차 세계대전 사이 때와 같은 방식의 고립주의를 의미하지는 않더라도, 앞으로 미국은 필요에 따라 일부 지역에서 미군을 철수시킬 것이다.

이런 면에서 한국은 유력한 후보지다. 지난 세기 한반도에서 미국이 반복적으로 개입·철수한 데서도 알 수 있듯이, 미국 정치인과 전략가에게 한반도의 전략적 가치에 대한 판단은 일관된 것이 아니었다. 이러한 역사적 경험은 오늘의 미국이 '주한미군이 주둔하는 한미동맹'이 필요하다고 보고 있지만, 내일의 미국이 어떻게 달라질지는 아무도 장담할 수 없다는 것을 말해준다. 이러한 맥락에서 볼 때, 북핵 문제가 해결되고 북미관계가 정상화되며 한반도 평화체제가 구축된다면 주한미군이 대폭 줄어들거나 아예 철수할 가능성이 있다. 동북아 평화체제 구축에 진전이 있다면 그 가능성은 더욱 높아진다. 이는 미국에게 한국이 갖는 전략적 가치가 높고 낮음을 떠나서, 한미동맹의 목적이 상당 부분 달성되었다고 볼 수 있기 때문이다. 이와 같은 한반도 안팎의 환경 변화와 미국의 세계전략이 확장형 개입주의에서 선택적 개입주의로 선회하는 시점이 맞아떨어질 경우, 한미동맹은 또 다시 근본적인 변화를 피할 수 없을 것이다.

미국의 입장에서 볼 때에도 '주한미군 없는 한미관계'가 미국의 이익에 더 부합한다고 판단할 수 있다. 한반도 평화체제 구축 이후 미국의 전략적 목표가 한반도에서 미국의 영향력을 유지하고 중국이 아시아 패권국으로 등장하는 것을 억제하려는 의도에서 비롯된 것이라면, 그 방식이 꼭 주한미군의 주둔일 필요는 없다. 군사동맹관계를 우호협력관계로 대체하더라도 이러한 목적은 상당 부분 달성할 수 있기 때문이다. 오히려 주한미군의 주둔은 미국이 패권주의를 계속 고수하려고 한다는 의구심을 불러오고, 막대한 주둔 비용을 초래하며 유사시 미군 피해를 높일 수 있으며, 다른 지역에서의 군사력 운영의 융통성을 저하할 수 있다. 주한미군 문제로 중국 및 러시아와 긴장관계에 빠지는 것 역시 미국에게는 상당한 부담이다.

무엇보다도 미국의 동북아 전략의 핵심적 목표가 자신의 패권 유지가 아니라 중국이 패권국으로 등장하는 것을 예방하는 것이라면, 미국은 한미동맹의 대안을 얼마든지 모색할 수 있다. 군사적인 관점에서 볼 때, 미국은 주한미군이라는 근거리 억제력에 의존하지 않더라도 다양한 무기체계를 통한 원거리 억제력을 갖고 있다. 또한 동북아 평화체제 구축에 적극 나섬으로써 중국을 다자간 안보협력체제의 틀로 초대할 수도 있다. 더 현실적으로는 주한미군을 철수하되 한미동맹을 유지함으로써 필요시 군사력을 투입할 수 있는 기지의 사용권을 확보하는 방안을 선택할 수도 있다.

어쨌든 21세기에 들어 미국에서는 '팍스 아메리카나'의 종말을 예견하는 목소리가 높아지고 있다. 그러나 한국에서는 '한미동맹 강화론'이 맹위를 떨치고 있다. 미국 패권이 쇠퇴기에 접어든 시대에 맹위를 떨치고 있는 '한미동맹 강화론'을 어떻게 이해해야 할까? 기실 이명박 정부의 '한미동맹 강화론'은 21세기도 미국의 세기가 될 것이기 때문에 미국과 동맹을 강화해야 한다는 주관적 신념과 관성적 사고에서 비롯된 성격이 강해 보인다. 그러나 옳고 그름을 떠나 오늘날 동북아를 비롯한 세계질서는 '팍스 아메리카나'의 종말과 다극체제의 등장으로 향하고 있다. 이는 한국이 '지는 해' 미국을 쫓아가다가 칠흑같은 어둠을 만날 수 있다는 것을 의미한다. 한국 정부가 한미 군사동맹 강화와 자유무역협정(FTA) 체결을 통해 "한미 전략 동맹을 실현하겠다"는 목표를 재검토해야 할 이유가 바로 여기에 있다고 하겠다.

제6장

21세기 한미동맹에 대한 근본 의문

"(미국, 중국, 대만) 세 나라 모두 군사적 충돌로 인해 잃을 것이 너무 많기 때문에, 전쟁을 피해야 할 충분한 이유들이 있다.…… 그러나 전쟁이 일어나서는 '안 된다'는 것이 곧 전쟁이 일어나지 '않을 것'이라는 점을 의미하지는 않는다." *

1. '전략적 유연성'과 한국의 생존, 양립할 수 있나?

당연한 얘기겠지만, 한미동맹은 한국과 미국의 안보에 기여할 목적으로 존재해야 한다. 그러나 양국의 안보 이익이 항상 일치하는 것은 아니다. 미국이 한미상호방위조약을 체결하면서 NATO와는 달리 '자동개입' 조항을 넣지 않고, 유사시 미군의 투입 여부를 자국의 헌법적 절차에 따라 이뤄지게 한 것도 남북한 사이의 무력 충돌에 미국이 자동적으로 휘말리는 것을 방지하기 위함이었다. 1994년 한반도 핵 위기 당시에 미국은 북한의 영변 핵시설 폭격을 검토한 바 있었다. 그런데 당시 한국의 김영삼 정부는 북미 간의 무력 충돌이 한반도 전면전으로 비화될 것을 우려해 미국의 무력 사용을 반대했다. 이처럼 군사동맹은 원하지 않는 분쟁에 연루될 위험을 안고 있다.

---

* Richard C. Bush and Michael E. O'Hanlon, *A War Like No Other*(New Jersey: John Wiley & Sons, 2007).

그러나 이러한 연루(entrapment)의 위험은 과거의 일만은 아니다. 한미동맹이 존재하는 한 숙명처럼 안고 있어야 할 굴레와도 같은 문제다. 그런데 미국의 연루 가능성은 확실히 줄어들고 있다. 오늘날 남한이 북한을 무력으로 공격한다는 것은 상상하기 힘들다. 정도의 차이는 있지만, 북한의 남한 공격 가능성도 확연히 줄어들었다. 또한 인계철선 역할을 담당했던 2사단이 평택으로 후방 재배치되면, 한반도 유사시 대규모의 미군 사상자가 발생할 가능성도 크게 줄어들게 될 것이다.

이에 반해 한국이 연루될 가능성은 이전보다 커지고 있다. 1994년 1차 핵위기와 2002년 10월 이후 2차 핵위기가 보여주듯, 탈냉전 이후 한반도에서의 전쟁 가능성은 남북관계보다는 북미관계에서 비롯되는 성격이 강하다. 6자회담 9·19 공동성명과 2·13 합의 및 10·3 합의를 거치면서 북미 간의 핵갈등은 많이 줄어들었으나, 북미 간의 무력 충돌, 특히 미국이 대북 선제공격 가능성은 북핵 문제가 해결되지 않은 한, 한반도 상공을 유령처럼 배회하게 될 것이다. 그리고 북미 간에 무력 충돌이 발생하면, 미국과 동맹관계이고 주한미군이 있으며 북한과 휴전선을 맞대고 있는 한국의 생존도 총체적인 위기에 봉착할 수밖에 없다. 또한 미국이 중국의 부상을 견제하는 것을 핵심적인 안보전략으로 삼고, 주한미군 역시 이러한 목적으로 재편하면서 한국은 미중 간의 무력 충돌에 휘말릴 위험성까지 안게 되었다. 우리가 21세기 한미동맹의 키워드로 부상하고 있는 전략적 유연성을 올바르게 이해하고 대비책을 세워야 할 까닭도 바로 여기에 있다.

1) 전략적 유연성과 북한

전략적 유연성에 대해 앞서 필자는 '병력과 장비의 유연성'과 '임무의 유연성'으로 나누어 개념정의를 한 바 있다. '병력과 장비의 유연성'은 주한미군의 한국 밖으로의 이동(flow out), 한국 밖 미국 군사력의 유입(flow in), 미국 군사력의 한국 경우(go through)를 의미한다. '임무의 유연성'은 병력과 장비의 유연성의 목적에 해당하는 것으로서, 북한의 대량살상무기(WMD)에 대한 대응, 중국에 대한 군사적 견제, '테러와의 전쟁 수행' 등 미국의 전략적 필요에 따른 임무의 다원화를 의미한다. 롤리스가 "미국 공군과 육군이 언제 어디로든 전투를 하러 떠날 준비가 되어 있도록 하는 것이 전략적 유연성"[1]이라고 설명한 것은 이러한 분석을 뒷받침해준다.

이러한 전략적 유연성은 한미상호방위조약에 위배된다고 할 수 있다. 국회 사무처는 주한미군의 전략적 유연성은 "그 적용 범위를 대한민국 영토로 한정한 한미상호방위조약 제3조, 그 발동 요건을 외부로부터의 무력 공격이 있을 경우로 한정한 동 조약 2조에 대한 위반"이라는 입장을 내놓았다.[2] 이종석 국가안전보장회의(NSC) 사무처장 역시 2005년 12월 29일 전략적 유연성 관련 NSC 회의에서 "미국이 침략을 받지 않은 경우에 주한미군을 한반도 이외 지역으로 이동시키는 것은 한미 상호조약에 어긋난다고 볼 수 있다"고 말했던 것으로, 최재천 의원의 NSC 회의록 공개로 알려지기도 했다. 그러나 정부는 나중에 전략적 유연성에 대한 한미 양국의 합의는 '조약' 형태가 아닌 '정치적 선언'이기 때문에 한미상호방위조약과 상충되지 않는다는 입장을 내놓았다. 국가 간의 합의가 조약은 물론 정치적 선언 등 다양한 형태가 존재하고, 그것이 조약이든

---

1) 허만섭, "미국 국방부 '아시아-태평양 총괄' 리처드 롤리스가 밝힌 한미동맹의 진실," ≪신동아≫, 2007년 8월호.

2) ≪문화일보≫, 2006년 2월 6일자.

정치적 선언이든 그러한 상황이 발생할 경우 일종의 구속력을 갖게 된다는 점에서 이러한 해명은 설득력이 떨어진다고 할 수 있다.

더욱 심각한 문제는 전략적 유연성이 한국의 생존과 직결되어 있는 중차대한 사안이이라는 점이다. 미국이 전략적 유연성을 확보하려고 했던 핵심적인 이유는 이른바 '테러와의 전쟁'과 함께 북한과 중국을 상대로 한 군사 작전도 있기 때문이다. 이는 미국이 자신의 필요에 따라 북한에 대한 군사행동에 나서거나, 중국-대만 사이의 양안 사태 등 동북아 분쟁에 개입할 경우, 한국의 안전도 근본적으로 위협받을 수 있다는 것을 의미한다.

먼저 전략적 유연성이 미국의 대북 군사작전에 갖는 함의를 살펴보자. 대개 주한미군의 전략적 유연성을 논할 때, 주한미군의 유출(flow out)을 중심에 두는 경향이 있다. 그러나 미국이 전략적 유연성을 추구한 데는 북한의 대량살상무기(WMD)에 대한 군사 작전의 효율성 확보도 깔려 있었다는 점을 주목해야 한다. '예방' 개념에 기초한 미국의 대북한 군사 전략은 5029 등 새로운 작전계획과 전력구조 및 기지 재배치와 함께, 한반도 밖에 있는 미국 군사력의 신속한 대규모 투입도 필요하기 때문이다. 이를 반영하듯 2005년 6월 10일 한미정상회담에서 부시 대통령은 북한의 우발 상황에 대비해야 한다며, "한국 정부가 위험에 처하는 사태가 발생할 경우, 우리로서는 한반도 밖에서 지원군을 보내고 각종 장비와 인력을 투입해야 하며, 이것이 전략적 유연성의 요체"라고 강조했다.[3] 미국은 작전계획(또는 개념계획) 5029와 전략적 유연성을 연계시켜 사고하고 있다는 것을 알 수 있다.

이미 한국이 독자적으로 북한의 남침을 억제하고 격퇴할 수 있는 능력

---

3) 《오마이뉴스》, 2006년 4월 20일.

을 확보했다고 판단한 미국은 대북 억제 및 방어의 주도적인 역할을 한국에게 넘기고 자신은 북한의 WMD에 대한 군사 작전에 초점을 맞추고 있다. 북한의 WMD에 대한 미국의 군사 작전은 크게 네 가지로 나눠볼 수 있다. 첫째는 북한이 WMD를 테러집단이나 다른 나라에 이전하는 것을 군사적으로 차단하기 위한 대량살상무기확산방지구상(PSI)이다. 둘째는 북한의 미사일 위협에 대처하기 위한 미사일방어체제(MD) 구축이다. 셋째는 "필요하다고 판단할 경우" 북한의 핵무기 등 WMD 관련 시설에 대한 선제공격이다. 넷째는 북한에서 급변사태가 발생할 경우, 북한에 미군을 투입해 WMD를 안전하게 확보하는 군사작전이다. 이 네 가지 군사작전 가운데 PSI와 MD는 이미 미일동맹을 중심으로 실행되고 있는 것으로 앞으로 한국의 참여 여부가 핵심적인 관심사로 부각되고 있는 실정이다. 또한 북한에 대한 선제공격과 급변사태 발생 시 미군 투입은 일종의 '우발 계획'으로 분류할 수 있는데, 이러한 군사작전은 한반도에서 전면전을 야기할 수도 있는 중차대한 사안이다.

일단 북한에서 급변사태가 발생할 정도로 김정일 체제에 이상 징후가 발견되지 않고 있고, 북핵 문제 역시 6자회담을 통해 협상 과정에 있는 사안이라는 점에서 미국이 '우발 계획'을 실행에 옮길 가능성은 낮다. 그러나 이는 거꾸로 북한에게 급변 사태가 발생할 가능성을 배제할 수 없고, 북핵 문제가 6자회담이나 북미협상을 통해 평화적으로 해결될 것이라고 장담할 수 없다는 점을 함께 고려해야 한다는 의미를 내포하고 있다.

북한의 급변 사태에 대한 정의는 다양할 수 있다. 극심한 경제난에 따른 민중 봉기, 정권이 수습할 수 없을 규모의 자연재앙과 이에 따른 인도적 참사, 김정일 위원장의 통치 행위가 불가능할 정도의 와병이나 암살, 돌연사 등을 생각해볼 수 있다. 그러나 미국이 가장 촉각을 곤두세우고 있는 급변 사태는 북한 지도부가 핵무기 등 WMD에 대한 통제권을 상실해, WMD가 위험 세력에게 장악되거나 외부로 유출될 수 있는 상황을 의미한다. 미국은 이러한 상황이 발생하면 미군을 투입할 수 있다는 계획을 갖고 있다. 중국 역시 미국과 비슷한 계획을 가진 것으로 알려져 있다. 이에 따라 북한 급변사태 발생 시, ① 미국과 중국 주도의 유엔 안보리 결의안 채택과 미중 주도의 유엔군 투입, ② 유엔 안보리 결의 없이 미중 양국의 합의·묵인·동조에 따른 군사력 투입, ③ 북한의 WMD 확보를 위한 미중 양국군의 쟁탈전 및 국지적 분쟁 등 다양한 시나리오가 발생할 수 있다. 이는 미중 양국에게는 국지전이 될 수 있지만, 한반도 차원에서는 전면전의 위험을 안게 된다.

북핵 6자회담이나 북미협상이 실패로 돌아갈 경우에도 심각한 상황이 발생할 수 있다. 과거의 경험에 비춰볼 때, '외교의 실패'는 북한에게는 '핵 억제력 강화'로, 미국에게는 군사적 옵션을 포함한 제재 및 봉쇄 노선의 강화로 귀결될 가능성이 높기 때문이다. 물론 핵 협상이 실패한다고 해서 미국이 바로 선제공격 등 군사작전에 돌입할 가능성은 낮다. 여기에는 외교의 복원 가능성, 추가 핵실험 등 북한의 대응 양태, 한국·일본 등 미국 동맹국의 입장, 중국·러시아 등 북한의 우방국이자 유엔 안보리 상임이사국의 입장, 중동 등 다른 지역의 정세, 미국 여론의 향배 등 다양한 변수들의 복잡한 상호작용이 내재되어 있기 때문이다. 그러나 그 실행 여부와 관계없이 미국은 북한의 핵무기를 군사작전의 최우선적인 고려 대상으로 삼고, PSI와 MD 강화, 핵관련 시설에 대한 정밀타격이 가능한 군사력 배치 및 군사적 준비태세 강화, 다양한 작전계획 수립 및 훈련 실시 등에 나설 가능성은 높다.

결국 한반도에서 최악의 시나리오는 전략적 유연성을 확보한 미국과 핵무기를 포기하지 않은 북한 사이의 조합에서 나타난다. 그런데 미국의 전략적 유연성 확보는 그 여부가 아니라 수준 및 시간의 문제가 되고 있다. 주한미군의 기지 후방 재배치, 전력구조의 변화, 부대 및 지휘체계의 조정, 신속대응체제의 구축 등이 가속화될수록 전략적 유연성의 수준은 높아지게 될 것이다. 그리고 평택 미군기지로의 이전 및 전시작전통제권 이양이 예정된 2012년 이후에는 전략적 유연성이 완성단계에 접어들게 된다. 북핵 문제의 해결 전망은 여전히 불투명하고, 미국의 전략적 유연성은 점차 그 수위를 높여가고 있다면, 조영길 전 국방장관도 경고한 미국의 대북 군사작전 가능성 역시 점차 높아지게 될 것이다.[4]

2) 'it'을 둘러싼 혼란

2006년 1월 한미 간 첫 전략대화에서 전략적 유연성에 대한 합의 내용은 "한국은 동맹국으로서 미국의 세계 군사전략 변화의 논리를 충분히 이해하고 주한미군의 전략적 유연성의 필요성을 존중한다"와 "전략적 유연성의 이행에 있어서 미국은 한국이 한국민의 의지와 관계없이 동북아 지역 분쟁에 개입되는 일은 없을 것이라는 한국의 입장을 존중한다"는 것으로 구성되어 있다. 이에 대해 진보진영을 중심으로 노무현 정부가 사실상 전략적 유연성을 완전히 인정한 것이라고 반발해왔고, 정부는 "있지도 않을 일을 미리부터 걱정할 필요가 없다"며 사안이 발생하면 그때 가서 논의하면 된다고 반박했다. 특히 청와대는 진보진영의 문제 제기를 "패배주의"라고 일축하면서, "조항의 해석에 매달려 문제 제기를 하기보다는 앞으로 우리의 교섭력과 협상력을 높이는 데 관심을 가져야

---

4) 조영길은 미국이 전시작전통제권을 한국에게 이양하고 전략적 유연성을 확보하면 미국의 대북 선제공격을 막기가 더욱 어려워진다고 주장했다. ≪동아일보≫, 2006년 9월 4일자.

한다"고 주장했다.[5]

그러나 정부의 이러한 해명은 적실성이 떨어진다. 우선 부시 행정부는 양안분쟁 개입 등 미국의 대중국 군사행동의 가능성을 염두에 두고 전략적 유연성을 추구하는데, 노무현 정부는 그 가능성을 낮게 보면서 전략적 유연성을 수용했다. 여기서 제기되는 문제는 두 가지다. 하나는 미중 간의 무력 충돌 발생 가능성이고, 다른 하나는 무력 충돌 발생 시 한국이 미군의 발진기지나 중간기지로 이용될 것인가의 문제다. 전자와 관련해서는 그 가능성은 낮더라도 완전히 배제할 수 없고 한국이 개입하기도 힘든 문제다. 이에 따라 중요한 것은 후자의 문제다.

이와 관련해 미국 국방부 고위 관리는 기본적으로 주한미군을 어떻게 이용하느냐는 미국의 주권 사항이라면서, 한국 정부가 북한의 남침 시 주일미군의 개입을 반대할 수 없는 것처럼, 양안분쟁 시 주한미군이 개입하는 것도 반대해서는 안 된다고 말했다.[6] 또한 2005년 초까지 백악관 국가안전보장회의(NSC) 아시아 담당 선임국장으로 근무했던 마이클 그린은 2007년 4월 한 토론회에서 "주한미군의 전략적 유연성은 명시되지는 않았지만 분명히 대만과 관련된 것"이라고 말했다.[7] 미국이 전략적 유연성을 추구한 핵심적인 목적이 중국과의 무력 충돌에 대비하기 위한 것이라는 점을 확실히 알 수 있는 대목들이다.

그러나 노무현 정부의 설명은 다르다. 미국의 설명과도 다르지만, 발언 당사자에 따라서도 달랐다. 우선 노무현 대통령은 전략적 유연성에 대한 합의가 한국군은 물론이고 주한미군도 동북아 분쟁에 개입하는 것을

---

5) 청와대 보도자료, "'전략적 유연성' 합의 관련 청와대 입장," 2006년 2월 3일.

6) 미국 국방부 관리와의 인터뷰, 2005년 5월 4일.

7) 토론회 전문은 http://www.brookings.edu/~/media/Files/events/2007/0426china/20070426china.pdf.

허용하지 않는 것이라고 말했다. 그는 2006년 8월 노사모 모임에서 "주한 미군의 전략적 유연성은 현재 없다"며, 전략적 유연성에 대한 "실질적 합의는 한국 정부가 동의하지 않는 한 주한미군도 움직이지 못한다"는 것이라고 잘라 말했다. 그러나 반기문 외교통상부 장관은 2006년 9월 1일 관훈클럽 초청 토론회에서 전혀 다른 맥락으로 발언했다. "우리 정부 는 국민이 원치 않는 분쟁지역에 한국군이 개입하지 않는다는 대원칙하 에 전략적 유연성에 동의했다"고 말했는데, 이는 주한미군이 가는 것은 양해했지만 한국군은 개입하지 않기로 했다는 의미이다. 그러나 송민순 외교부 장관이 인준 청문회에서 한 발언은 또 다르다. 그는 "전략적 유연 성을 이행함에 있어서 우리 의지에 관계없이 동북아 지역 분쟁에 개입하 지 않는 주체가 한국군이냐, 주한미군이냐"라는 최재천 의원의 질문에 대해 "주한미군"이라고 답변했다.[8]

이러한 난맥상은 기본적으로 'it'을 둘러싼 해석상의 차이에서 비롯된 것이다. 전략적 유연성에 대한 두 번째 합의의 영어 원문은 "In the implementation of strategic flexibility, the U.S. respects the ROK position that *it*(강조 필자) shall not be involved in a regional conflict in Northeast Asia against the will of the Korean people"이다. 여기서 문장 중간에 나오는 it을 주한미군으로 보느냐, 한국군으로 보느냐에 따라 상황은 완전히 달라진다. 노무현 대통령과 송민순 장관은 이를 주한미군으로 본 반면에, 미국 정부와 반기문 장관은 한국군으로 해석한 것이다.

결국 이 문제는 해석상의 모호성을 담겨둔 채, 노무현 정부 이후의 몫으로 넘어가게 되었다. 이와 관련해 참여정부의 외교안보정책의 실세

---

8) 황일도, "대통령 '노사모 발언'으로 확인된 '전략적 유연성 합의' 난맥상," ≪신동아≫, 2007년 1월호.

로서 전략적 유연성 협의에 깊숙이 관여했던 이종석 전 통일부 장관은 "대만 사태와 같은 동북아 분쟁이 발생하고 미군이 여기(한국)에서 발진하는 사태가 발생할 것인가의 문제는 대한민국의 그 당시 지도자와 국민이 그걸 원하면 그렇게 될 것이다. 그러나 원하지 않으면 그러한 상황은 발생하지 않을 것"이라며, "(이 문제는) 다음 세대가 결정할 문제"라고 말했다.9) 동북아 지역 분쟁 발생 시 주한미군의 투입 여부는 그 상황이 발생했을 때의 정부와 국민이 판단할 몫이라는 것이다.

노무현 정부의 해명 가운데 또 한 가지 문제는 정부가 '무용론'을 강조한 사전협의제다. 정부는 사전협의제가 제대로 작동하지 않은 미일동맹의 예를 들면서 이 제도가 불필요하다고 말했다. 그러나 한미 간의 협상 과정을 돌이켜보면, 정부는 사전협의제를 추진했다가 미국의 반대에 막혀 이를 철회했다. 더욱 중요한 문제는 사전협의제가 있는 미일동맹에서도 주일미군의 이동을 통제하기 힘든데, 이 제도가 없는 상황에서 어떻게 주한미군의 이동을 통제할 수 있느냐에 있다. 정부는 사안이 발생하면 그때 가서 협의하면 된다고 강변했다. 그런데 이는 사전협의를 의미한다. 미일동맹의 예까지 들면서 사전협의의 무용론을 말했다가, 한국이 원하지 않는 분쟁에 휘말릴 수 있는 주한미군의 투입 문제가 불거지면 그때 가서 협의하면 된다는 것은 앞뒤가 맞지 않은 해명이다. 또한 분초를 다투는 상황에서 미국이 한국과의 협의에 응할지도 불확실하고, 한국의 입장을 관철시킬 수 있을지는 더욱 불확실하다는 점에서 대단히 안일한 판단이라고 지적할 수 있다.

---

9) KTV, <통계로 보는 대한민국: 한반도 평화, 대한민국의 미래가 달려 있습니다>, 2007년 9월 26일 방송.

3) 전략적 유연성과 중국

'주한미군의 전략적 유연성과 한국의 불개입이 양립 가능한 것인가'라는 논란은 또 다른 차원에서도 살펴볼 필요가 있다. '미중 간의 무력 충돌을 의미하는 동북아 분쟁이 실제로 발생할 가능성이 있느냐'가 바로 그것이다. 노무현 정부 관계자들은 '미중 간의 무력 충돌은 세계 3차 대전을 의미하기 때문에 그 가능성이 극히 낮다'며, 이러한 우려 제기를 '기우'라고 일축했다. 보수적인 학자들 역시 양안 간의 분쟁 가능성이 극히 낮고, 분쟁이 발생해 미국이 개입하더라도 주한미군의 군사력 구조로는 적합하지 않기 때문에, 한국의 연루 가능성을 주장하는 것은 지나친 기우라는 시각을 보이고 있다.[10]

그러나 양안 간의 분쟁 및 미국의 개입 문제는 오래전부터 동아시아 정세의 최대 변수 가운데 하나이며 한국이 통제하기 힘든 변수라는 점에서 이러한 분석은 안일한 측면이 있다. 더구나 한미동맹의 강화 필요성을 주장할 때에는 중국의 부상 및 미중관계의 불안한 미래를 핵심적인 근거로 제시하면서, 전략적 유연성 문제를 논할 때에는 미중 간의 무력 충돌 가능성이 거의 없다고 주장하는 것은 논리적 모순이라고 할 수 있다. 아울러 이러한 시각은 주한미군이 중국과 인접한 평택권과 군산으로 집결하고 전력 구조 역시 지상군은 줄이고 해공군 및 정보력과 미사일방어체제(MD) 능력을 강화하는 방향으로 이뤄지고 있다는 것을 간과하고 있다.

---

10) 이러한 관점의 글로는, 하영선 외, 『한미동맹 로드맵: 한미동맹의 비전과 과제』(동아시아연구원, 2006); 이상현, 「한반도 평화체제와 한미동맹」, ≪한국과 국제정치≫, 제22권 제1호(2006); 박원곤, 「한미의 전략적 유연성 합의에 대한 평가」, KIDA 동북아안보정세분석(2006년 2월 23일) 등 참조.

그렇다면 미중 간의 군사 충돌이 발생할 가능성은 실제로 존재할까, 아니면 기우에 불과한 것일까? 이와 관련해 한국의 미중관계 전문가인 정재호 서울대 교수는 한국 정부가 주한미군의 전략적 유연성에 합의해 주면서 "양안 간의 충돌을 '있지도 않을 일'이라고 말한 것은 대단히 부적절하고 안일한 자세"라고 비판했다.11) 브루킹스 연구소의 부시와 오핸론 역시 "있어서는 안 될 일이지만, 있을 수 있는 일"이라고 일갈했다.

부시와 오핸론은 공동 저서 '*A War Like No Other*'를 통해 미중 간의 군사 충돌이 발생할 경우의 수를 크게 세 가지로 봤다.12) 첫째는 중국과 일본 사이에서 영토 문제 등으로 무력 충돌이 발생하고 미국이 개입하는 것이고, 둘째는 미국과 중국 사이에서 다른 매개 변수 없이 '패권 전쟁'과 같은 직접 충돌이 발생하는 것이다. 그러나 두 저자는 중일관계와 미중관계가 상호의존적이며 위기를 관리할 능력을 갖고 있기 때문에 이 두 가지 가능성은 대단히 낮다고 본다. 이들이 주목하는 것은 세 번째 경우, 즉 양안에서 무력 충돌이 벌어지고 미국이 개입하는 경우다. 이 시나리오 역시 상대적으로 가능성은 높지 않지만, 지금부터 잘 관리하지 않으면 막대한 비용을 치르는 충돌이 발생할 수 있다고 경고한다.

부시와 오핸론은 양안분쟁이 현상유지를 타파하려는 어느 일방의 고의적인 행위에서 비롯되기보다는 오판과 오산에 의해 발생할 수 있다는 점에 주목한다. 오판과 오산은 크게 두 가지다. 하나는 대만이 분리독립보다는 자신의 주권을 강화하려는 시도를 중국은 독립을 시도하는 것으로 해석하는 것이다. 이미 중국은 2005년 3월 반분리법(Anti-secession law)을

---

11) 정재호 교수와의 인터뷰, 2006년 2월 28일.

12) Richard C. Bush and Michael E. O'Hanlon, *A War Like No Other*(New Jersey: John Wiley & Sons, 2007).

제정해 대만이 '금지선'을 넘어섰다고 판단할 경우, 무력 사용이 가능한 법적 기초를 만들어놓았다. 다른 하나는 대만은 미국의 지원을 확신하고 있으나, 중국은 미국이 개입하지 못할 것이라고 생각하는 것이다. 이러한 양측의 동상이몽은 양측의 행동 양태에도 큰 차이를 가져올 수 있다. 미국의 지원을 확신하는 대만은 양안관계의 불안을 가져올 수 있는 주권 강화 노력을 할 수 있고, 미국이 개입하지 못할 것이라고 생각하는 중국은 대만의 행태를 분리독립을 위한 것으로 간주하고 무력 사용에 나설 수 있기 때문이다.

오핸론은 중국이 대만에 대해 취할 수 있는 군사적 조치로 크게 세 가지의 시나리오를 상정한다. 첫째는 대규모 상륙작전을 비롯한 압도적인 무력을 통해 대만 점령을 시도하는 것이다. 그러나 이는 미국의 정찰 능력 및 대만의 군사력을 감안할 때 쉽지 않을 것이라고 전망한다. 둘째는 1995~1996년 때처럼 미사일 시위를 벌이는 것이다. 실제로 중국은 최근 대만을 겨냥해 중단거리 미사일 증강에 박차를 가하고 있다. 셋째는 대만해협을 부분적으로 봉쇄하고 다른 국가들에게 대만과의 교역 중단을 요구하는 것이다. 이를 통해 대만 점령보다는 질식 위협을 가해 대만을 굴복시킨다는 것이다. 오핸론은 둘째와 셋째 시나리오가 높다고 본다.

양안 간의 충돌이 발생하면 미국의 개입 역시 불가피하다는 것이 이들의 진단이다. 민주주의의 수호와 확산을 대외정책의 핵심으로 삼아온 미국이 민주국가인 대만을 비민주국가인 중국이 무력 공격하는 사태를 좌시하는 것은 상상하기 힘들다는 것이다. 또한 대만을 포기할 경우, 다른 국가들에 대한 미국의 안보공약 신뢰도에 치명상을 가져와 미국의 세계전략 전반에 엄청난 혼란이 올 수밖에 없다는 것이다.

이에 따라 미국은 '이중 억제' 전략을 구사해왔다. 대만에게는 양안관계의 안정을 해칠 수 있는 정치적 행위를 자제할 것을, 중국에게는 미국의 대만 방어 공약을 간과하지 말 것을 경고해온 것이다. 이러한 이중 억제 전략은 절반의 성공과 절반의 실패를 동시에 내포하고 있다. 이 전략이 중국과 대만의 행위를 억제하는 효과도 갖고 있지만, 해석상의 모호성을 동반하면서 오판과 오산의 근거로 작용할 수도 있기 때문이다.

가능성의 높고 낮음을 떠나 양안분쟁이 발생하고 미국이 여기에 개입하는 사태가 발생하면, 주한미군의 전략적 유연성은 한국의 생존과 직결되는 사안으로 떠오르게 될 것이다. 한국군이 개입하지 않더라도, 주한미군의 출동이나 미국이 한국을 기지로 사용하는 것은 중국의 입장에서 볼 때 한국이 자신에게 적대 행위를 한 것으로 간주할 것이기 때문이다. 만약 이러한 일이 발생하면, 중국은 주한미군 기지에 대한 공격, 한국의 해상교통로 봉쇄, 적대 행위 지속시 한국에 대한 공격 경고 등 다양한 보복조치를 검토하게 될 것이다.

이러한 이유 때문에 중국은 주한미군의 전략적 유연성에 대해 상당한 경계심을 갖고 있다. 닝푸쿠이 주한 중국대사는 "미군이 한반도에 주둔하는 것은 한국의 안보를 보장하기 위함이다. 계속 쌍무적인 틀 안에서 행동하면 우리는 이해할 수 있지만 만약 제3국을 대상으로 하여 행동하게 되면 우리는 관심을 돌리지 않을 수 없다"고 말했다.13) 필자가 2006년 9월부터 2007년 8월까지 미국 워싱턴 D.C.에 체류하면서 만난 중국의 안보전문가들 역시 비슷한 견해를 피력했다. 전략적 유연성은 중국에게 위협이 되고 있다며, 한국은 중국과 경제적인 관점에서뿐만 아니라, 외교안보 차원에서도 중요한 관계이기 때문에 "한국이 현명하게 선택할 것으로 믿는다"라고 강조하기도 했다.

물론 전략적 유연성에 대해 한미 간의 원칙적 합의가 이미 이뤄졌다고

---

13) ≪연합뉴스≫, 2006년 3월 22일.

해서, 주한미군이 양안분쟁에 개입하는 것이 불가피해지는 것은 아니다. 앞서 언급한 것처럼 합의문에 대한 해석상의 이견이 존재하고, 주한미군의 개입은 한국의 생존과 직결되어 있다는 점에서 한국 정부와 국민이 쉽게 동의해줄 사안도 아니다. 이와 관련해 오핸론은 대만 사태가 발생할 경우 한국이 미국에 기지 제공을 거부하면 미국도 수용할 수밖에 없을 것이라고 주장했다. 그는 대만 사태와 관련해 한국과 미국의 이익이 다를 수 있다는 점을 강조하면서, 1986년 미국이 리비아를 폭격하려고 할 때 프랑스가 미국 공군기의 영공 통과를 허용하지 않았고 2003년에 미국이 이라크를 침공할 때 터키가 기지 제공을 거부한 것 등 역사적 사례들을 들면서, "미국으로서는 동맹국이 기지 제공을 거부하는 것은 불쾌한 일이 되겠지만, 미국은 이를 이해했다"고 강조했다. 이러한 맥락에서 한국도 미국에게 기지 제공을 거부하면 미국은 이를 이해할 것이고, 이에 따라 한국이 원하지 않는 분쟁에 휘말리는 일은 없을 것이라고 주장했다.[14]

그러나 미국이 주한미군의 전략적 유연성을 추구하는 데는 대만 사태를 염두에 두었고, 한국이 미국에게 기지 제공을 거부할 수 있는 정치 리더십이 확보될 수 있을지 불확실하며, 미국이 한국의 입장을 이해해 주한미군의 출동을 자제할 것인지 불확실하다는 점도 함께 고려되어야 한다. 결국 앞으로 이 문제는 한미 간에 반드시 해결해야 할 사안으로 남게 되었다.

---

14) Michael O'Hanlon, "A New Alliance," The Changing Korean Peninsula and the Future of East Asia, 2005 CNAPS Forum to Hold Series of Panel Discussions in Seoul(December 1, 2005).

2. 한미동맹, 경제성장을 위해 필수적인가?

1) 경제동맹의 부상?

최근 들어 한미동맹과 국익과의 상관관계와 관련해 맹위를 떨치고 있는 것이 이른바 '경제이익론'이다. 일례로 전경련은 한국의 "이라크 파병에 따른 수출 및 해외건설 확대효과가 2008년까지 102억 달러 수준"에 달하고, "한미공조 강화로 주한미군이 계속 주둔할 경우 연 1.2% 수준의 경제성장을 담보하는 효과"가 있다고 주장했다.[15] 그러나 실상은 이러한 전망과 달랐다. 이라크 파병에 따른 막대한 경제효과는 미국이 이라크 점령을 조기와 완료하고 전후복구를 안정적으로 마무리한다는 전망에 전제를 두고 있었지만, 미국의 이라크 정책이 총체적인 실패로 귀결되면서 한국이 경제적으로 이득을 본 것은 거의 없다. 오히려 수천억 원의 파병 비용과 유가 폭등 및 원유 수급 계획에 차질을 초래하고 있다. 또한 주한미군 주둔에 따른 1.2%의 경제성장률 담보 주장은 주한미군 철수 시 한국의 국방비가 매년 3조 원 이상 증액되어 1.2% 이상의 경제성장률을 잠식할 것이라는 분석에 기초하고 있다. 그러나 노무현 정부 임기 5년 동안 한국의 국방비는 무려 56% 늘어났다. 결국 이라크 파병의 경제적 효과나 주한미군 주둔의 경제적 효과는 '한미동맹 강화＝경제적 이익'이라는 선험적 결론이 만들어낸 '경제적 환상'에 불과하다고 할 수 있는 것이다.

'한미동맹 유지·강화＝경제이익'이라는 주장은 비단 한국에서만 나타나는 것은 아니다. 버웰 벨 주한미군 사령관은 "왜 미국은 주한미군을

---

15) 전국경제인연합회, "이라크 파병의 경제적 효과," 2003년 10월 27일.

주둔시켜야 하느냐"는 질문에 대해 "그것은 경제적 이익과 직결되어 있다. 세계 무역의 1/4은 동북아를 통해 이뤄지고 있고, 미국 해외 투자의 24%도 동북아에 몰려 있다. 또한 한국은 미국의 일곱 번째 교역국이다. 이것이 바로 한국이 미국에게 중요한 이유이다"라고 답변했다. 그는 특히 주한미군은 미국 정규군의 2%에 불과한 반면에, 미국이 동북아와 교역하고 투자하는 규모는 25%에 달한다는 점을 강조하면서 "경제적으로 미국에게 남는 거래"라는 점을 강조했다.[16]

한미 양국의 안보전문가들이 대거 참가한 한 토론회에서도 한미동맹의 종결이 한국 경제에 부정적인 영향을 줄 것이라는 전망이 압도적이었다. "한미동맹의 종결이 동북아의 다른 국가들과 비교할 때 한국의 경제성장률을 낮출 수 있다"는 것이다. 그 근거로는 한국이 독자적 방위능력을 확보하기 위해서는 대규모의 국방비 증액이 필요한데 이럴 경우 경제성장에 부정적인 영향을 줄 수 있고, 한국에 대한 해외 투자가 감소될 수 있으며, 한미 간의 경제교역이 감소되고 동북아에서 한국의 경제적 입지가 위축될 수 있다는 점 등이 제시되었다. 또한 한미동맹이 해체될 경우 미국이 북한의 경제복구에 참여할 가능성이 줄어들어 한국의 경제적 부담이 늘어날 수 있다는 점도 제시되었다.[17]

이처럼 한미 양국에서 한미동맹과 경제적 이익을 결부시키는 경향이 강해지고 있는 데는 한미동맹의 안보적 가치가 줄어들 가능성이 높아짐에 따라 경제적 이익을 강조함으로써 한미동맹의 존재 근거를 마련하고자 하는 의도에서 비롯된 것이라고 할 수 있다. 특히 2006년 한미 FTA가

---

16) "An Interview with B.B. Bell," *Joint Forces Quarterly*, issue 47(4th quarter, 2007).

17) A World without U.S.-ROK Alliance: Thinking about "Alternative Future," International Conference Hosted by The National Bureau of Asian Research(NBR) and Korea Institute for Future Strategies(KiFS)(September 10-11, 2007).

체결되면서, 기존의 군사동맹 및 민주주의 동맹에 '경제동맹'에 성격까지 가미되고 있다. 이는 한미동맹이 포괄적 동맹으로 이행되고 있다는 점에서 '동맹의 지속성'을 더욱 굳건하게 하는 요인이라고 할 수 있다. 더구나 신자유주의에 입각한 '경제 살리기'와 '실용적 한미관계'를 앞세운 이명박 정부가 등장하면서 이러한 포괄적 동맹으로의 이행은 더욱 가속화될 전망이다.

2) 한미동맹, 남는 장사인가?

그렇다면 한미동맹은 경제적으로 한국에게 유리한 것일까? 우선 '한미동맹 유지=경제이익'이라는 프레임은 한미동맹의 종결이 한국의 안보 불안을 가져온다는 것을 밑바탕으로 깔고 있다. 이는 일종의 삼단논법에 기초하고 있다. ① 한미동맹의 종결은 한국의 안보 불안을 가중시킨다. ② 한국의 안보 불안은 국방비 대폭 증액과 해외 투자 감소 등으로 이어져 한국경제에 타격을 준다. ③ 따라서 한미동맹 종결은 한국 경제에 나쁘다. 그러나 이러한 삼단논법은 제1의 명제가 '일반화의 오류'를 범하고 있다는 점에서 논리적인 모순을 안고 있다. 한미동맹의 종결이 반드시 한국의 안보 불안을 가중시키는 결과를 낳는다고 볼 수는 없기 때문이다. 거꾸로 생각해서 한미동맹의 종결이 한국의 안보 불안을 가중시키지 않으면 제2, 제3의 명제는 도출되지 않는다.

따라서 중요한 것은 한미동맹 종결 그 자체가 아니라, 동맹이 종결될 때의 한국의 안보 환경과 그 이후에 대한 전망이다. 가령 한미동맹 종결이 북핵 문제의 해결, 정전체제의 평화체제로의 전환, 북미·북일관계 정상화, 남북관계 연합제로의 진입 등 한반도 평화가 상당 부분 정착되고 동북아 정세가 호전되는 상황에서 이뤄지면, 한미동맹 종결에 따른 경제적 불안 가능성은 기우에 불과하게 될 것이다. 그런데 현실적으로 생각할 때, 한반도에서 정전체제가 유지되는 상황에서 한미동맹이 종결될 가능성은 거의 없다. 이는 한미동맹의 종결이 적어도 한반도 차원에서는 안보 환경이 획기적으로 개선되었을 때, 고려될 수 있다는 것을 의미한다.

한미동맹 종결과 한국 경제 사이와 관계와 관련해 임원혁은 한국의 방위비 부담, 한미 경제관계, 해외 투자 신뢰도 등 세 가지로 나눠서 분석했다. 그는 한미동맹이 우호적이고 점진적으로 해체될 경우, 세 가지 경제영역 모두에서 한국 경제에 큰 부담과 손실을 야기하지 않을 것이라고 전망했다. 또한 적대적이고 급격히 해체되더라도 그렇지 않을 경우에 비해 한국 경제에 부정적인 영향을 줄 수 있지만, 감당하지 못할 수준은 아닐 것이라고 전망했다.[18]

먼저 주한미군 철수 시 한국의 국방비 증액과 경제에 미치는 영향을 보자. 미군 철수 시 한국 국방비의 증액 규모는 그 시점의 한국의 국방 능력과 안보 환경에 따라 달라질 수 있다. 2002년 9월에 국방부는 국회에 주한미군의 장비가치가 140~259억 달러라고 보고한 바 있는데, 이때를 기준으로 하고 한국이 주한미군 장비를 완전히 대체한다고 가정해보면, 주한미군 장비가 당시 GDP에서 차지하는 비중은 1.4%에서 2.6%에 달한다. 그 평균에 해당하는 200억 달러는 매년 20억 달러의 국방비를 늘리면 10년 후에 대체가 가능하다는 계산이 나온다.

그런데 이는 방위비 분담금과 토지비용 등 주한미군 주둔 비용을 고려하지 않은 것이다. 주한미군 주둔 비용은 방위비 분담금, 임대료로 계산되는 미군 공여지, 조세 감면 등을 의미하는데 한국은 매년 약 20억 달러

---

18) Wonhyuk Lim, "Economic Consequences of ROK-U.S. Seperation," Nautilus Policy Forum Online 07-086A(November 27, 2007).

안팎을 지원해주고 있다. 1991년 1억 5,000만 달러였던 방위비 분담금은 2001년부터 급격히 늘어 2003년에는 5억 4,000만 달러에 이르렀다. 이에 따라 1991~2003년 방위비 분담금 증가율은 686%로 같은 기간 국방예산 증가율 135%에 5배에 달했다.[19] 한국 국방비 증액의 상당 부분이 방위비 분담금으로 쓰였다는 것을 확인할 수 있는 대목이다. 이후에도 방위비 분담금은 계속 늘어 2007년에는 7억 달러를 넘어섰다. 토지 비용 역시 1999년 기준으로 연 15억 달러의 가치를 갖고 있다.[20] 이처럼 한국이 직간접적으로 주한미군 주둔 지원 비용은 연 20억 달러 안팎인데, 이는 국방비를 늘리지 않더라도 미국에게 제공한 주한미군 주둔 비용을 통해 주한미군의 장비 가치를 상당 부분 대체할 수 있다는 것을 의미한다. 굳이 100억 달러 안팎으로 추산되는 주한미군 재배치 비용, 한미동맹 강화를 명분으로 강행된 이라크와 아프가니스탄 파병 비용을 고려하지 않더라도, 방위비 분담금과 토지비용 절감만으로도 주한미군의 장비 대체가 상당 부분 가능하다는 것을 확인할 수 있는 대목이다.

다음으로 한미동맹 종결이 한미 간 경제관계에 미칠 영향을 보자. 일단 한미동맹이 최악의 시기에 있었다는 2002년 말부터 2006년까지 한미 간의 경제관계는 비교적 순탄했다. 한미동맹의 위기가 양국 간의 경제관계 악화로 이어졌다는 어떠한 지표도 발견되지 않았다는 것이다. 오히려 양국은 FTA 협상을 개시해 정부 간 협상을 완료하기까지 했다. 또한 중국이 한국의 동맹국이 아니면서도 미국을 제치고 한국의 제1의 무역상 대국이 되었고, 부시 행정부가 불편한 관계이던 한국의 노무현 정부는

---

19) 《문화일보》, 2004년 8월 17일자.
20) 국방부는 1999년 국방백서에서 한국이 주한미군에게 제공하는 부동산의 가치를 연 15억 달러 정도로 평가한 바 있다.

물론이고, 동맹관계가 아닌 페루, 파나마, 콜롬비아 등과도 FTA를 체결했다. 이는 군사동맹이 양자 간 경제관계에 미치는 영향은 결코 크지 않다는 것을 실증적으로 보여준다. 경제는 기본적으로 경제논리에 따라 작동하기 때문이다.

해외 투자 신인도 역시 중요한 것은 한국의 안보 상황이지, 한미동맹 그 자체는 아니다. 한미동맹이 존재하는데도 한국의 안보가 불안해지면 해외 투자는 감소하고, 한미동맹이 종결되어도 한국의 안보에 별문제가 없다면, 해외 투자는 경제논리에 따라 움직이게 된다는 것이다. 1990년대 초반과 최근 재발한 한반도 핵위기는 이를 잘 보여준다. 1차 핵위기 당시 주가가 폭락하고 사재기가 극성을 부리는 등 경제불안이 발생한 데는 북미 간의 갈등과 미국의 폭격 위험 때문이었지, 한미동맹이 와해될 위기 때문은 아니었다. 이는 2차 핵위기 때에도 마찬가지다. 한미동맹에 의한 전쟁 억제력이 경제안정화에 기여하기도 하지만, 미국의 대북 강경책과 북폭 위험이 경제 불안을 야기하기도 한다는 것이다.

3. 한미동맹과 동북아 평화체제, 양립할 수 있나?

1) 왜 동북아 평화체제인가?

역사구조적으로 볼 때 동북아에서 한반도의 딜레마는 지정학적 원인으로 설명된다. 이는 대륙 세력과 해양 세력이 만나는 접점에 한반도가 있고, 한반도를 둘러싼 강대국들이 지난 수세기 동안 한반도를 동북아 지역의 패권 확보의 발판이나 완충지대로 삼아왔다는 역사적 경험에 바탕을 두고 있다. 고려를 정벌하고 일본 침략에 나섰던 몽고 제국, 정명

가도(征明假道)를 앞세운 일본의 조선침략으로 발발한 임진왜란, 구한말의 청일전쟁과 러일전쟁, 그리고 일본의 한반도 식민 지배와 대동아 전쟁, 미국과 소련에 의한 한반도 분단과 뒤이은 한국전쟁, 미국-일본-한국 대(對) 소련-중국-북한 사이의 동북아 냉전체제의 등장과 그 최전방으로서의 한반도 정전체제 등으로 이어진 역사의 궤적은 동북아의 '약한 고리'로서의 한반도의 특징을 여실히 보여준다. 주변 강대국들의 부침(浮沈)에 따라 그 양상이 달라지기도 했지만, 한반도는 패권 확장의 발판과 이를 저지하기 위한 완충지대 사이에서 끊임없이 신음해온 것이다.

이러한 지정학적 딜레마는 한반도 평화와 통일의 가장 중요한 구조적 조건이 동북아 평화에 있다는 것을 의미한다. 동북아 정세가 불안해질수록 그 약한 고리로서의 한반도의 운명 역시 불안해질 수밖에 없다. 또한 한반도 평화체제 구축을 공고화하고 통일을 실현하기 위해서는 주변 강대국의 지지와 협력이 필요할 뿐만 아니라, 강대국 간의 평화도 증진되어야 한다. 해양세력과 대륙세력 사이의 긴장이 커지면, 패권 확장의 발판이자 완충지대로서의 성격을 갖고 있는 한반도를 양쪽에서 잡아당기는 원심력 또한 커지기 마련이기 때문이다.

이에 따라 동북아 평화체제는 한반도가 또 다시 동북아 강대국 국제정치의 희생양이 되는 것을 막고, 동북아 군비경쟁의 억제를 통해 한반도 군비통제를 촉진하여 한반도 평화체제 구축 및 공고화에 크게 기여할 수 있으며, 북한에 대한 동북아 차원의 경제교류협력이 활발해지고 대륙경제와 해양경제 사이의 물꼬를 트이게 함으로써 한반도는 물론 동북아 차원의 공동 번영을 도모할 수 있다. 동북아 평화체제가 "한국의 이익과 절대적으로 부합"하고, 한국이 이를 주도해야 할 까닭이 바로 여기에 있는 것이다.[21]

그렇다면 동북아 평화체제의 전망은 어떤가? 일단 이 질문은 6자회담의 미래와 밀접한 관계를 갖는다. 6자회담에는 남북한과 미국, 중국, 러시아, 일본이 모두 참여하고 있을 뿐만 아니라, 6자회담에서는 동북아 평화체제 구축을 위해 공동의 노력을 기울이기로 한 상태이기 때문이다. 2005년 9월 19일 채택된 6자회담 공동성명에서는 "6자는 동북아시아의 항구적인 평화와 안정을 위해 공동으로 노력할 것을 공약"하면서, "동북아 시아에서의 안보협력 증진을 위한 방안과 수단을 모색하기로 합의하였 다." 이에 따라 2007년 2월 13일 채택된 2·13 합의에서는 '동북아 평화안 보체제' 실무회의(워킹그룹)를 창설키로 했다. 이러한 합의에 따라 2007년 3월과 8월 두 차례에 걸쳐 실무회의를 열었다. 그러나 참가국들은 동북아 평화안보를 위한 협력의 필요성에는 동감하면서도, 그 과정에는 '긴 호 흡'이 필요하다는 인식을 같이하는 데 머물렀다.

실제로 동북아 평화체제에 대한 본격적인 논의는 한반도 비핵화 및 평화체제 구축이 완료된 이후에나 가능할 전망이다. 이와 관련해 미국의 존 네그로폰테(John D. Negroponte) 국무부 부장관은 2007년 10월 23일 미국기업연구소(AEI) 연설에서 "우리는 미국을 포함한 아태지역의 국가 들 사이에서 외교와 안보협력을 촉진시킬 수 있는 다자간 구조가 이 지역에 큰 이익이 될 것이라는 점을 알고 있다"고 말하면서도, "이러한 다자간 협정이 어떤 형태가 되어야 할지는 아직 모른다"고 말했다. 그는 특히 6자회담이 동북아 평화안보체제의 시발점이 될 수 있다는 점을 강조하면서도, 본격적인 추진 시점은 북한의 비핵화가 완료되고 한반도 평화체제가 구축된 이후에나 가능할 것이라고 말했다. 다른 참가국들 역시 동북아 평화체제는 한반도 비핵화 및 평화체제 구축 이후의 과제로

---

21) 박건영, 「한반도 평화체제 구축을 위한 동북아 다자간 안보협력 전략」, 《한국과 국제정치》, 제22권 제1호(2006년 봄).

인식하고 있어, 현 시점에서 동북아 평화체제 구축에 적극적으로 나서고 있는 나라는 없는 상황이다. 이에 따라 동북아 평화체제는 북핵 문제의 향방에 상당 부분 좌우될 전망이다.

2) 한미동맹과 동북아 평화체제: 경우의 수

동북아 평화체제와 관련된 또 한 가지 핵심적인 문제는 한미동맹과의 양립 가능성이다. 물론 동북아 평화체제에 대한 전망은 한미동맹보다 미일동맹과 더 밀접한 연관을 갖는다. 미국의 동북아 전략의 기축에는 한미동맹보다는 미일동맹이 자리 잡고 있고, 동북아에서의 대륙세력에 대칭되는 해양세력은 미국과 일본을 의미하며, 21세기에 들어 미일동맹(해양세력) 대(對) 중러협력체제(대륙세력) 사이의 갈등이 점차 고착화되고 있기 때문이다.

이론적으로 볼 때, 군사동맹과 다자간 평화체제는 안보 철학의 충돌을 동반한다. 외부의 위협을 상정하고 이에 대한 공동의 군사적 대처를 골자로 하는 군사동맹은 나와 타자의 안보를 제로섬으로 바라본다는 점에서 일방적 성격이 강하고, 군사력을 통한 억제를 추구한다는 점에서 힘의 논리에 기반을 두고 있다. 이에 반해 다자간 안보협력체제(또는 평화체제)는 분쟁을 사전에 예방하기 위한 예방외교, 기존의 갈등이 분쟁으로 확대되는 것을 막기 위한 위기관리, 군사적 투명성을 제고하고 낮은 수준의 군사력 균형을 달성하기 위한 군비통제 등 협력적 안보에 기초하는 개념이다. 이는 일방적 안보에서 공동안보로, 군사적 억제보다는 새로운 질서의 창출을 통한 안보 불안요소의 본원적이고 진취적이며 평화적인 해결을 추구한다는 점에서 군사동맹과는 근본적인 차이가 있다.22)

주목할 점은 한미상호방위조약에도 지역 차원의 평화체제가 한미동맹보다 바람직한 질서라는 것을 명시하고 있다는 것이다. 이 조약의 전문은 "태평양 지역에 있어서 더욱 포괄적이고 효과적인 지역적 안전보장 조직이 발생할 때까지 평화와 안전을 유지"하는 것이 한미동맹의 목적이라고 적고 있다. 이는 태평양 지역, 구체적으로는 미국을 포함한 동북아에서 평화체제가 구축될 경우, 이러한 새로운 질서가 한미동맹보다 더 나은 대안이라고 해석할 수 있는 대목이다. 그러나 현실적으로 한미 양국은 한미동맹 유지를 동북아 평화체제 구축보다 상위의 목표로 설정하거나 병행한다는 방침을 갖고 있다.

실제로 최근 들어서 미국은 동북아 평화안보체제를 추진하더라도 한미, 미일 동맹 등 미국 주도의 양자동맹 체제를 아태 전략의 기축으로 삼겠다는 의지를 분명히 하고 있다. 이와 관련해 네그로폰테는 "우리의 동맹은 지속적이고 필수적(enduring and indispensable)이라는 점"을 분명히 했다. 크리스토퍼 힐 국무부 차관보 역시 2007년 11월 3일 한 기자회견에서 동북아 평화안보체제는 한미·미일 동맹 등 "양자관계를 결코 대체하지 않을 것"이라고 강조했다. 한국이나 일본 역시 동북아 평화체제를 미국과의 동맹의 대체재로 보고 있지는 않다. 한·미·일 세 나라 모두 미국과의 동맹과 동북아 평화체제 구축을 별개로 보거나 양립할 수 있다고 생각하고 있는 것이다.

그러나 과연 그럴까? 일단 앞서 언급한 것처럼, 군사동맹과 다자간 안보협력체제는 철학적으로 양립하기 어려운 속성을 갖고 있다. 현실적인 관점에서 볼 때, 우선 한미동맹과 미일동맹이 단색이 아니라 여러 가지 빛깔을 가질 수 있다는 점에 주목할 필요가 있다. 이는 동북아 평화체제 역시 마찬가지다. 이에 따라 한미동맹과 미일동맹 등 미국 주도

---

22) 박건영, 「한반도 평화체제 구축을 위한 동북아 다자간 안보협력 전략」, 204쪽.

의 동아시아 동맹체제와 동북아 평화체제가 양립하기 위해서는 북한, 중국, 러시아 등 미국 주도의 동맹체제와 갈등관계인 나라들이 한미동맹과 미일동맹에 위협을 느끼지 않고 군사적 대응을 모색하지 않을 때 가능해진다. 반면에 북한, 중국, 러시아 등이 한미동맹과 미일동맹에 위협을 느끼고 군사적 대응을 모색하면, 동북아 평화체제 수립은 불가능해지거나 만들어지더라도 단순히 '모여서 차 마시고 사진 찍는 모임'으로 전락할 수 있다.

이러한 맥락에서 볼 때, 미국 주도의 동아시아 동맹체제와 동북아 평화체제 사이에는 우선 네 가지 조합을 생각해볼 수 있다. 이는 한미동맹과 미일동맹의 존속 여부를 한 쌍으로 묶은 것으로 '2×2 행렬'이다.

첫째, 한미동맹 및 미일동맹 유지와 동북아 평화체제 미실현의 조합이다. 이 조합은 동맹 당사국들인 한국, 미국, 일본이 동맹관계 유지를 동북아 평화체제 창설보다 상위의 목적으로 두고, 북한, 중국, 러시아가 미국 주도의 동맹체제가 자신들에게 위협이 된다고 판단하여 독자적 또는 공동의 군사적 대응을 추구할 때 나타날 가능성이 높다. 특히 한미·미일동맹이 강화되고 북한, 중국, 러시아가 독자적 또는 공동의 대응을 높이게 되면, 동북아에서는 평화체제보다는 '제2의 냉전'을 방불케 하는 불안한 세력균형체제가 등장할 수 있다.

둘째, 한미동맹 및 미일동맹 유지와 동북아 평화체제 구축의 조합이다. 이 조합은 한국, 미국, 일본이 동맹 유지를 원하면서도 동북아 평화체제의 유용성을 인정하고, 북한, 중국, 러시아가 미국 주도의 동맹체제가 큰 위협이 되지 않는다고 생각하거나, 위협이 되더라도 동북아 평화체제의 유용성을 인정할 때 나타난다. 그러나 이 조합에서 구축되는 동북아 평화체제는 실질적 의미를 갖기보다는 '대화 모임' 수준으로 격하될 가능성이 높다.

셋째, 한미동맹 및 미일동맹 종결과 동북아 평화체제 구축의 조합이다. 여기서 동맹 종결의 시점은 동북아 평화체제 구축 '이전'일 수 있고, '동시'일 수 있으며, '이후'일 수도 있다. 이 조합은 한국, 미국, 일본이 동북아 평화체제 구축이 동맹을 대체할 수 있는 새로운 안보질서로 인식하고, 북한, 중국, 러시아가 이에 동의할 때 나타난다. 이 조합에서는 동북아 평화체제가 미국 주도의 동맹체제를 대체하고 명시적·잠재적 긴장관계인 국가들의 관계가 협력안보로 전환한다는 점에서 높은 수준의 동북아 평화체제의 탄생을 가능케 한다.

넷째, 한미동맹 및 미일동맹 종결과 동북아 평화체제 미실현의 조합이다. 이는 미국의 세계전략이 고립주의로 선회하면서 동맹을 파기하고 동북아에 대한 관여도를 크게 줄인 반면에, 동북아 국가들이 다자간 안보협력체제를 만들지 못할 때 나타난다. 그러나 미국이 정치, 경제, 안보 등 모든 영역에서 그 중요성이 날로 커지는 동북아에서 완전히 철수할 가능성은 극히 낮다는 점에서 이러한 조합이 나타날 가능성은 낮다.

이러한 2×2 행렬보다 세부화 된 조합도 생각해볼 수 있다. 한미동맹과 미일동맹의 존속 여부를 분리하면 '2×2×2 행렬'이 나타난다. 이렇게 나눌 경우 모두 여덟 가지의 조합이 생겨난다. 앞에서 언급한 네 가지 이외에도 한미동맹 유지-미일동맹 종결-동북아 평화체제 미실현, 한미동맹 유지-미일동맹 종결-동북아 평화체제 실현, 한미동맹 종결-미일동맹 유지-동북아 평화체제 미실현, 한미동맹 종결-미일동맹 유지-동북아 평화체제 실현 등이 있다.

둘 사이의 가능성만을 고려할 때, 미일동맹보다는 한미동맹이 종결될 가능성이 더 높다고 할 수 있다. 그러나 전략적 관점에서 볼 때, 한미동맹보다 미일동맹이 더 큰 비중을 갖는다. 이는 동전의 앞뒤와 같은 관계로 동북아 국제정치에서 한미동맹보다 미일동맹이 더 큰 전략적 비중을 갖기 때문에 한미동맹과 비교할 때 해체될 가능성이 낮다는 것을 의미한다. 이를 동북아 평화체제 구축과 연동시켜 생각해보면, 동북아 평화체제가 한미동맹은 물론 미일동맹까지 대체할 때 비로소 온전한 의미를 갖는다는 것을 의미한다. 미일동맹의 유지는 중국이나 러시아의 독자적 또는 공동의 대응을 야기하면서 동북아 세력균형 정치가 존속된다는 것을 의미하기 때문에 '한미동맹 없는 동북아 평화체제'가 출현한다고 하더라도 그 밑바탕에는 세력균형론이 깔려 있게 될 것이다.

3) 기로에 선 동북아 질서

오늘날 동북아의 안보질서는 갈림길에 서 있다. 북핵 문제 재발 및 북미 간의 긴장 고조로 탄생한 6자회담은 한반도 비핵화와 평화체제 구축 이후에 동북아에서 다자간 평화안보체제를 지향하고 있다. 이는 동북아 평화체제의 추동력이라고 할 수 있다. 그러나 냉전 시대를 방불케 하는 대립형 세력균형체제의 등장 가능성도 높아지고 있다. 그 중심에는 미일동맹과 중러협력체제 사이의 갈등이 있다.

21세기에 들어 동북아 4강의 모습은 다양하게 나타나고 있다. 미국 패권주의가 유지되면서도 '팍스 아메리카나의 쇠퇴' 현상이 나타나고 있고, 중국은 급격한 경제성장을 바탕으로 군사력과 외교력을 강화하고 있다. 냉전 시대 양극체제의 한 당사자였던 러시아는 막대한 오일 달러를 바탕으로 국제정치의 중심으로 복귀하고 있으며, 세계 2위의 경제대국인 일본은 '보통국가론'과 '미일동맹 강화론'을 앞세워 우경화와 군사대국화의 길로 나서고 있다. 또한 미일동맹은 미사일방어체제(MD) 협력을 중심고리로 중국에 대한 군사적 견제와 봉쇄를 추구하고 있고, 이에 대응해 중국은 군사현대화를 추진하는 한편, 상하이협력기구(SCO) 및 러시아

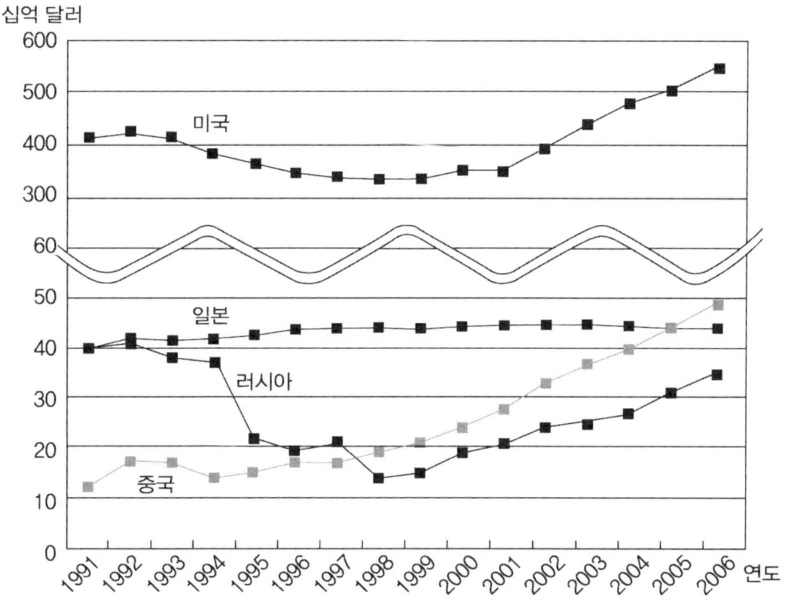

와의 관계 강화를 통해 세력균형을 추구하고 있다. 이는 동북아 국가들 사이에 경제적 상호의존이 높아지고 정치외교적으로 화해와 갈등을 반복 하고 있는 이면에서는 군비경쟁과 안보적 갈등이 심화되고 있다는 것을 의미한다. 이러한 군비경쟁 양상은 <그림 3>에서도 잘 나타난다.

<그림 3>은 스톡홀름국제평화연구소(SIPRI)의 2007년 연감에 따른 것으로, 냉전 해체 직후인 1990년대에 정체기에 접어들었다가 21세기에 들면서 다시 군사비가 급등하고 있다는 것을 알 수 있다. 일례로 2006년 세계 총군사비는 2003년 불변가격 기준으로 1조 2,000억 달러인데, 이 가운데 4개국이 차지하는 비중은 일본과 중국이 4.5%, 러시아 3.5%, 미국은 무려 48%에 달한다.[23] 여기에 한국(2%), 북한(0.3%)을 더하면, 전 세계 군사비의 60% 이상을 6자회담 참가국이 차지하고 있다는 것을

알 수 있다. 그러나 SIPRI가 북한과 중국과 러시아의 군사비를 정부 발표치에 의존하는 반면에 이들 국가의 실질 군사비는 발표치의 2배 안팎에 달한다는 점에서, 6자회담 참가국들이 차지하는 세계 총군사비에서 비중은 70%에 이른다.

동북아 질서의 미래와 관련해 또 한 가지 주목할 점은 주변 4강이 모두 강한 것은 역사상 처음이라는 것이다. 국력의 핵심적인 지표로 일컬어지는 경제력과 군사력을 보면 이를 잘 알 수 있다. 미국의 위상이 상대적으로 약화되고 국제사회에서 이미지가 실추되었지만 여전히 군사력과 경제력에서 부동의 1위를 지키고 있고, 이는 앞으로도 상당 기간 지속될 것이다. 중국은 지난 20년간 연평균 경제성장률과 국방비 증가율이 10% 안팎에 달하는데, 이에 따라 2007년 중국의 경제규모는 세계 3~4위권, 군사비 지출규모는 2~3위권에 달한다. 러시아 역시 최근 급격한 경제성장과 군비증강을 나타나고 있는데, 2007년 경제규모는 세계 9위, 군사비는 세계 5위권이다. 그리고 일본은 경제규모 2위, 군사비 4위권을 형성하고 있다. 더구나 4개국 가운데 미국, 중국, 러시아는 핵강대국이자 국제정치에서 막강한 영향력을 발휘하는 유엔 안보리 상임이사국이다. 한국이 오늘날 경제규모 12위, 군사비 8위 수준으로 세계적 관점에서 볼 때는 강대국으로 분류할 수 있지만, 동북아 차원에서는 상대적인 약소국으로 분류되는 까닭도 바로 여기에 있다.

이처럼 오늘날 동북아 질서는 4개국 모두 강대국 반열에 올라 있으면서도 미국 패권의 쇠퇴와 중국의 부상, 러시아의 복귀 및 일본의 우경화가 나타나고 있고, 경제적 상호의존이 높아지면서도 역사, 영토, 에너지 문제를 둘러싼 정치외교적 갈등과 화해가 반복되고 있으며, 군비경쟁의 격화

---

23) http://yearbook2007.sipri.org.

속에 미일동맹 대 중러협력체제 사이의 갈등도 점차 구조화되고 있다는 것으로 정리할 수 있다. 동시에 북핵 문제가 해결될 경우, 한반도 정전체제가 평화체제로 대체되고 북미·북일관계가 정상화되어 한반도 교차승인이 완성되며, 동북아에서 다자간 안보협력체제에 대한 논의가 본격화될 가능성도 꿈틀거리고 있다.

4) 한미동맹과 동북아 평화체제가 양립하기 어려운 이유

한반도 평화체제가 구축되고 북미·북일수교가 이뤄졌다고 가정할 때, 한미동맹과 동북아 평화체제 사이의 가장 중요한 문제는 한미동맹과 한중·한러 우호협력관계 사이의 양립 가능성이다. 이러한 문제의식은 비단 개혁·진보진영에서만 나오는 것이 아니다. 이명박 대선 캠프의 핵심 브레인이었던 김우상은 "한국이 통일되기 이전이든 이후든 간에 한미동맹과 미일동맹을 축으로 하는 안보 구조가 주변 국가들, 특히 중국이나 러시아에 위협적이어서는 안 된다"고 강조했다. "21세기 대한민국의 동맹전략은 바로 미국과 양자 간 군사동맹관계를 유지하고, 그와 동시에 인접 강대국 일본, 중국, 러시아와 우호적 관계를 유지하는 것이어야 한다"는 것이다.[24] 또 다른 자문역인 김성한 역시 "미국과의 동맹관계를 지속해나가되, 특정 국가들 적으로 삼지 않는다는 대전제하에 중국, 일본, 러시아와의 전략적 대화 및 교류를 확대"하는 것이 한국의 21세기 대외전략의 목표가 되어야 한다고 강조했다.[25] 한마디로 말해 한미동맹을 유지·강화

---

24) 김우상, 『신한국책략 II: 동아시아 국제관계』(나남, 2007), 91~93쪽.
25) 김성한, 「2020 미중일 삼각관계와 동북아 안보: 미국의 시각」, 이태환 엮음,『한국의 국가전략 2020: 동북아 안보협력』, 37~42쪽.

하되 주변국들과도 우호협력관계를 강화해야 한다는 것이다.

그렇다면 한미동맹과 한중·한러 우호협력관계는 어울리는 짝일까? 동북아 평화체제가 한중·한러 우호협력관계가 전제되지 않으면 그 가능성은 더욱 위축된다는 점에서 둘 사이의 관계부터 살펴볼 필요가 있다. 그런데 동맹은 외부의 위협을 상정한 것이고 미국이 21세기 잠재적 경쟁자로 중국과 러시아를 인식하는 경향이 강하다는 점에서 둘 사이에는 상당한 긴장관계가 있다. 이는 한국이 중국과 러시아에 적대적인 의사가 없더라도 동맹관계인 미국이 중국과 러시아와 적대관계에 빠질 경우 한국도 그 파장으로부터 자유로울 수 없다는 것을 의미한다. 그런데도 지금까지 한미동맹이 한중·한러 관계에 큰 문제가 되지 않은 이유는 한미동맹이 북한을 명시적인 적으로 삼아왔고, 또한 한미동맹이 한미 양국은 물론 중국과 러시아의 이익에도 부합하는 한반도 전쟁 억제 기능을 해온 측면이 있기 때문이다.

이러한 맥락에서 볼 때, 한반도 평화체제 구축 이후에는 한미동맹이 미중·미러 관계는 물론 한중·한러 관계에도 중대한 문제로 부상할 가능성이 높다. 한반도 평화체제 구축 이후의 한미동맹은 중국과 러시아로 하여금 몇 가지 중대한 의구심을 야기할 것이기 때문이다. 한미동맹과 그 물리적 핵심인 주한미군이 중국과 러시아를 겨냥한 것은 아닌지, 민주주의와 인권이라는 가치동맹의 성격이 강화되고 있는 한미동맹이 권위주의적 속성을 갖고 있는 중국과 러시아의 체제를 위협하는 것은 아닌지, 한반도 평화체제 구축 이후의 한미동맹이 결국 동북아에서 미국의 영향력을 확대시키는 방향으로 한반도 통일을 염두에 두고 있는 것은 아닌지에 대한 의문들이 바로 그것들이다.

한미동맹이 중국과 러시아의 이러한 우려를 해소시키지 못한다면, 중국과 러시아는 각기 또는 공동으로 대응책을 모색하고 나설 것이다. 예상할 수 있는 대응책으로는 중국과 러시아의 동북아에서의 전력증강, 양국의 군사협력관계 강화, 한국 특히 주한미군 기지를 겨냥한 미사일 배치, 완충지대(buffer zone)로서의 북한과의 관계 강화 등이 있을 수 있다. 이러한 상호작용은 한중·한러 우호협력관계를 위태롭게 할 뿐만 아니라, 평화체제 시대의 한반도에 극심한 안보 불안을 초래하고, 동북아에서 불안한 세력균형체제를 야기함으로써 한반도 통일을 더욱 어렵게 할 수 있다.

이러한 전망은 오늘날 미국-러시아-유럽의 삼각관계에서 그 근거를 찾을 수 있다. 부시 행정부가 동유럽에 미사일방어체제(MD) 배치를 추진하고 NATO의 동진(東進)이 가속화되면서 러시아는 각종 군비통제 조약에서의 탈퇴를 경고하는 한편, 핵미사일 전력증강에 나서고 있다. 이에 따라 국제사회에선 미러 간의 '제2의 냉전'이 거론되고 있는 실정이다. 특히 푸틴 대통령은 2008년 2월 12일 우크라이나 유셴코 대통령과의 정상회담에서, 우크라이나가 NATO에 가입하고 미국의 MD 체제를 설치할 경우, 우크라이나를 겨냥하는 미사일을 배치하는 등 보복조치를 취할 수 있다고 경고하기도 했다. 러시아가 MD 및 NATO의 동진에 맞서 '제2의 냉전'을 불사하고 있는 것처럼, 중국과 러시아가 앞으로 한-미-일 삼각안보협력체제의 북진(北進)과 미국 주도의 동아시아 MD에 반발하고 나설 가능성은 충분히 있다는 것이다.

결국 동북아 평화체제의 중요한 조건이라고 할 수 있는 한러·한중 우호협력관계가 한미동맹과 양립하기 위해서는 중국과 러시아가 한미동맹에 불안을 느끼지 않을 때 가능해진다. 이를 위해서는 미국의 한국 내 MD 배치를 포함해 어떠한 형태로든 한국이 MD에 편입되지 말아야 하고, 동북아 분쟁 개입을 염두에 두고 있는 주한미군의 전략적 유연성이 철회되어야 하며, 주한미군 및 미국의 순환 배치 군사력이 낮은 수준으로 재조정되어야 한다는 것을 의미한다. 또한 한반도 통일이 최소한 한미동맹의 북진을 가져오지 않을 것이라는 점도 납득시켜야 한다.

그러나 현실은 정반대다. 미국은 한국을 동북아 MD 전략의 요충지로 삼고 다양한 무기체계를 배치하고 있고, 추가적인 배치 계획도 갖고 있다. 양안분쟁 등 동북아 분쟁에 개입하기 위한 주한미군의 전략적 유연성도 이미 원칙적으로 합의된 상태이고, 주한미군의 병력 수는 줄어들고 있지만 군사력은 해공군력과 MD를 중심으로 대폭 강화되고 있다. 한미 양국이 한반도 통일 이후에 주한미군을 한강 이남에 두겠다고 중국과 러시아를 설득하더라도, 상황과 필요에 따라 얼마든지 북진이 가능하기 때문에 중국과 러시아를 안심시키는 데는 근본적인 한계를 갖는다.

결국 한미동맹이 MD, 전략적 유연성, 군사력 수준 등에서 크게 하향 조정되지 않는 한, 동북아 평화체제는 물론이고 한중·한러 우호협력관계를 유지하는 것조차 어려워질 수 있다. 이러한 우려를 극복하기 위해서는 한국의 정치지도자들이 한중·한러 우호협력관계를 한미동맹과 동등한 위치에 두면서 한미동맹 강화보다 동북아 평화체제 구축을 상위의 목표로 설정해야 한다. 미국 역시 한미동맹을 자국의 유일패권전략의 도구로 삼아온 관성을 버리고 한미동맹의 유연한 재조정을 통해 동북아 평화체제 구축에 적극 나서야 한다. 그러나 당분간 이러한 한미 양국의 정치적 조합을 기대하기는 어려운 실정이다.

4. 한미동맹과 한반도 통일, 같이 갈 수 있나?

1) 북한, 주한미군을 지렛대로 삼나?

2008년 2월 출범한 보수성향의 이명박 정부는 물론이고 김대중 정부와 노무현 정부의 한미동맹에 대한 기본 입장은 한반도 통일 이후에도 한미동맹을 유지하고 주한미군이 주둔하는 것이 바람직하다는 것이다. 이러한 입장은 미국 역시 마찬가지라고 할 수 있다. 주목할 점은 북한의 김정일 국방위원장 역시 통일 이후의 주한미군 주둔 필요성에 동감을 표했다는 것이다. 김정일과 1차 정상회담을 가졌던 김대중 대통령에 따르면, "김 위원장은 주한 미군의 필요성을 주장하는 한국의 입장을 잘 이해했다"면서 "한반도는 일본, 중국, 러시아 등 강대국들로 둘러싸여 있기 때문에 주한미군이 남아 있는 것이 바람직하다는 그의 말을 듣고 매우 놀랐다"고 밝혔다.[26] 물론 이러한 북한의 입장은 주한미군이 북한에 적대적이지 않아야 한다는 것을 전제로 깔고 있다.

지금까지 한미 양국이 통일 이후에도 한미동맹을 유지한다는 입장을 견지해왔고 앞으로도 이러한 입장을 견지한다는 것을 전제로 할 때, 통일 이후의 한미동맹 유지 및 주한미군의 주둔 여부의 1차적인 변수는 북한이라고 할 수 있다. 한미동맹이 북한을 일방적으로 흡수하거나 무력으로 통일하지 않는 한, 통일 협상의 대상인 북한의 입장이 우선적으로 중요해질 수밖에 없기 때문이다.

그렇다면 한반도 평화체제 구축 이후, 그리고 통일 과정이 본격화될 때에 북한은 주한미군에 대해 어떠한 입장을 보일까? 크게 세 가지를

---

26) *The Washington Post*(August 30, 2000).

생각해볼 수 있다. 첫째는 주한미군의 철수와 한미동맹의 종결을 통일의 '양보할 수 없는 조건'으로 내세우는 것이고, 둘째는 이를 '협상 가능한 조건'으로 삼으면서 자신의 전략적 지렛대를 극대화하는 것이며, 셋째는 주한미군 주둔이 바람직하다고 보고 이를 통일 협상의 중요한 의제로 삼지 않는 것이다. 북한의 공식적인 입장에 따르면 첫 번째 가능성이 높고, 1차 남북정상회담 때 밝힌 김정일 위원장의 입장에 따르면 세 번째 가능성이 높다고 할 수 있다.

필자는 북한이 두 번째를 선택할 가능성이 높다고 본다. 북한은 공개적으로 주한미군 철수를 줄곧 주장하면서도, 한국과 미국에 주한미군 주둔을 용인할 수 있다는 입장을 여러 차례 전달한 바 있다. 이는 한반도 평화체제 구축 이후에 주한미군이 북한이 적대적이지 않는다면, 주한미군 철수를 통일 과정에서 '양보할 수 없는 조건'으로 삼을 가능성이 거의 없다는 것을 예고한다. 반면 세 번째의 경우, 통일 과정에서 중요한 협상 카드를 스스로 놓는 것에 지나지 않을 뿐 아니라 중국과 러시아와 전략적 갈등을 빚을 가능성이 높다는 점에서 가능성이 낮다. 이에 따라 북한은 주한미군과 한미동맹 유지 여부에 대한 자신의 입장에 대해서는 '전략적 모호성'을 유지하면서, 이 사안을 급변하는 동북아 국제관계와 한반도 통일 과정에서 자신의 입지를 강화하기 위한 지렛대로 삼을 공산이 크다.

일단 정전협정이 평화협정으로 대체되고 북미·북미관계가 정상화되면, 북한은 지금까지와는 전혀 다른 환경에 직면하게 된다. 우선 통일을 향한 남북한 사이의 구심력이 강해지면서 통일 과정에서 자신의 입지를 강화하거나 이것이 여의치 않을 경우 통일 과정의 속도조절을 선택하게 될 것이다. 여기서 주한미군은 유력한 지렛대가 될 수 있다. 통일 과정 자체를 지연시키기 위해 주한미군 철수를 요구할 수 있고, 주한미군의 주둔을 수용하는 대신에 자신의 요구 사항을 관철시키려고 할 수도 있다.

동북아 국제관계의 맥락에서는 더욱 중요한 함의를 갖는다. 중국이나 러시아는 지금까지 주한미군 문제를 강하게 거론할 이유가 없었다. 주한미군의 상대는 주로 북한이었을 뿐만 아니라, 자신들이 거론하지 않아도 북한이 강하게 문제 삼아왔기 때문이다. 그런데 북미관계가 정상화되고 평화체제가 구축되면 상황은 달라질 수 있다. 중국이나 러시아는 북한이 주한미군을 문제 삼지 않으면서 미국과의 밀월 관계를 추구할 가능성을 경계하지 않을 수 없다. 반면에 미국이나 일본은 중국과 러시아를 견제하기 위해서는 주한미군 주둔이 필요하고, 이를 위해서는 북한과의 관계강화가 필요하다고 인식할 수 있다. 동북아 국제관계의 맥락에서 북한이 주한미군을 자신의 전략적 입지를 강화할 수 있는 카드로 삼을 수 있다는 것은 이러한 맥락에서 나온다.

이와 관련해 평화체제 시대의 북한의 대전략을 전망해볼 필요가 있다. 북한의 대전략을 한반도 통일 과정과 동북아 국제관계에서 자신의 전략적 입지를 강화해 체제 생존을 넘어선 '발전'을 도모하는 것으로 정리해본다면, 북한은 강대국 외교의 전환을 시도하게 될 것이다. 그리고 그것은 전통적인 우방인 중국, 러시아와의 우호협력관계를 유지·발전시키면서도 미국 및 일본과의 관계 개선을 통해 국경을 접하고 있는 중국과 러시아의 과도한 영향력을 견제하는 것이 될 공산이 크다.

여기서 우선 중요한 것은 대미관계이다. 북한의 대미 전략의 목표가 핵포기에 대한 상응조치로 거론되어온 에너지 지원, 경제제재 해제, 정전협정의 평화협정으로의 대체, 미국의 대북 안전보장, 미국과의 관계 정상화 등을 통해 미국의 위협과 국제적 고립에서 벗어나는 수준이라면, '북한 변수'는 그리 크지 않을 수도 있다. 그러나 북한의 대미 전략의 목표가 이를 넘어 "미국과의 전략적 관계를 수립"해 중국, 러시아, 일본 등 지역 강대국들을 견제할 수 있는 입지를 확보하는 데 있다면[27] 상황은 크게 달라진다. 이는 북한이 미국이라는 동북아 밖의 균형자를 통해 주변 강대국을 견제하는 '원교근공(遠交近攻)'을 채택한다는 것을 의미한다. 한반도는 물론 동북아 질서에도 적지 않은 파장을 야기할 수 있다는 것이다.

만약 북한이 이러한 전략적 계산을 하고 있다면, 그 핵심적인 지렛대는 주한미군이 될 것이다. 북한은 미국에게 주한미군의 주둔을 수용할 테니 자신과 더 긴밀한 관계를 맺자고 제안할 수 있다. 미국의 입장에서도 동북아에서 지정학적으로 중요한 북한과의 관계 강화가 중국과 러시아를 견제하는 데 도움이 될 수 있다고 판단할 수 있다. 물론 이는 중국과 러시아의 반발을 초래할 수 있다. 이에 따라 북한은 주한미군에 대해 최대한 전략적 모호성을 유지하면서 미·중·일·러의 양보를 이끌어내려고 할 것이다. 이는 주변 4강과의 등거리 외교를 통해 자신의 입지를 강화시킬 수 있는 방안이 될 수 있다. 인도가 미국과 중국 사이에서 불원불근(不遠不近)을 유지하면서 최대한 실리를 챙기는 것과 흡사한 방식이다.

끝으로 한반도 평화체제 시대의 한미동맹에 대한 북한의 판단은 '한미동맹이 사실상 북한이 남한으로 흡수되는 방식으로의 통일을 추동하는 구조적인 힘으로 작용할 것인가'의 문제와 직결되어 있다고 할 수 있다. 한미 양국의 주류층은 통일코리아가 한미동맹이라는 안보 구조에 의존하면서 정치적으로는 자유민주주의, 경제적으로는 시장경제를 채택해야 한다고 믿는 경향이 강하다. 이러한 방향성에 대해 북한이 동의하지 않는다면, 통일 과정은 상당한 진통이 따르게 될 것이다. 특히 북한이 이러한 현상이 나타나는 주된 이유가 한미동맹에 있다고 믿게 되면, 북한은 한편

---

27) Robert Carlin and John W. Lewis, "What North Korea Really Wants," *The Washington Post*(January 27, 2007).

으로는 정당성 경쟁의 측면에서, 다른 한편으로는 남한으로의 흡수를 차단
하기 위해 주한미군 철수와 한미동맹 해체 요구를 굽히지 않을 것이다.

2) 한미동맹과 동북아 세력균형체제의 출현

한반도 통일과 한미동맹 사이의 문제는 한반도를 넘어선 문제이기도
하다. 한반도는 양안 문제와 함께 동북아에서 가장 파급력이 큰 '영토적
현상 변경 세력'으로 남아 있기 때문이다. 한반도의 분단이 양안 문제와
함께 동북아의 소(小)분단체제를 형성하고 있다고 할 때, 두 지역의 미래
는 동북아 대(大)분단체제에서 엄청난 파급력을 가질 수밖에 없는 것이
다.[28] 38선이 한반도의 분단선이자 동북아의 세력 균형선의 성격을 갖고
있다면, 한반도의 온전한 통일은 한반도 분단체제의 극복뿐만 아니라
동북아 세력 균형선의 성격도 걷어낼 때 비로소 가능해진다.

이처럼 우리가 양보할 수 없는 목표로 삼는 통일은 한반도의 '밖'과
근본적인 긴장관계를 내포하고 있다. 과거 동북아 세력균형 차원에서
미국과 소련에 의해 강요되었던 한반도의 분단은 '과거'의 조건만이 아니
기 때문이다. 냉전 시대는 물론 미소 간의 탈냉전 시대에도 한반도의
분단은 동북아 세력균형 유지의 하나의 필요조건으로 작용해왔고, 이러
한 속성은 미래에도 쉽게 극복되기 힘들다.

이러한 맥락에서 한반도 평화체제 구축과 통일은 동북아 국제체제에
상당한 파급력을 갖는다. 동북아에서 현상 변경을 의미하는 한반도의
통일이 진행되면, 동북아 전반의 세력 재편을 촉발할 가능성이 있다.

---

28) 이삼성은 미일동맹과 아시아대륙 사이의 분단을 대분단체제로, 한반도 분단과 양안
　　문제를 소분단체제로 개념화한다. 이삼성, 「동아시아－대분단체제와 공동체 사이
　　에서」, 5·18민중항쟁 제26주년기념 국제학술대회 발표문(2006년 5월 23~24일).

또한 그동안 한반도의 분단과 불안정성을 이유로 주변 국가들이 추구해
온 국가전략에도 적지 않은 혼선을 야기하면서 상호 간의 대응 방안
역시 대단히 복잡하고 다양한 형태로 나타날 가능성을 내포하고 있다.
2000년 6월 남북정상회담 이후 남북관계가 진전되면서 한반도를 둘러싼
주변 강대국들 간의 치열한 외교 각축전이 벌어지고 있는 것도 이러한
이유 때문이라고 할 수 있다.

이처럼 분단된 한반도가 하나가 되고자 하는 '구심력'이 강해질수록,
주변 국가들이 한반도에서의 현상 변경을 자신들에게 유리한 방향으로
이끌기 위한 '원심력'도 강해진다. 그리고 어떤 나라가 한반도의 현상
변경이 자신에게 불리하게 전개될 것이라는 판단을 갖게 되면, 그 나라는
현상 유지에 우선 순위를 둘 수도 있다. 이러한 속성이야말로 한반도
통일의 구조적 딜레마라고 할 수 있다.

문제는 앞에서도 분석한 것처럼, 한반도 분단의 국제적 요인이었던
세력균형체제가 동북아에서 다시 부활할 가능성이 있고, 한미동맹을 포
함한 미국 주도의 동북아 동맹체제가 이를 구조화시킬 위험성을 내포하
고 있다는 것이다. 냉전 시대와는 그 수준과 성격이 다르겠지만, 미일동맹
대(對) 중러협력체제 사이의 전략적 갈등관계가 본격화될 경우, 그리고
한미동맹이 북한에게는 '흡수통일'의 우려를, 중국과 러시아에게는 미국
주도의 동맹체제의 북상(北上)이라는 우려를 야기할 경우, 한반도 통일은
커다란 도전에 직면하게 될 것이다.

이러한 관점에서 볼 때, 한반도 평화체제가 '통일지향형'이 아니라
'분단고착형'으로 귀결될 가능성도 배제할 수는 없다. 우선 개념적으로
볼 때, 평화체제는 정전체제를 대체하는 개념이지, 분단체제를 대체하는
것이 아니다. 그리고 역사구조적으로나 지정학적 관점에서 볼 때, 분단체
제의 극복과 통일 실현은 남북한 각기 내부의 수준 및 남북관계의 수준,

그리고 동북아 국제관계의 수준에서의 변화가 수반되어야 한다. 이 가운데 동북아 국제관계 수준에서의 변화란 최소한 향후 동북아 질서가 미일동맹 대 중러협력체제 사이의 전략적 갈등을 기축으로 하면서 한국이 한미동맹을 유지함으로서 한－미－일 3각 안보 구조틀에 묶여 있어서는 안 된다는 것을 의미한다.

한미동맹을 유지하면서도 한반도 통일이 가능한 국제적 환경이 조성되기 위해서는 중국과 러시아가 이에 위협을 느끼지 않거나, 한미동맹이 중국과 러시아의 반작용을 제압할 수 있는 패권적 힘이 있을 때 가능해질 수 있다. 그러나 한미동맹과 동북아 평화체제 부분에서 언급한 것처럼, 21세기 들어 한미동맹의 재편 방향은 앞으로 한중·한러 우호협력관계를 발전시키는 데 장애 요인이 될 공산이 크다. 또한 앞으로의 세계, 특히 동북아는 미국과 미국 주도의 동맹체제가 압도적인 규정력을 발휘하는 '팍스 아메리카나'보다는 다극체제와 흡사한 모습을 띠게 될 가능성이 대단히 크다.

만약 중국과 러시아가 한반도의 통일이 미국이나 미일동맹의 영향력이 커지는 결과를 초래하고 그것이 위협이 된다고 느낀다면, 이들 국가의 한반도 정책이 한반도의 통일을 지지하고 협력하는 것으로 나타날 것으로 기대하기도 힘들어진다. 오히려 중국과 러시아는 한반도의 현상 유지를 선호하게 될 것이다. 이들 국가들의 한반도 통일 '이후'에 대한 전망과 전략적 판단이 통일 '이전'의 정책을 규정하는 속성을 갖는다고 할 때, 이들 국가들의 한반도 정책의 향방은 통일 과정에서 대단히 중요한 변수가 될 것이다. 설사 한미동맹이 유지되는 상태에서 중국과 러시아의 불만을 극복하고 통일을 이루더라도, 통일코리아는 중국 및 러시아와 상당한 긴장 관계에 놓일 수 있다.

제7장

결론: '미군 없는
21세기의 한미관계'를 위하여

1. 한미동맹은 과연 안전한 보험인가?

한미동맹은 흔히 '보험'에 비유된다. 천영우 외교부 외교정책홍보실장은 2005년 5월 한 강연에서 "미국은 지리적으로 멀리 떨어져 있어 우리나라 영토에 대한 사심이 제일 적고 현실적으로 가장 힘센 나라"라며, "통일 이후의 국가 불확실성에 대비한 가장 확실한 보험은 한미동맹"이라고 말했다. 그는 특히 이라크 파병이나 주한미군 범죄 등도 "큰 위험을 당할 때에 대비한 보험료라고 생각하자"고까지 제안했다.[1] 이명박 정부의 외교안보수석실 대외전략비서관으로 발탁된 김태효 역시 통일 이후에 주변국과 우호적인 관계를 구축하면서도, "미국과의 동맹관계를 최후의 보험 장치로서 남겨두어야 한다"고 주장했다.[2]

이처럼 한미동맹을 보험에 비유한다면, 보험 약관은 한미상호방위조약이고, 사고는 외부의 무력공격이라고 할 수 있다. 또한 위와 같은 인식에

---

[1] ≪한국일보≫, 2005년 5월 11일자.
[2] 김태효, "한미가 좋은 친구가 되려면", ≪문화일보≫, 2003년 1월 24일자.

기초할 때 한국은 보험가입자이고 미국은 보험회사에 해당한다. 이러한 관점에서만 보더라도 한미동맹이라는 보험은 심각한 문제를 안고 있다. 약관에 보면, 한미동맹은 한미 두 나라 가운데 어느 한 나라가 제3국으로부터 무력공격을 받았을 때 발동하게 되어 있다. 한국이 미국의 군사력 배치를 허용한 것도 이러한 유사시에 대비하기 위한 것이다. 그런데 미국이 2사단 일부 병력을 이라크로 차출한 것에서도 알 수 있듯이, 오늘날 주한미군은 더 이상 한국 방어만을 위해 주둔하지 않는다. 미국의 필요에 따라 전 세계 분쟁에 신속하게 투입할 수 있는 형태로 바뀌고 있기 때문이다. 한국 안보를 위해 막대한 유·무형의 보험료를 지불하고 있는데, 정작 주한미군이 다른 곳으로 가서 군사작전을 펼치는 것은 약관을 위반하는 것이다.

또한 미국은 주한미군은 다른 일들을 해야 하니까 한국 방어의 주도적인 역할은 한국군이 맡아달라고 요구하고 있고, 실제로 그렇게 되어가고 있다. 보험의 보장 수준이 크게 떨어진 것이다. 그런데 보험료는 크게 오르고 있다. 용산기지와 2사단 이전비용을 대부분 부담하고 있고, 반환기지의 환경치유비용도 한국이 떠안을 판이다. 방위비 분담금도 크게 오르고 있다.

가장 근본적인 문제는 사고의 성격이 크게 바뀌고 있다는 것이다. 한미동맹이라는 보험이 상정해온 1차적인 사고는 북한의 남침이다. 그런데 이러한 사고가 발생할 가능성은 크게 줄었다. 이에 반해 북미 간의 무력충돌, 특히 미국의 대북 선제공격 가능성은 1990년대 이후 한국의 안보를 가장 위태롭게 한 요인이었다. 그리고 북미 간의 적대관계가 청산되지 않는 한, 한국은 이러한 위험으로부터 자유로울 수 없는 처지에 있다. 또한 미국이 중국을 견제하고 유사시 주한미군의 투입을 원활하게 하기 위해 전략적 유연성을 추구하면서 미중 간의 무력 충돌에 한국이 휘말릴 위험성도 생기고 있다. 고(故) 김선일씨 사건과 아프가니스탄 피랍 사태 등에서 알 수 있듯이, 한국이 미국 주도의 '테러와의 전쟁'에 동참하면서 한국에 대한 테러 위협이 높아진 것 역시 간과할 문제는 아니다. 역설적이게도 보험회사가 일으킨 사고로 인해 보험가입자의 생명도 위태로워질 수 있다는 것이다.

한미동맹이라는 보험이 안전성을 확보하기 위해서는 '위협 대응형'으로 존재할 때 가능하다. 그러나 오늘날 한미동맹은 '위협 초래형'의 성격도 안고 있다. '예방전쟁' 개념에 입각한 미국의 대북 군사작전계획, 중국과의 무력 충돌 시 주한미군의 투입 가능성, 한국의 '테러와의 전쟁 동참' 등으로 인해 오히려 한국의 안보가 불안해지는 상황이 도래하고 있다는 것이다. 이는 결국 '한미동맹 강화가 한국의 안보에 기여한다'는 고정관념이 전면적으로 재검토되어야 한다는 것을 의미한다.

2. '한미동맹 없는' 한국, 재앙인가 축복인가

'한미동맹 없는 한미관계'는 한미 양국 모두에게 떠올리는 것 자체가 낯선 가정이다. 한미동맹이 두 나라 모두의 국익에 부합해왔고 앞으로도 그럴 것이라는 관성적 사고야말로 한미동맹의 지속성을 담보하는 핵심적인 요인이다. 일례로 미국의 국방대학 국가전략연구소와 국방분석연구소가 함께 작성한 21세기 한미동맹 보고서에서는 한미동맹의 미래와 관련해 네 가지 시나리오를 비교·분석했다. 이 보고서에 따르면, 한미동맹의 해체는 양국 모두가 손해보는 결과를 낳기 때문에 최악의 시나리오이다. '주한미군 없는 한미동맹'은 동맹을 계속 유지할 수 있고 합동 훈련과 기지 사용을 할 수 있지만, 대북 억제력을 크게 약화시킬 것이라는 점에서 차선책(suboptimal option)이다. 동맹관계를 일부 손질하는 것은 한국의 정치적 변화와 9·11 테러 이후 미국의 안보 환경 변화에 능동적으로 대처하기 힘들다. 이에 따라 가장 바람직한 시나리오는 동맹의 변형 (transformation)이라고 강조한다. 이는 한국의 정치적 변화와 미국의 안보 전략을 함께 고려해, 주한미군의 전략적 유연성 확보 및 전시작전통제권 이양 등 한미동맹의 구조적 변화를 수반하는 것을 의미한다.[3]

이와 같은 한미 양국의 관성적 인식을 떠나, 21세기 들어 한미동맹이 근본적으로 변하고 있는 현실은 동맹의 득과 실을 새롭게 따져봐야 한다는 과제를 우리에게 던져주고 있다. 즉, '미국이 한국전쟁에서 한국을 구원해주었고, 대규모의 주한미군을 주둔시켜 한국에 안보공약을 제공함으로써 한국이 비약적인 경제성장과 민주주의 발전을 가능케 했다'는 20세기식 동맹예찬론에 대해 전면적인 재검토가 불가피해지고 있다는 것이다. 반대로 미국을 한반도 평화와 통일 실현에 '악'으로 규정하고 주한미군의 철수와 한미동맹의 해체를 한반도 평화정착과 통일실현의 전제조건처럼 인식하는 관성 역시 위험하다. 주한미군이 한국에 다시 발을 딛게 된 데는 북한의 남침으로 인한 한국전쟁이 있었을 뿐만 아니라, 평화와 통일의 상대인 북한을 결코 평화주의 세력으로 보기도 힘들기 때문이다. 더구나 한국사회에 만연한 부국강병주의와 주변국에서 점증하는 민족주의·국가주의 경향은 '미군의 부재'가 곧 한반도와 동북아의 평화를 보장해주지 못할 수 있다는 것을 의미한다.

결국 친미세력에게 관성처럼 굳어진 '한미동맹 강화＝국익'이라는 프레임에서도, 반미주의에 만연한 '미국＝평화통일의 걸림돌'이라는 프레

---

3) Kongdan Oh Hassing and James Przystup, "Moving the U.S.-ROK Alliance into the 21st Century," *INSS Special Report*(September, 2007), www.ndu.edu.

임에서도 벗어나 한미동맹의 득실관계를 냉정하게 비교·분석하는 것부터 선행되어야 한다. 이를 위해서는 한미동맹 자체를 목적으로 하는 사고의 틀에서 벗어나야 한다. 21세기 한국이 실현하고자 하는 목표는 무엇이고, 이를 위해서는 한미동맹을 어떻게 자리매김해야 하는 것이 바람직한가라는 인식의 틀을 가지고 한미동맹에 접근해야 한다는 것이다.

한미동맹의 득실관계는 다양한 관점에서 분석할 수 있다. ① 북한 위협에 대처하는 실효성과 한반도 평화체제 구축 및 통일 실현에서의 득실관계, ② 미국의 안보공약 제공으로 인한 안보비용 절감 효과와 한국이 지불하는 동맹유지비용 사이의 관계, ③ 한미동맹 유지가 한중·한러 관계에 미치는 영향, ④ 동북아 평화체제와 한미동맹의 양립 가능성, ⑤ 국제외교 무대에서 한국의 정책 자율성, ⑥ 한미동맹 문제로 인한 남한 내 갈등과 사회적 비용, ⑦ 한국의 경제적 이익 증대 여부 등이 바로 그것들이다.[4] 그러나 이러한 득실관계를 비교·분석하기란 대단히 어렵다. 득실관계의 상당 부분은 개량화하기 어려울뿐더러, 득실관계에 대한 판단에는 객관적 분석보다 주관적인 인식이 더 많이 침투하기 마련이기 때문이다. 또한 한미동맹의 성격과 수준에 따라 득실관계는 달라질 수 있고, 안보 환경의 변화도 고려되어야 한다.

그러나 이런 상황에서도 '한미동맹＝국익'이라는 프레임은 여전히 막강하다. 이라크 파병 논란이나 평택 미군기지 확장 사업, 그리고 반환 미군기지의 환경치유비용 부담 등에서 잘 나타난 것처럼, 한미동맹을 약화시킬 수 있는 어떠한 주장과 행동도 국익에 반하는 것으로 해석되어 왔다. 특히 21세기 들어 '공미형(恐美型) 친미주의'가 맹위를 떨치기 시작

---

4) 한미동맹의 득실관계에 대한 개략적인 분석은 정욱식, 『동맹의 덫: 지독한 역설, 두 개의 코리아와 미국』(삼인, 2005), 283~290쪽 참조.

했는데, 이는 미국의 요구를 들어주지 않으면 미국에게 보복을 당할 것이라는 두려움에 기반을 둔 대미 인식을 의미한다. 이러한 증상은 주로 노무현 정부와 여당, 그리고 그 일부 지지세력에게서 강하게 나타난 바 있다. 이러한 '공미형 친미주의'는 보수세력의 전통적인 '숭미형 친미주의'와 결합되면서, 한국 친미주의의 질적인 변화를 야기하고 있다. 전자가 주로 '미국의 요구를 거부할 경우 국익이 침해된다'는 인식에 기반을 두고 있다면, 후자는 '주로 미국의 요구를 들어주면 국익 증진에 도움이 된다'는 인식에 기초하고 있다. 노무현 정부가 전자의 프레임에 갇혀 있었다면, 이명박 정부에는 후자의 프레임이 강하다.

이러한 이유 때문에, 한국에서는 '한미동맹 없는 한국'을 상상조차 하기 힘들다. 한미동맹 자체를 목적으로 하는 관성화된 사고는 한미동맹 자체를 문제 삼는 것을 금기시하게 만든 것이다. 반미통일 운동진영에서 오랫동안 주한미군 철수와 한미동맹 해체를 주장해왔지만, 이 역시 '미국 =반평화·반통일세력'이라는 프레임에서 비롯된 성격이 강하다. 미국의 존재가 한반도 평화를 보장하고 국익을 증진한다는 친미적 프레임도 문제지만, 미국을 악(惡)으로 규정하고 미국의 부재(不在)를 한반도 평화통일과 동일시하는 것 역시 또 다른 의미의 '미국중심주의'라고 할 수 있다. 친미와 반미 모두 미국을 바라보는 선과 악의 이분법에서 벗어나야 할 이유는 바로 여기에 있다.

그렇다면 한미동맹의 종결은 한국에게 축복일까, 재앙일까? 한미동맹 자체를 악으로 간주하는 반미주의자에게 동맹의 종결은 축복으로 간주될 것이고, 한미동맹 자체를 지고지순의 가치로 여기는 친미주의자에게는 재앙으로 받아들여질 수 있다. 그러나 한미동맹 자체를 목적이 아닌 수단으로 간주한다면, 동맹의 종결은 재앙일 수도 있고 축복일 수도 있으며 그리 큰 일이 아닐 수도 있다. 중요한 것은 동맹의 해체 자체가 아니라,

한미동맹을 누가 언제 어떻게 종결하느냐에 따라 달라질 수 있다는 점이다.

예를 들어 한반도 비핵화와 평화체제 구축이 완료되고 동북아 정세도 호전된 상황에서 한미 양국의 합의하에 군사동맹을 우호협력관계로 대체하기로 하고 한미동맹 종결이 이뤄진다면, 이는 지극히 자연스러운 일이 될 것이다. 오히려 이러한 환경에서의 한미동맹의 종결은 한반도 통일프로세스와 동북아 평화체제 구축을 가속화할 수 있는 계기가 된다는 점에서 긍정적 의미를 담고 있다. 그러나 반대로 북미 간, 북일 간, 남북 간 긴장이 해소되지 않고 동북아 주변 정세도 불안한 상황에서 한미 양국의 한 당사자가 일방적으로 동맹을 파기해 한미관계가 불안한 상황에서 한미동맹이 종결된다면, 한국은 초유의 불확실성에 휩싸일 수 있다.

이에 따라 한미동맹 종결이 가져올 파장은 크게 세 가지 변수에 의해 영향을 받는다고 할 수 있다. 첫째는 '누가'의 문제다. 한미 양국 공동의 합의로 이뤄지느냐 아니면 어느 한 당사자의 일방적인 판단이나 제3자의 압력으로 이뤄지느냐에 따라 한미동맹 종결의 결과는 상당히 달라질 수 있다. 전자의 경우에는 우호적이고 점진적인 동맹 해체가 가능해서 그 충격을 줄일 수 있지만, 후자의 경우에는 적대적이고 급격한 방식으로 동맹 해체가 이뤄져 그 충격이 커질 수 있기 때문이다.

둘째는 동맹 종결 시점의 안보 환경이다. 1차적으로 중요한 것은 한반도 정세다. 구체적으로는 한반도 비핵화 및 평화체제 구축, 북미·북일관계 정상화, 군비통제를 비롯한 남북관계의 수준 등이 핵심 변수다. 또한 미중관계, 중일관계 등 동북아 국제관계도 중요하다. 한반도와 동북아 평화에 상당한 진전이 있는 상황에서의 한미동맹 종결은 이러한 정세의 반영이면서 이를 촉진할 수 있다는 점에서 긍정적이다. 그러나 그 반대인 상황에서 한미동맹의 종결은 상당한 불확실성을 수반하게 된다. 특히 북미 간의 적대관계가 지속되는 상황에서의 한미동맹 종결은 미국의 대북정책에 대한 한국의 개입력이 약화되고, 미국의 북폭 추진 시 미군 사상자에 대한 고려를 크게 줄일 수 있으며, 주일미군이나 미국 본토를 겨냥한 북한의 전력증강을 야기할 가능성이 있다는 점에서 결코 바람직하다고 할 수 없다.

셋째는 한미동맹의 대체제다. 이는 첫 번째 문제와 연결되어 있다. 양국의 합의하에 우호적이고 점진적인 동맹 해체는 한미관계가 일반적 의미의 우호협력관계로 발전할 수 있다는 것을 의미한다. 반대로 어느 한 당사자의 일방적 통보에 따른 적대적이고 급격한 동맹 해체는 한미 간의 우호협력관계 구축에 커다란 장애물이 될 수 있다. 합의에 의한 동맹 해체는 양국의 신뢰관계를 훼손하지 않는 반면에, 어느 일방의 통보에 의한 동맹 파기는 다른 일방으로부터 '배신당했다'는 불신을 야기할 것이기 때문이다.

결국 중요한 것은 한미 양국이 '한미동맹 없는 한미관계' 또는 '주한미군 없는 한미동맹'에 대한 미래의 비전을 공유할 수 있느냐에 모아진다. 한미 양국이 군사력과 동맹에 의존하는 일방적 안보관에서 탈피해, 북한 및 주변국들과의 협력적 안보관에 기초해 한미동맹의 대안을 모색한다면, 한미동맹의 종결은 한국은 물론이고 미국에게도 축복이 될 수 있다. 그러나 한국이 '한미동맹＝국익'이라는 프레임에서 벗어나지 못하고 미국이 한미동맹을 패권전략의 도구로 삼고자 하는 욕심을 버리지 못하면, 한반도와 동북아에서 새로운 질서를 창출하는 것은 그만큼 멀어지게 될 것이다. 또한 어느 한 당사자의 일방적인 판단에 따른 동맹의 종결 역시 한반도와 동북아에서 심각한 불확실성을 야기하게 될 것이다.

3. 한미동맹의 대안은 무엇인가?

한미동맹에 대해 비판적 견해를 피력하면 많이 듣게 되는 반론이 "그럼 대안이 뭐냐"라는 것이다. 그런데 이러한 반론에는 이분법적 사고나 강대국 의존심리가 깔려 있다. 이분법적 사고의 대표적인 유형은 '자주 대 동맹'이다. 그리고 "미국을 포함한 전 세계 어떤 국가도 혼자만의 힘으로 안보를 지키는 나라는 없다"라며, 동맹이라는 방식으로 안보를 지키는 것이 가장 확실하면서도 저렴한 방법이라고 강조한다. 이것은 강대국 의존심리라고 할 수 있다. 한국은 여러 강대국들로 둘러싸여 있기 때문에 생존을 확보하기 위해서는 특정 강대국과 동맹을 맺어야 하는데, 가장 현명한 방법은 멀리 떨어져 있는 미국과 동맹을 유지해 주변 강대국을 · 견제하는 원교근공(遠交近攻)이라는 것이다.

이와 관련해 필자의 결론부터 말하자면, 한미동맹의 대안은 자주국방도, 다른 나라와의 새로운 동맹 체결도, 일부에서 거론되는 중립화도 아니다. 근본적으로 이들 모두는 '외부의 위협'을 전제로 한 안보전략이기 때문이다. 그러므로 한미동맹의 대안은 자체적인 군사력이든, 타국과의 군사력 결집이든 '군사적 억제력'에 의한 일방적 안보에서 협력적 안보로의 전환이 되어야 한다. 한미동맹이 북한의 위협이라는 '현존 위협'에 대응하는 것을 골자로 한다는 점에서 한반도 차원의 한미동맹의 대안은 '한반도 평화체제의 구축'이다. 또한 중국, 러시아, 일본 등 '미래의 불확실한 위협' 역시 통일 이후의 한미동맹 유지론의 근간을 이루고 있는 만큼, 동북아 차원에서의 한미동맹의 대안은 '동북아 평화체제(또는 다자간 안보협력체제)의 구축'이다. 물론 한반도와 동북아 평화체제가 한미동맹이 대안의 되어야 한다는 주장은 이러한 평화체제 구축이 이뤄지지 않은 상태 한미동맹을 해체하는 것이 바람직하지 않다는 것을 전제로 깔고 있다.

한미동맹은 정전체제와 함께 한국전쟁이 낳은 '역사적 쌍생아'다. 이는 한미동맹의 가장 큰 목적이 정전체제의 안정적인 유지와 관리에 있다는 것을 의미한다. 그리고 안정적으로 유지 관리된 정전체제가 평화체제로 전환하는 것이야말로 한미동맹의 목적을 가장 훌륭하게 달성하는 것이다. 한미동맹이 이러한 소임을 다할 때, 그 종결을 추구하는 것은 지극히 자연스럽고 환영할 만한 일이다.

물론 한반도 평화체제가 구축된다고 해서, 한국의 안보 우려가 완전히 해소되는 것은 아니다. 강대국으로 둘러싸여 있는 지정학적 현실과 꿈틀거리고 있는 강대국들의 패권 경쟁은 한국의 안보를 위협하는 잠재적 요인이다. 그러나 한미동맹은 이러한 잠재적 위협에 대응하는 데 결코 효과적인 방법이 아니다. 한미동맹 자체가 한반도의 지정학적 딜레마와 대륙세력과 해양세력 사이의 패권 경쟁을 악화시키는 요인으로도 작용하기 때문이다. 한반도를 넘어 동북아 차원의 평화체제를 고민해야 할 까닭이 바로 여기에 있다. 한미상호방위조약에도 나와 있는 것처럼, 다자간 안보협력체제를 통해 평화를 추구하는 것이 군사동맹에 의존하는 방식보다 더 나은 대안이기 때문이다.

한반도와 동북아 차원의 평화체제 구축을 한미동맹의 대안이라고 할 때, 제기되는 문제는 크게 두 가지다. 하나는 실현 가능성이고, 다른 하나는 평화체제의 안정성 및 지속성이다. 먼저 실현 가능성과 관련해, 한반도 평화체제에 대한 논의는 점차 활발해지고 있고, 동북아 평화체제에 대한 논의도 서서히 꿈틀거리고 있다. 물론 이들 두 가지의 문제는 상당 부분 북핵 문제의 평화적 해결 여부에 달려 있다. 이미 6자회담에서는 북한의 핵폐기와 한반도 평화체제 구축을 '행동 대 행동' 차원에서 추진하기로 합의한 상태이다. 또한 동북아 평화안보체제에 대한 논의 역시 걸음마 단계이지만 시작되고 있다. 이는 아직 갈 길이 멀지만 한미동맹의 대안이 서서히 태동하고 있다는 것을 보여준다.

또 한 가지는 평화체제라는 한미동맹의 대안이 과연 안정적이고 지속적인가의 문제다. 예방 외교와 협력적 안보관에 기초한 평화체제는 상황에 따라 '깨지기 쉬운 유리알'이 될 수 있다. 협력의 과정은 갈등을 수반하기 마련이고, 그 갈등을 원활하게 해결하지 못하면 협력의 틀은 언제든지 깨질 수 있다. 이에 따라 한반도 차원이든 동북아 차원이든 평화체제가 흔들려 한국의 안보가 위태로워지는 상황을 가정해볼 수 있다. 그리고 이러한 상황을 대비해 한미동맹이라는 '보험'을 담겨두어야 한다는 주장도 가능할 수 있다. 그러나 이러한 상황을 대비한 한미동맹이 평화체제를 위태롭게 하는 요인이 될 수 있다는 것도 함께 고려되어야 한다.

그렇다면 평화체제가 위태로워질 경우에 한국의 안보를 지킬 수 있는 대비책은 무엇일까? 그중 하나는 최소한의 군사력 보유를 통한 자위력 추구다. 이는 평화체제의 위기 수준과 북한 및 주변국의 군사적 위협 수준에 따라 달라져야 하겠지만, 가급적 낮은 수준의 군사력을 통한 자위력을 확보하려는 계획을 갖는 것이 바람직하다. 평화체제를 추구하는 동시에 강력한 군사력 보유를 추구하면 그 자체가 평화체제를 위협하는 요인이 될 뿐만 아니라, 평화배당금 창출을 통한 인간안보의 증진이라는 평화체제의 목적을 훼손하는 결과를 초래하기 때문이다.

다른 하나는 한미동맹과 관련되어 있다. 평화체제가 한미동맹의 대안이라고 할 때, 한미동맹의 해소 수준은 평화체제의 공고함과 안정성에 따라 유연하게 접근할 필요가 있다. 즉, 평화체제가 구축되었다고 바로 한미동맹을 종결하는 것이 아니라, 군사력 및 군사적 준비태세의 수준을 점차적으로 낮춰가면서 평화체제의 안정성을 도모하고, 평화체제가 상당한 수준이 도달한 이후에 한미동맹을 공식적으로 종결하는 것이 바람직할 것이다. 또한 한미동맹을 종결하고 한미관계를 우호협력관계로 대체하면서도 전략대화를 지속해, '평화체제가 붕괴될 경우 한미동맹을 복원할 수 있다'는 내용에 사전에 합의해두는 것도 고려해볼 수 있을 것이다.

4. 한미동맹의 자연스러운 종결을 위한 로드맵

한국에게 가장 바람직한 미래의 질서는 무엇인가? 이 질문은 한미동맹의 미래를 검토하는 데 선행되어야 할 것이다. 이 질문은 대한 대답은 아마도 남북한이 평화적 통일을 실현하고, 주변국가들과 우호협력관계를 발전시키며, 군사적 억제력에 의존하는 배타적 안보 환경보다는 예방외교와 협력에 기초한 '평화공존과 공동번영'의 국제질서를 만드는 것이라고 할 수 있다. 그러나 이 책의 본문에서 살펴본 것처럼, 한미동맹은 이러한 비전과 상당한 긴장관계에 있다.

군사동맹이 외부의 위협이 존재하는 안보 환경에서 자신의 힘만으로는 생존과 국익 향상을 도모할 수 없다는 판단에서 비롯된 것이라면, 또한 군사동맹 자체가 목적이 아니라 안보를 도모하기 위한 수단으로서의 성격을 갖는다면, 한미동맹을 유지할 것이냐 말 것이냐 자체를 목적으로 삼는 것은 우둔한 전략이라고 할 수 있다. 이에 따라 한미동맹은 한반도와 동북아 평화체제 구축을 위해 노력하면서 그 진전 수준에 따라 점진적이기도 자연스러운 종결을 추구하는 것이 바람직할 것이다. 이를 ① 한반도 평화체제 추진기→② 한반도 평화체제 구축 및 동북아 평화체제 논의 개시→③ 한반도 평화체제 안착기 및 동북아 평화체제 형성기→④ 한반도 통일 달성 및 동북아 평화체제 안착기로 나누어 접근하면 다음과 같다.

첫째, 한반도 평화체제 '추진기'의 한미동맹이다. 여기서 추진기는 북한 핵무기 및 핵물질의 폐기 협상, 한반도 평화체제 구축 논의 개시, 북미·북일 관계 정상화 협상 개시 등을 핵심적인 특징으로 하는 기간을 의미한다. 이 기간 동안 한미동맹의 목표는 대북 억제력을 유지하되, 군사적 긴장을 완화해 한반도 평화체제 구축을 군사적으로 담보하고 동북아 평화체제 논의 기반을 마련하는 데 둔다. 이를 위해 한국에 순환배치되고 있는 미국 군사력을 포함한 주한미군의 추가적인 전력증강은 '동결'하고, 한미합동군사훈련을 대폭 축소하거나 중단하며, 한미연합사령부를 해체하고 전시작전통제권 전환을 마무리한다. 또한 대규모의 전력증강에 기반을 둔 한국의 '국방개혁 2020'도 전면적인 재검토에 들어간다.

둘째, 한반도 평화체제 구축 및 동북아 평화체제 논의 개시 기간의 한미동맹이다. 이 기간에서는 북한의 핵무기 및 핵물질 폐기 완료, 한반도 평화협정 체결, 북미·북일 관계 정상화가 마무리되고, 동북아 차원에서는 6자회담에서 동북아 평화안보체제 논의가 본격화되는 것을 핵심적인 골자로 한다. 이 기간 동안 한미동맹의 목표는 억제력에 기반을 둔 안보전략에서 협력적 안보전략으로의 전환을 도모하고, 한반도 군축을 포함한 한반도 평화체제를 안착화하는 한편, 동북아 평화체제 구축에 기여하는 것에 둔다. 구체적으로는 주한미군의 병력 수와 무기 및 장비를 평화체제 추진기의 절반 이하로 축소하고, 한미합동군사훈련을 대부분 중단하며, 유엔사령부를 해체하는 대신에 남북한 주도의 평화체제 관리기구를 창설하고, 미국의 핵우산도 공식적으로 철수한다. 또한 남북한은 별도로 군축협상에 돌입해, 대규모의 군축을 단행한다.

셋째, 한반도 평화체제 안착기 및 동북아 평화체제 형성기의 한미동맹이다. 이 단계는 남북관계가 남북연합 단계로 진입하고, 대규모의 군비축소가 이뤄져 낮은 수준의 군사력 균형을 달성하며, 남북한 주도의 평화체

제 관리기구가 안정적으로 유지되는 상황을 의미한다. 또한 동북아 차원
에서도 다자간 안보협력기구가 창설되어 정치적·군사적 신뢰구축, 군비
경쟁 종식, 분쟁의 평화적 관리 방안 등 협력 안보의 기초를 닦는 시기를
의미한다. 이 기간에서 한미동맹의 목표는 억제력에 기반을 둔 안보전략
에서 협력 안보로의 전환을 실현하고, 한반도의 평화적 통일 및 동북아
평화체제 구축에 기여하는 것에 둔다. 이를 위해 주한미군은 연락병 등
최소한의 인력만 남기고 모두 철수시켜 한미동맹을 '정치동맹'으로 전환
하고, 한미합동군사훈련은 인도적 구호 및 재난 대비에 국한한다. 또한
남북한은 통일협상기구를 창설해 본격적인 통일 논의에 들어간다.

끝으로 한반도 통일 달성 및 동북아 평화체제 안착기의 한미동맹이다.
이 단계에서는 연합 또는 낮은 단계의 연방제에 있던 남북관계가 사실상
1국가 1체제로 완전한 통합을 이루고, 동북아에서 유럽안보협력기구
(OSCE)와 같은 다자간 안보협력체제가 뿌리를 내리는 상황을 의미한다.
이 단계에서는 이전까지 정치동맹으로 유지되었던 한미동맹을 종결하고,
한미관계는 일반적 의미의 우호협력관계로 대체한다. 다만 동북아 평화
체제가 붕괴되어 한미 양국의 이익과 동북아 평화가 위협받는 상황이
도래할 가능성에 대비해, 한미 양국이 전략대화를 지속하는 방안도 염두
에 둘 필요가 있다.

이명박 시대의 한미동맹

1. 왜 한미동맹 강화인가?

'한미동맹 강화'를 주창해온 한나라당의 이명박 후보가 17대 대통령 선거에서 당선되면서 한미 양국에서는 한미동맹이 새로운 전기를 맞이하게 되었다며 환영하는 목소리가 높다. 실용주의를 앞세운 이명박 대통령은 후보와 당선자 시절에 "미국과의 관계 강화가 국익에 도움이 된다면 그렇게 하고, 도움이 되지 않는다면 안하면 된다"며, 한미동맹을 실용주의 관점에서 강화하겠다는 입장을 여러 차례 피력했다. 그리고 2월 25일 취임사를 통해 "미국과는 전통적 우호관계를 미래지향적 동맹관계로 발전, 강화"시키고, "두 나라 사이에 형성된 역사적 신뢰를 바탕으로 전략적 동맹관계를 굳건히 해나가겠다"라고 한미동맹 강화 방침을 천명했다. 또한 3월 11일 외교부 업무 보고를 받은 자리에서는 "국익이 서로 맞으면 서로 동맹이 될 수 있지만 국익에 위배되면 오늘 시대에 동맹이란 없다"고 말했다. 한미동맹 강화가 곧 국익이고 이것이 곧 실용주의라는 인식을 확실히 보여주는 대목들이다.

이러한 인식은 이명박 대통령의 공식·비공식 참모들에게서도 나타난다. 이명박 대선 캠프의 통일외교안보정책 핵심 브레인이었던 현인택 고려대 교수는 이명박 정부가 한미동맹의 "창조적 재건"에 나설 것이라며, 21세기 한미동맹이 나아가야 할 방향을 첫째, '신뢰 동맹', 둘째, 민주주의와 시장경제를 증진시키는 '가치 동맹', 셋째, 한반도뿐 아니라 세계적 차원에서 협력하는 '평화구축 동맹'이라고 제시했다.[1] 또 다른 브레인인 김우상 연세대 교수 역시 "북한의 군사위협에 대처하는 전통적 동맹을 뛰어넘는, 미래·가치·인간안보를 지향하는 포괄적 동맹체제가 될 것"이라고 강조했다.[2]

동아시아연구원(EAI) 주관하에 외교안보 전문가들이 대거 참여해 작성된 한미동맹 보고서에서도 이와 비슷한 결론을 내렸다. 보고서 작성팀에 김병국(외교안보수석), 김태효(대외전략비서관), 김성한(이명박 대통령직 인수위원회 자문위원) 등이 포함되어 있는 데서 알 수 있듯이, 이 보고서는 이명박 정부의 한미동맹 정책에 지침서 기능을 할 것으로 보인다. 보고서에서는 '포괄적·다층적 동맹'을 한미동맹의 미래상으로 제안하면서, 그 의미를 포괄적 안보위협에 대처하고 군사 영역뿐만 아니라 정치, 경제, 사회, 문화 등 다양한 분야에서 포괄적 협력을 추구하며, 안보협력지역을 아시아-태평양을 포함한 전 세계로 확대해야 한다는 내용을 담았다. 이를 위해 ① 공동의 전략적 비전을 마련해 조속한 시일 내에 대내외에 공표하고, ② 각자의 위협 인식에 대한 공동의 이해 수준을 높이며, ③ 한미동맹을 국내 정치적으로 이용하지 말고, ④ 한반도 전쟁억제력이 약화되는 방향으로 한미동맹 재편을 추진하지 말아야 하며, ⑤ 전시작전

---

1) 《중앙일보》, 2007년 12월 23일자.

2) 《서울신문》, 2007년 12월 25일자.

통제권 전환도 재검토되어야 한다는 정책 과제를 제시했다.[3]

이러한 방향은 전시 작통권 문제를 제외하곤 미국 내 요구와 대체로 일치한다. 이명박 후보의 당선 직후부터 미국의 한미관계 전문가들은 한국의 국제적 역할을 강화하고 한미동맹을 가치동맹으로 변환해 한미동맹의 무대를 전 세계로 넓혀야 한다는 주문을 쏟아내고 있다. 특히 부시 행정부에서 국가안전보장회의(NSC) 아시아 담당 보좌관을 지낸 빅터 차 조지타운대 교수는 한미동맹 강화를 위해 열 가지 방안을 제시했다. ① 북핵 해결을 위한 미국의 노력 인정, ② 한미 공동의 이슈 영역 확대, ③ '테러와의 전쟁' 동참 선언, ④ 한미동맹의 범주 확대, ⑤ 미국의 대북정책 칭찬, ⑥ 상호주의에 입각한 대북정책 수립, ⑦ 한미일 삼각 동맹 추구, ⑧ 국내정치용 발언 자제, ⑨ 미국 주도의 대량살상무기확산방지구상(PSI) 참여, ⑩ 미사일방어체제(MD) 참여 등이다.[4] 한마디로 한국이 미국의 세계전략에 확실한 동반자가 되어달라는 것이다.

이명박 당선인 측과 부시 행정부를 포함한 한미 양국 보수진영 간의 우호적 분위기를 반영하듯, 부시 대통령은 1월 24일 이명박 당선인 특사를 면담했다. 미국 대통령이 한국 대통령 당선자의 특사를 면담한 것은 이번이 처음이다. 이러한 부시의 환대에 호응하여 이명박 특사로 워싱턴을 방문한 정몽준 의원은 '이명박 당선인이 한미동맹 강화를 희망하고 있다'는 내용을 요지로 하는 친서를 전달했다. 또한 미국 의회의 하원과 상원은 각각 2월 7월과 14일에 이명박의 당선을 축하하고 한미관계의 강화를 희망한다는 결의안을 만장일치로 채택했다. 미국 의회가 결의안

---

3) 김병국·하영선 외, 『한미동맹 로드맵: 한미동맹의 비전과 과제』(동아시아연구원, 2006).

4) 《조선일보》, 2007년 12월 22일자.

을 통해 한국 대통령의 당선을 축하하고 나선 것 역시 이번이 처음이다. 그리고 부시 대통령은 이명박 대통령을 미국 대통령 별장인 캠프 데이비드에 초청했는데, 이 역시 1942년 캠프 데이비드 개장 이후 처음이다.

양측 간의 이런 우호적인 분위기는 한미동맹의 강화를 예고하고 있다. 이명박 대통령직 인수위원회는 5대 국정지표의 하나로 "글로벌 코리아"를 내세우면서, 이를 위한 다섯 가지의 핵심과제 가운데 하나로 "한미관계의 창조적 발전"을 제시했다. 또한 이명박 정부 일각에서는 한미동맹을 강화하기 위한 구체적 조치로 양국의 외교·국방장관이 참여하는 '2+2 회의'를 창설하고 '신(新)한미안보선언' 채택을 추진해야 한다는 목소리도 나오고 있다. 인수위에서 검토된 가칭 '한미동맹미래비전'은 1996년 미국과 일본이 탈냉전 이후 미일동맹을 새롭게 정의하고 강화하기로 한 '신(新)미일안보선언'의 한국판이라고 할 수 있다. 여기에는 한미 간의 가치와 목표의 공유 확대, 한반도 평화체제 및 통일 이후의 한미동맹 미래상 설정, 국제무대에서 한미동맹의 역할 강화 등이 포괄적으로 담길 전망이다.[5] 이는 한미동맹이 미일동맹 수준으로 변화하고, 미국을 정점으로 하는 한·미·일 삼각체제가 강화된다는 의미를 담고 있다.

이명박 출범 이후 첫 외교부 업무 보고에서도 한미동맹 강화 의지가 강하게 피력되었다. 외교부가 3월 11일 밝힌 보고 내용에는 2008년 외교부 첫 번째 목표로 '안보를 튼튼히 하는 외교'를 내세우면서 이를 위해 '한미관계의 창조적 발전'을 핵심적인 국정과제로 제시했다. 유명환 장관 역시 3월 13일 내외신 기자회견에서 "한미 간 공통의 가치, 신뢰, 50년간 쌓아온 전통적 우호협력관계를 바탕으로 해서 양국 간 공동의 이익을 위해 외형을 확대해나가는 전략적 동맹관계를 모색"하겠다며, "한미 간

---

5) ≪동아일보≫, 2008년 1월 23일자.

에 한반도뿐만 아니라 동북아 범세계 차원으로 동맹의 협력, 폭, 깊이를 확대하고 심화하는 노력을 하겠다”라고 강조했다. 그는 특히 한미동맹이 전략적 관계로 발전한다는 것은 “한국의 안보 문제에만 국한하지 말고” 민주주의의 확산, 인권, 환경 등 범세계적인 문제를 다루는 방향으로 한미동맹이 변하는 것이라고 설명했다.

그렇다면 이명박 정부가 유독 한미동맹 강화를 주창하고 있는 이유는 무엇인가? 우선 이러한 입장은 ‘노무현 정부 때 한미동맹이 크게 악화되었다’는 이명박 정부의 인식에서 출발한다. 미국의 대북정책과 마찰을 빚고 북핵 문제에 대해 모호한 태도로 일관했으며, 한미동맹을 ‘자주 대(對) 동맹’으로 부각시켜 정치적으로 이용했을 뿐만 아니라, 전시작전통제권 환수 등 무리한 동맹 재편 추진 등으로 인해 한미동맹에 ‘신뢰의 위기’를 초래했다는 것이다. 이에 따라 이명박 정부는 임기 내에 한미동맹의 ‘복원’에 주력하겠다는 입장을 밝히고 있다. 여기서 주목할 것은 ‘복원’ 또는 ‘재건’이라는 표현인데, 이는 단순히 노무현 정부 때 한미관계가 악화된 정도가 아니라 붕괴되었다는 판단을 밑바탕에 깐 것이라고 할 수 있다. 후술하겠지만, 이러한 표현은 상당히 정치적인 것이다.

이명박 정부의 한미동맹 강화 또는 복원 입장은 정부 스스로가 내세우고 있는 ‘실용주의’에 가장 부합하는 정책 목표라는 인식도 깔려 있다. 보수진영이 김대중-노무현 정부를 ‘이념’에 경도된 정권이라고 공격할 때, 가장 많이 등장한 소재는 다름 아닌 한미동맹이었다. 한미동맹을 비판하거나 경시하는 것은 감정적이고 이념적인 접근이기 때문에, 한미동맹을 존중하고 강화하는 것이 곧 이성적이고 실용적이라는 프레임을 짜놓은 것이다. 앞서 소개한 동아시아연구원의 보고서는 한미동맹에 대해 “감정적이고 근시안적인 접근”을 배격하고 “실용주의적 판단력으로 한미동맹의 문제에 접근”했다고 자평하면서, ‘포괄적·다층적 동맹’을 한미동맹의 로드맵으로 제시한 것은 이러한 인식틀을 잘 보여준다.

김우상 역시 한미동맹의 지속 여부를 판단할 때 가장 중요한 것은 국익이라며, 이러한 실용주의 관점에서 볼 때, "한미동맹의 지속적 유지 및 강화보다도 더 좋은 대안은 없다"고 잘라 말한다. 일부에서는 자주국방이나 중립화를 거론하지만, 지구상에 독자적 힘으로 자주국방을 할 수 있는 나라는 없으며 주변 4강이 지정학적 요충지인 한반도의 중립화를 받아들일 가능성이 거의 없기 때문에 이것들은 대안이 될 수 없다는 것이다. 이러한 상황에서 최선의 대안은 바로 한미동맹이라고 김우상은 주장한다. 김우상에 따르면, 21세기 한국의 국력은 중간 수준이지만 주변 4대 강대국과 비교할 때 약하기 때문에 "반드시 강대국과의 동맹이 필요"하고 미국이 바로 그 대상이 되어야 한다. 그 이유는 첫째, 주변국과 동맹을 맺으면 영토분쟁 등 갈등을 겪게 될 수 있기 때문에 "멀리 떨어진 나라일수록" 좋고, 둘째, 멀리 떨어져 있어도 "동맹공약을 성실히 이행할 만한 국가적 이해관계와 의지"가 있어야 하며, 셋째, "동맹공약을 실행에 옮길 수 있는 강력한 군사투사력(power projection capability)이 있어야 한다". 그리고 이러한 세 가지 조건을 충족시키는 나라는 미국밖에 없다는 것이다.[6]

김성한 역시 북한 변수가 사라지고 한반도가 통일 과정에 진입하더라도 한미동맹은 필요하다고 주장한다. "중일 간의 지역패권경쟁 가능성은 북한의 위협보다 더 큰 고민을 한국에게 안겨줄지" 모르기 때문에, "외부의 간섭 없이 통일 과정에 매진하기 위해서는 '지역적 균형자(regional balance)'의 역할을 하는 미국"이 필요하다는 것이다. 한반도 통일 과정에서 중일 지역패권경쟁을 방지하고, 통일 과정에서의 강대국 이해관계를

---

6) 김우상, 『신한국책략 II: 동아시아 국제관계』(나남, 2007), 91~103쪽.

조정하며, 통일 이후 주변국의 간섭을 억지하기 위해서는 한미동맹을 강화하는 것이 최선책이라는 논리다. 이와 같은 한미동맹 강화론의 이면에는 미국이 앞으로도 초강대국의 지위를 유지할 것이라는 전망도 깔려 있다. "미국이 2020년까지 초강대국으로서의 지위를 유지하는 가운데 동북아에서 미중일 삼각관계를 주도할 가능성이 크다면 한국으로서는 미국과의 동맹을 지속해나가는 것이 국익에 보탬이 될 것"이라고 보는 것이다.[7]

한미동맹 강화가 북핵 문제를 비롯한 북한 문제를 푸는 데도 필수적인 요소라는 인식도 역시 한미동맹 강화론의 기초를 이루고 있다. 이명박 정부는 김대중-노무현 정부 때 한미공조가 삐걱거린 것이 북핵 해결을 어렵게 했다며, 한미관계를 강화함으로써 "북핵폐기의 우선적 해결"에 나서겠다는 것이다. 이명박 대통령이 당선인 신분일 때 여러 차례에 걸쳐 "한미관계가 돈독해지는 게 남북관계를 더 좋게 만들 것이고, 한미관계가 좋아지면 북미관계도 좋아질 수 있다"라고 발언한 것이 이를 잘 보여준다.

결국 이명박 정부는 실용주의를 앞세워 '한미동맹 강화'를 주창하고 있지만, 미국에 편승(bandwagoning)하는 것이 21세기에도 한국이 안보를 튼튼히 하고 번영을 이루는 데 핵심축이라는 인식을 갖고 있다. 여기에는 미국은 좋은 나라이고 앞으로도 상당 기간 세계 유일 초강대국의 지위를 유지할 것이라는 판단이 깔려 있다. 정부가 스스로 대외정책의 원칙으로 강조하고 있는 국익과 실용은 득실관계에 대한 면밀한 검토에 기초해야 하는데도, 미국에 대한 선험적 결론이 강하게 투영되어 있는 것이다.

---

7) 김성한, "2020 미중일 삼각관계와 동북아 안보: 미국의 시각," 이태환 엮음, 『한국의 국가전략 2020: 동북아 안보협력』, 37~42쪽; 김성한, "차기 정부의 북핵 및 한미동맹 정책 전망과 과제," 한국국방안보포럼(KODEF) 토론회 발표문, 2008년 1월 24일.

2. '한미동맹 강화론'에 던지는 몇 가지 근본 질문

이처럼 이명박 정부는 한미동맹 강화를 핵심적인 대외정책의 목표로 삼고 있고, 미국은 이러한 이명박 정부의 등장을 한미동맹 강화의 호기로 받아들였다. 이에 따라 한국은 앞으로 미국의 세계전략에 더욱 깊숙이 포섭될 가능성이 높아지고 있다. 이와 관련해 미국의 UPI 통신은 1월 24일자 기사에서 미사일방어체제(MD)에 공을 들여온 부시 행정부가 폴란드의 정권교체로 "동유럽에서 MD 동맹국 잃은 반면에, (한국의 정권교체로) 동북아에서 MD 동맹국 얻게 되었다"고 보도했다. 또한 미국의 시사주간지 ≪뉴스위크≫는 이명박 대통령을 "한국의 사르코지"라고 부르기도 했다. '실용주의'을 앞세워 친미 외교를 선언한 프랑스의 사르코지와 이명박 정부의 대외정책이 닮은꼴이라는 것이다.[8]

그러나 이명박 정부의 한미동맹 강화론은 몇 가지 근본적인 문제를 안고 있다. 우선 이명박 정부의 '한미동맹 강화론'은 노무현 정부 때 한미관계가 악화 또는 붕괴되었다는 인식을 바탕으로 나온 것이다. 그러나 이는 객관적인 사실과는 거리가 멀다. 노무현 대통령이 여러 차례에 걸쳐 '반미적 발언'을 한 것은 사실이다. 또한 대북정책을 둘러싸고 한미 간의 갈등도 있었다. 그러나 이라크 파병, 남북관계 속도조절, 주한미군 감축 및 재배치 수용과 이전비용 부담, 반환기지 환경치유비용 부담, 방위비 분담금 인상, 주한미군의 전략적 유연성 원칙적 수용, 한미 자유무역협정(FTA) 체결 등에서 알 수 있듯이 미국의 요구를 대부분 들어주었다. 또한 한미동맹 갈등의 가장 큰 요인이었던 대북정책을 둘러싼 갈등에서

---

8) B. J. Lee and Christian Caryl, "South Korea's Sarkozy," *NEWSWEEK*(March 3, 2008).

도 2007년에 들어 대북정책을 전환하면서 한미 간의 갈등은 크게 줄었다.

이러한 맥락에서 볼 때, 노무현 정부의 대미 외교는 논란의 소지가 있었던 '반미적 수사'와 '친미적 정책'의 어울리지 않는 조합이었다고 할 수 있다. "좌측 깜빡이를 켜고 우회전을 해왔다"라는 평을 받는 언행불일치가 대미 정책에서 확연히 나타났다. 이와 관련해 2001년 4월부터 2005년 12월까지 백악관 국가안전보장회의(NSC) 아시아 선임보좌관을 맡아 한미관계를 총괄 지휘했던 마이클 그린의 발언은 시사하는 바가 대단히 크다. 그는 중앙일보와의 인터뷰에서 "노무현 대통령은 국내를 의식한 반미 발언으로 미국을 당혹시켰다. 그러나 한미동맹에 대한 그의 기여는 전두환·노태우 이상이다. 그가 퇴임하는 2008년 2월 현재 한미동맹은 훨씬 강하고 좋아졌다"고 말했다.9) 결국 노무현 정부 때 한미관계가 악화되거나 붕괴되었다는 이명박 정부의 주장이 한미관계에 대한 몰이해나 노무현 정부와의 차별성을 부각시키기 위한 정치적 의도에서 나온 것이라고 해석할 수 있다.

둘째로 미국의 세계전략이 '과연 좋은 것이냐'는 점을 따져볼 필요가 있다. 오늘날 미국의 세계전략에 대한 비판 여론은 한국을 포함한 국제사회에서뿐만 아니라, 미국 내에서도 상당히 높다. 그러므로 미국의 세계전략이 '좋은 것'으로 바뀌지 않는다면, 한국이 이에 깊숙이 개입하는 것은 결코 '좋은 것'이 아니다. 그런데도 이명박 정부는 대외정책의 현실을 "국제적 보편주의 대 한국적 예외주의"로 나누면서 '글로벌 코리아'라는 국정목표를 달성하기 위해 "한미관계의 창조적 발전"을 강조하고 있다. 이는 이명박 정부가 '미국=글로벌 스탠더드', '한미동맹 강화=국익'이라는 프레임에 갇혀 있다는 것을 잘 보여준다. 그러나 오늘날 국제사회에

---

9) ≪중앙일보≫, 2008년 2월 15일자.

서 예외주의의 상징은 다름 아닌 미국이다.

셋째는 미국이 세계전략을 수립하고 정책 결정을 내리는 데 한국이 참여할 수 있느냐 하는 문제다. 진정한 파트너십은 어느 일방이 전략과 정책을 결정해놓고 상대방에게 따라오라는 식으로 해서는 결코 성립될 수 없다. 진정한 파트너십은 전략과 정책 논의 및 결정 단계에서부터 파트너십이 구축될 때 비로소 확립될 수 있기 때문이다. 그러나 미국이 자신의 세계전략과 이와 연동된 정책 결정은 자신의 주권 사항이라고 인식하고 있는 상황에서 이러한 파트너십이 구축될 가능성은 거의 없다. 대북정책이나 한미동맹과 직접 연관된 사안들에 대해서는 한미 간 협의가 있겠지만, 대북정책이나 동맹정책보다 상위에 있는 세계전략을 짜고 정책 결정을 내리는 데 미국이 한국을 협의 대상으로 삼을 가능성은 없는 것이다. 비근한 예를 보더라도, 미국 정부가 아프가니스탄과 이라크를 침공하는 데 한국과 협의를 구하지 않았다. 그저 침공을 강행하고 한국에게 지지와 파병을 요구했을 뿐이다. 또한 한국 안보에도 직접적인 영향을 미치는 사안들, 예를 들어 해외주둔미군재배치(GPR)를 결정하고 '악의 축' 가운데 하나로 북한을 지목하고 선제공격 대상으로 삼으면서도 한국과 어떠한 협의도 하지 않았다. 미국이 독자적·일방적으로 결정해놓고 동맹이라는 이름하에 한국의 참여를 요구하는 것은 결코 민주적이지도 균형적이지도 못한 발상이다.

넷째는 이명박 정부의 '한미동맹 강화론'이 '21세기도 미국의 세기가 될 것이기 때문에 미국과 동맹을 강화해야 한다'는 주관적 신념과 관성적 사고에서 비롯되었을 가능성이 높다는 점이다. 그러나 미국 국력·지도력·신뢰도의 쇠퇴, 중국과 인도의 부상, 러시아의 부흥, 유럽연합의 통합 가속화, 중동 질서의 불확실성 고조, 중남미의 반미 분위기 고조 등으로 21세기는 미국 주도의 단극체제가 아니라 다극체제로 전환될 것이라는 전망이 나오고 있다. 더구나 도래하고 있는 다극체제의 핵심적인 멤버에는 한국과 인접하고 있고 북한과 국경을 맞대고 있는 중국과 러시아가 포함되어 있다. 그런데 한미동맹 강화는 이들 나라와의 전략적 갈등을 유발할 공산이 크다. 약소국이 강대국에 편승하는 동맹은 해당 강대국과 갈등관계인 다른 강대국과의 갈등을 내재하기 때문이다.

삼성경제연구소의 조사 결과는 이러한 우려를 뒷받침해주고 있다. 한국, 미국, 일본, 중국, 러시아의 전문가 50명의 설문 조사를 바탕으로 작성한 보고서에 따르면, 이명박 정부 출범 이후 한미관계와 한일관계의 개선에 대한 전망은 높아졌지만, 한중관계와 한러관계에 대한 전망은 그 반대로 나타났기 때문이다.[10]

다섯째는 남북관계를 한미관계에 종속시키는 접근법의 위험성이다. '한미관계가 좋아지면, 북미관계와 남북관계도 좋아질 것'이라는 접근법은 북한에게도 유사한 반응을 불러오게 될 것이다. 즉, 이명박 정부가 남북관계를 한미관계의 종속변수로 인식하면, 북한 역시 남북관계를 북미관계의 종속변수로 인식할 공산이 크다. 이는 북한식 실용주의를 야기해 남북관계를 남한과의 신뢰구축과 전략적 관계 구축보다는 경협과 인도적 지원 등에 한정하고, 핵문제 및 평화체제 구축과 같은 근본 문제에 대해서는 미국과의 협상을 선호하게 만들 것이다. 이와 같은 이명박 정부의 선미후북(先美後北)과 북한의 통미봉남(通美封南)이 불러올 문제점은 분명하다. 미국의 대북정책과 한미동맹 정책에 한반도의 미래가 더욱 종속되어, 한반도 운명의 '타자화'를 재촉하게 될 것이다.

끝으로 이명박 정부가 국익이나 보편적 가치를 준거로 삼아 미국과

---

10) 동용승 외, "한반도안보지수(KPSI) 1/4분기 조사결과", 삼성경제연구소, 2008년 3월 25일.

관련된 사안들에 대해 정책적 판단을 할 수 있는 능력과 의지가 있느냐 하는 문제다. "자주를 앞세워 한미동맹을 약화시켰다"라고 보수진영에게 비판받았던 노무현 정부조차 이러한 모습과는 거리가 멀었다. 노무현 정부가 국익을 우선시했다면, 10조 원 이상이 소요되는 미군기지 이전비용과 환경치유비용 대부분을 떠안지는 않았을 것이고, 한국의 생존을 근본적으로 위협할 수 있는 전략적 유연성에도 동의하지 않았을 것이다. 노무현 정부가 '반전평화'라는 보편적 가치를 존중했다면 인류 역사상 가장 추악한 전쟁 가운데 하나로 일컬어지는 미국의 이라크 침공을 지지하고 파병까지 하지는 않았을 것이다. 노무현 정부가 이 정도였던 데 비추어볼 때, 한미동맹 강화 자체를 국익으로 인식하고 있는 이명박 정부가 국가이익, 민족이익, 보편적 가치에 대한 독자적인 판단을 기초로 대미외교를 펼칠 가능성은 더욱 위축될 것이다.

3. 이명박 시대의 한미동맹, 이슈와 전망

그렇다면 이명박 정부 시대의 한미동맹은 어떻게 될까? 일단 이명박 정부와 부시 행정부 사이의 우호적인 분위기를 감안할 때, 적어도 정치적 분위기와 신뢰구축의 측면에서는 노무현-부시 때보다 한미동맹이 상당히 강화될 것이다. 그러나 한미 간의 갈등과 협력 구조가 단순히 정부 차원에 국한되지 않고 양측, 특히 한국의 국회와 시민사회 변수도 있다는 점을 함께 고려해야 한다. 이명박 정부와 부시 행정부 사이의 '밀월'이 한국의 야당과 개혁적·진보적 시민사회의 강력한 '저항'을 야기할 수 있고, 이는 한미관계 전반에도 적지 않은 파장을 야기할 것이다. 또한 11월로 예정된 미국 대통령 선거 결과도 변수가 될 수 있다. 한미동맹이 미국의 세계전략의 하위 요소이고 한미동맹의 미래를 결정하는 데 미국의 영향력이 한국을 압도한다고 할 때, 차기 미국 정부가 세계전략에 큰 변화를 시도할 경우 대북정책 및 한미동맹에도 상당한 영향을 줄 수 있기 때문이다.

이명박 시대의 한미동맹을 이슈별로 살펴보기 선에 전제되어야 할 것이 있다. 앞서 언급한 것처럼, 노무현 정부 때 한미동맹은 이미 미국의 요구에 따라 상당히 강화되었다는 것이다. 이에 따라 이명박 정부가 주창하는 것처럼 '한미동맹의 강화'가 정치적 수사와 양국의 우호적인 분위기를 넘어 내용적으로 더 강화될 것은 그리 많지 않다. 오히려 전시작전통제권 환수 문제에서도 나타난 것처럼, 이명박 정부는 여전히 미국 주도의 한반도 전쟁억제력을 선호하고 있다는 점에서 '한국 방위의 한국화'를 원하는 미국과 마찰을 빚을 공산도 배제할 수는 없다. 또한 대량살상무기확산방지구상(PSI)과 미사일방어체제(MD) 정식 참여는 '실용'을 강조해온 이명박 정부의 대외정책 노선과도 충돌한다는 점에서 선택하기 쉽지는 않을 것이다.

한미동맹과 관련된 주요 이슈를 살펴보기 전에 북핵 문제를 짚어볼 필요가 있다. 이명박 정부 출범과 함께 '뜨거운 감자'로 떠오른 미사일방어체제(MD) 및 대량살상무기확산방지구상(PSI) 참여, 남-북-미 3자관계 등 거의 모든 사안이 북핵 문제의 향방에 달려 있다고 해도 과언이 아니기 때문이다. 6자회담 및 북미회담을 통해 북핵 문제 및 북미관계가 원만하게 풀려간다면, MD 및 PSI에 한국이 참여해달라는 미국의 요구도 그리 강하지 않을 것이고 국내적으로도 이에 대한 동의를 구하기가 쉽지 않다. 그러나 북핵 교착상태가 지속되거나 악화될 경우, 상황은 정반대로 흐를 수 있다. 미국의 대북 강경책을 일정 정도 제어하고 MD와 PSI 참여에도 비교적 신중한 태도를 보였던 노무현 정부와는 달리, 이명박 정부는 한미동맹 강화와 북핵 불용이라는 입장을 과시하기 위해 미국 주도의 대북 강경책 동참 및 MD와 PSI 참여 수준도 크게 높일 공산이 있기 때문이다.

1) MD와 PSI

이명박 정부 시대의 한미동맹과 관련해 가장 큰 관심사는 MD와 PSI 정식 참여 여부로 모아지고 있다. MD와 PSI는 부시 행정부가 군사 패권주의를 통한 21세기 세계전략, 특히 압도적인 군사력으로 대량살상무기(WMD) 위협을 분쇄한다는 대확산(Counter-proliferation) 전략의 핵심요소이자, 한국에게도 참여를 요구했던 이슈들이다. 그러나 김대중-노무현 정부는 미국의 요구를 전면적으로 수용하는 것을 부담스러워했다. 이에 따라 "김대중-노무현 정부 10년간 한미동맹이 악화되었다"며, '한미동맹 복원'을 대외정책의 핵심 목표로 내세우고 있는 이명박 정부가 전임 정부들과 '차별성'을 확실히 보여줄 수 있는 정책은 MD와 PSI에 정식 참여하는 것이다.

그러나 국내의 반발 여론과 국제적 파장이 만만치 않다는 점에서 이명박 정부가 정식 참여를 선택하기도 쉽지 않다. MD 참여는 북한은 물론이고 중국, 러시아 등 주변국과의 관계까지 훼손시킬 수 있을 뿐만 아니라 군사적 효율성은 입증되지 않은 반면에 그 비용은 엄청나게 소요된다. PSI 참여는 지역적 파장과 재정적 비용은 MD 만큼 크지 않지만, 북한의 강력한 반발을 초래해 남북관계에 상당한 부담을 주고 우발적 군사충돌마저 야기할 수 있는 사안이다.

먼저 MD부터 살펴보자. 김대중 정부와 노무현 정부는 비용 대 효과는 물론이고 한미동맹과 MD 참여시 남북관계 및 주변국 관계 악화를 종합적으로 고려해 MD에 대해 '전략적 모호성'을 유지했다. 2001년 1월 출범한 부시 행정부는 MD 구축을 최우선적인 안보전략으로 삼고 당시 김대중 정부에게도 참여를 요구했다. 그러나 남북관계, 주변국 관계, 비용 문제, 군사적 효율성 등으로 종합적으로 검토한 김대중 정부는 정식 참여를 거부했고, 이것이 부시-김대중 시기 한미 간 갈등의 핵심요인이었다. 노무현 정부에 들어서는 미국의 참여 요구 수준이 크게 낮아졌고, 대신 주한미군 기지에 패트리어트 PAC-3 등 MD 무기체계를 배치하는 것을 수용했다. 이처럼 김대중-노무현 정부는 미국이 주한미군 기지에 MD 시스템을 배치하는 것을 수용하고 MD로 전환될 수 있는 무기체계를 도입하면서도 정치적으로는 'MD 참여' 의사를 밝히지 않았다. 정식 참여는 아니지만 하드웨어와 기술적 측면에서 볼 때 이미 한발을 걸친 셈이다.

그러나 이명박 정부와 한나라당 안팎에 MD 참여를 선호하는 인사들이 많고 미국 역시 한국의 새로운 정부에 공식적으로 MD에 참여해줄 것을 요청할 가능성이 높다는 점을 고려할 때, 한국이 유지해온 '전략적 모호성'이 지속될 수 있을지는 장담하기 어렵다. 이를 뒷받침하듯 국방부는 1월 8일 인수위의 요구로 MD를 보고했고, 해군은 이지스함에 북한의 탄도미사일 요격이 가능한 스탠더드 미사일-6(SM-6)을 도입해 장착하는 것에 대한 검토에 들어갔다. 이에 앞서 이명박 대통령의 후보 시절 핵심 브레인이었던 김우상 연세대 교수는 2007년 12월 말 "굳이 MD체제 참여에 문을 닫아놓을 필요는 없다"고 말했다. 청와대 대외전략비서관으로 발탁된 김태효 역시 2007년 12월 26일 동아일보와의 인터뷰에서 "이명박 당선자가 외교환경 및 국내 여론을 고려하면서 MD 참여를 전향적으로 검토할 것"이라고 말했다.

이러한 일련의 상황은 이명박 정부가 MD 참여를 추진하는 것이 아니냐는 강한 의혹을 낳았다. 그러자 인수위는 "(MD 참여는) 남북관계뿐 아니라 이해당사국 관계까지 신중하게 고려해야 하는 사안"이라며, "대규모 자원이 소모되기 때문에 충분히 고려해 추진해야 한다는 게 인수위 방침"이라고 해명했다. 이와 관련해 합동참모본부의 이성출 전략기획본부장(육군 중장)은 재정상의 한계, 기술수준, 북한과의 지리적 근접성, 국민정서 등을 고려해 MD 참여에 신중한 태도를 보이면서도, MD 참여의 구체적인 방안으로 ① 한국이 요격 미사일 발사 장소를 미군에 제공하는 방안, ② 미국이 개발 중인 MD 프로그램에 참여하는 방안, ③ 미국의 MD 시스템을 한국에 배치하는 비용을 분담하는 방안, ④ 미국의 MD 네트워크와 상호운용될 수 있는 미국의 MD 시스템을 구입하는 방안 등이 포함돼 있다고 밝혔다.[11]

　MD에 대한 이명박 정부의 선택과 관련해 우선 주목해야 할 것은 이른바 '실용주의'가 MD에 대한 정책 결정에 미칠 영향이다. 정부가 내세우는 실용주의는 '한미동맹 강화＝국익'이라는 프레임과 경제적 비용에 대한 판단이 강하다. 그런데 MD 참여는 한미동맹 강화를 안팎에 과시할 수 있는 핵심적인 사안이다. 특히 부시 행정부의 MD에 대한 열정은 식을 줄 모르고 있다. 부시 대통령이 러시아의 강력한 반발을 무릅쓰고 폴란드에 군사지원을 약속하면서까지 MD 배치에 집착을 보이고 있는 것이나, 3월 11일 헤리티지 재단 주최 연설에서 딕 체니 부통령이 부시 행정부의 MD를 찬양하면서 "미국의 다음 대통령도 이를 따라야 한다"고 말한 것은 임기 말에 몰린 부시 행정부의 MD에 대한 집착을 잘 보여준다. 이러한 맥락에서 볼 때, '업적 빈곤증'에 시달리고 있는 부시 행정부에게 한국의 MD 공식 참여는 크나큰 선물이 될 수 있다.

　또한 이명박 정부는 이미 한국이 이지스함과 패트리어트를 도입하고

---

11) Jumg Sung-ki, "South Korea to Launch Theater Command by '09," Defense News(March 17, 2008).

있다는 점에서 MD 참여에 따른 경제적 비용이 그리 크지 않을 것이라는 판단을 내릴 수도 있다. 우선 한국이 미국으로부터 도입하고 있는 이지스 전투체계는 탄도미사일을 탐지·추적할 수 있고, 요격미사일 유도 기능을 갖고 있다. 하드웨어상으로는 SM-3나 SM-6, 그리고 미국이 2009년 개발 완료를 목표로 하고 있는 SM-2블럭IV를 장착하는 데 큰 문제가 없다. 또한 독일로부터 수입하기로 한 '중고' 패트리어트 PAC-2 시스템에도 발사대에도 일부 소프트웨어를 변경하고 부품을 교체하면 MD용인 PAC-3 미사일을 장착할 수 있다. 이처럼 이미 하드웨어의 상당 부분을 갖추고 있거나 그럴 예정이기 때문에, MD용으로 전환할 경우 추가적인 비용이 그리 크지 않다고 판단할 수 있다.[12)]

　MD에 대한 이명박 정부의 선택은 크게 세 가지 차원에서 전망된다. 첫째는 공식적으로 미국 주도의 MD에 참여하는 것이다. 이럴 경우 부시

---

12) 참고로 한국의 MD 비용은 다음과 같이 추정해볼 수 있다. PAC-2를 PAC-3로 업그레이드할 경우에 드는 추가 비용은 2조 원 정도이고, 세 척의 이지스함에 SM-3를 장착하는 비용도 2조 원 정도로 추산된다. 여기에 무기체계의 수명을 20년 정도로 잡을 경우 운영유지비는 구매가의 세 배 정도에 달한다는 점을 포함하면, 전체 사업비는 PAC-2와 이지스함을 포함하면 30~40조 원, 이들을 제외하더라도 20조 원 정도는 소요된다. 이지스함에 SM-3가 아닌 2009년 이후에 개발이 완료될 예정인 SM-2블럭IV나 SM-6를 장착해도 사업비는 크게 줄어들지 않는다. 이러한 추정치는 요격체제에 한정한 것으로, MD에 핵심적인 요소인 레이더나 위성과 같은 센서(sensors)와 미국의 지휘통제전투관리통신(C2BMC) 같은 MD작전본부 등을 포함시키면 예산 규모는 훨씬 커진다. 또한 국방부는 한국형 MD 사업의 일환으로 2011년까지 약 5,000억 원을 투입해 중거리지대공 유도미사일(M-SAM, 일명 철매 II) 사업을 진행하고 있고, 2015년을 전후해 PAC-3와 이지스함의 추가 도입도 추진하고 있다. 이럴 경우 한국의 MD 관련 비용은 눈덩이처럼 불어날 것이다. 규모에 따라 달라지겠지만, PAC-2와 이지스함 등 이미 갖고 있거나 보유할 예정인 하드웨어를 MD용으로 전환하더라도 추가적으로 수십조 원의 비용이 들어간다.

행정부에게 큰 선물을 줌으로써 한미동맹 강화를 과시할 수 있지만, 막대한 비용과 국내의 반발, 그리고 북한, 중국, 러시아와의 관계 악화를 감수해야 한다. 둘째는 김대중-노무현 정부 때처럼 '전략적 모호성'을 당분간 유지하면서 미국의 차기 정부와의 논의를 선택하는 것이다. 셋째는 공식적으로는 MD 참여를 선언하지 않으면서 내용상으로는 그렇게 하는 것이다. 이는 PAC-3 미사일 및 탄도미사일 요격이 가능한 SM 계열의 미사일을 도입하면서 이를 '한국형미사일방어체제(KAMD)'라고 설명하고 내용상으로는 미국의 MD체제와 결합하는 것을 의미한다. 이럴 경우 국내외의 반발을 일정 부분 무마하면서도 미국에는 MD 협력이라는 실질적인 선물을 줄 수 있다. 필자는 이명박 정부가 이러한 방향을 선택할 가능성이 높다고 본다. 이는 인수위 관계자의 다음과 같은 발언에서도 추론해볼 수 있다.

이름을 반드시 MD라고 붙일 필요도 없고, 명시적으로 참여를 선언할 필요도 없다. '작은 MD'건, '포괄적 MD'건 간에 우회적인 방식으로 미사일 방어에 관한 기술을 습득하고 그 장점을 취하면 되는 것이다. 한국 역시 북한이나 주변국의 미사일 위협에 노출돼 있으므로 어떤 식으로든 대비책이 필요한 것 아닌가. 잠정적으로 미국의 MD 네트워크에 협조하면서 외형적으로는 '자체적인 대비책'이라는 명분을 세우면 주변국과의 마찰을 최소화할 수 있다고 본다. 시민단체 등의 반대도 마찬가지다.[13]

한국의 MD 정책과 관련해 미국의 계획 및 요구도 주목된다. 이와

---

13) 황일도, "이명박 정부 MD(미사일방어체제) 참여 구상 정밀분석," ≪신동아≫, 2008년 3월호.

관련해 2005년 3월 주한미군 사령관은 한국에 PAC-3 배치가 성공적으로 끝났다며, 앞으로 PAC-3보다 요격 범위가 길고 넓은 전역고고도방공체제(THAAD), 적의 미사일을 이륙단계에서 요격할 수 있는 항공기탑재레이저(ABL), 해상 MD인 이지스탄도미사일방어체제(ABMD) 등을 배치해 다층(multi-layered) MD 체제를 구축할 계획이라고 밝힌 바 있다.[14] 이런 입장은 2008년 3월에도 거듭 확인되었다. 이에 따라 미국의 MD 시스템은 개발이 완료되는 대로 속속 한국에 배치될 전망이다. 또한 한국의 MD 능력 강화와 협력도 요구하고 있는데, 벨 사령관은 "한국은 조속히 미국의 시스템과 완전히 통합될 수 있는 한국형 전역미사일방어(TMD) 시스템을 갖춰야 한다"고 강조했다.[15] 한국이 KAMD를 추진하더라도 미국 MD 시스템과 통합되어야 한다는 의미다.

미국 차기 정권의 MD 정책도 주목된다. 일단 공화당의 존 메케인 후보는 부시 행정부 못지않게 MD에 대한 열망이 강하다. "탄도미사일로 미국과 동맹국을 겨냥할 능력을 가진 북한과 이란은 물론이고 러시아, 중국과 같은 전략적 경쟁국들에게서 미국을 보호하기 위해, 또한 군사작전 수행 시 적들의 미사일 공격의 위협에서 벗어나 자유롭게 행동하기 위해 효율적인 MD 구축은 반드시 필요하다"라는 것이다.[16] 이에 반해 배럭 오바마(Barack H. Obama)와 힐러리 클린턴(Hillary R. Clinton) 등 민주당의 대선 후보는 MD에 대해 명확한 입장을 드러내길 꺼리고 있다.

---

14) Leon J. Laporte, Commander of U.S. Forces Korea, Testimony on the Fiscal Year 2006 National Defense Authorization Budget Request from the Department of Defense(March 8, 2005).

15) B. B. Bell, Commander of U.S. Forces Korea, Testimony before the Senate Armed Services Committee(March 11, 2008).

16) http://www.johnmccain.com.

이들은 부시 행정부의 탄도미사일방어(ABM) 조약 탈퇴 및 일방적인 MD 구축에 대해 비판적인 견해를 드러내면서도, MD 자체를 반대할 경우 '국가안보를 무시한다'는 비난에 직면할 것을 우려하고 있다. 또한 부시 행정부 8년을 포함한 지난 20여 년간 MD 시스템이 꾸준히 진화해, 민주당이 집권해도 이를 완전히 무시할 순 없을 것이다.

정리하자면, 한국에 대한 MD 참여 압력과 요구가 가장 클 조합은 '북핵 미해결＋메케인 당선'이고, 중간 수준의 조합은 '북핵 해결＋메케인 당선 또는 북핵 미해결＋민주당 집권'이며, 낮은 수준의 조합은 '북핵 해결＋민주당 집권'이라고 할 수 있다.

다음으로 MD와 함께 부시 행정부의 대확산 전략의 또 하나의 축인 PSI 문제를 살펴보자. 미국이 2003년 5월부터 추진해온 대량살상무기확산방지구상(PSI)은 북한, 이란 등 미국이 지목한 '깡패국가'들이 대량살상무기 및 그 부품과 물질을 제3자에 넘기는 것을 육·해·공 3면에서 물리적으로 막는 것을 목표로 한다. 그러나 이는 국제해양법에 명시된 공해상에서의 해양의 자유권과 배타적 경제수역에서의 무해(無害) 통항권이 충돌하여 적법성 논란이 계속되어왔다. 이와 관련해 노무현 정부는 남북관계와 한미관계를 함께 고려해 부분 참여를 선택한 바 있다. 2006년 10월 9일 북한의 핵실험 직후 PSI 참여를 미국으로부터 요청받은 노무현 정부는 PSI의 8개 항 중 역내·외 훈련의 참관단 파견, 브리핑 청취 등 옵서버 자격으로 가능한 5개 항에만 참여했고, 정식참여, 역내 차단훈련 시 물적 지원, 역외 차단훈련 시 물적 지원 등 3개 항에는 동참하지 않았다.

그러나 한나라당의 이명박 후보가 대통령에 당선되면서 분위기가 바뀌고 있다. 외교통상부는 2008년 1월 이명박 대통령직 인수위원회 업무보고에서 정식 참여를 검토할 필요가 있다는 의견을 개진했다. 이를 계기로 PSI 참여 문제에 대한 논란이 불거지자 인수위는 "단순히 반(反)테러나 한미동맹 차원이 아니라 전반적인 남북관계의 전략적 여건 변화를 모두 고려해 신중히 접근하기로 의견이 모아졌다”는 입장을 밝혔다. 뒤이어 유명환 외교통상부 장관은 2월 27일 통일외교통상위원회 인사 청문회에서 “비확산 체제는 하나의 국제규범이니 더 적극적인 참여방안이 있는지 검토하는 게 타당하다고 본다”고 말했다.

이명박 정부의 PSI에 대한 정책 향방을 전망할 때, 크게 세 가지 점을 염두에 둘 필요가 있다. 하나는 이명박 정부가 ‘한미동맹 강화’ 및 ‘비확산 국제규범 존중’이라는 입장을 갖고 있다는 점이다. 이는 PSI 참여 수준을 높이게 하는 요소다. 다른 하나는 부시 행정부의 PSI 열망이 과거에 비해 많이 줄었다는 점이다. 이는 2003년 당시 이 구상을 주도한 존 볼턴(John R. Bolton, 당시 국무부 차관)과 로버트 조지프(Robert G. Joseph, 당시 NSC 비확산담당 보좌관) 등 네오콘이 퇴출되고 PSI의 실효성이 크지 않다는 판단에 따른 것이다. 끝으로 북핵 문제의 향방과 이와 연동된 부시 행정부의 요구 수준이다. 북핵 문제가 풀리지 않거나 악화되면 미국의 참여 요구는 높아질 수 있고, 한미공조를 중시하는 이명박 정부는 정식 참여쪽으로 기울어질 가능성이 있다. 반면 북핵 문제 해결에 진전이 있을 경우 부시 행정부의 요구는 그리 크지 않을 것이고, PSI 이슈화도 줄어들게 될 것이다.

2) 한미동맹 재편 관련 현안들

앞서 언급한 것처럼 MD와 PSI를 제외하곤 이미 노무현 정부 때 한미동맹 재편에 대한 합의가 거의 이뤄졌고 미국의 요구도 대부분 수용했기 때문에, 이명박 정부가 추가적으로 할 수 있는 일은 그리 많지 않다. 오히려 전시작전통제권 전환 문제를 둘러싸고 미국과 엇박자를 내고 있다.

먼저 전시작전통제권 전환 문제부터 살펴보자. 이명박 대통령은 대선 공약으로 전시 작통권 환수 재협상을 내세웠다. "북핵 위협이 있는 한 작통권 이양 문제는 신축적으로 결정돼야 한다"며, "북핵으로 인한 한반도 긴장 여하에 따라서 차기 정부는 필요하면 이 문제를 미국 측과 재협상하도록 해야 한다"라는 것이었다. 인수위 보고서에서도 "전시작전통제권 전환의 적정성 평가 및 보완"을 중점과제의 하나로 제시했다. 그러나 전작권 이양은 미국이 강력하게 희망하고 있는 사안이라는 점에서 재협상이 이뤄질 가능성은 극히 낮다. 이에 따라 이명박 정부는 기본적으로 전작권 환수를 한미동맹의 이완으로 해석해온 보수진영의 입장과 세계전략의 변화에 따라 전작권 이양이 필요하다는 미국의 입장을 함께 고려할 수밖에 없는 처지가 되었다. 전작권 재논의는 결국 북핵 해결 여부와 미국의 차기 정권의 입장, 그리고 재논의 추진 시 한국의 정치지형과 복잡하게 맞물릴 수밖에 없다.

두 번째는 방위비 분담금 문제다. 이는 노무현 정부 때 논란으로 남아 있던 사안이다. 쟁점은 크게 세 가지다. 첫째는 방위비 분담 수준이다. 미국은 장기적으로 한미 간의 방위비 분담금 수준을 미일동맹 수준(일본 70 대 미국 30 수준)으로 끌어올리는 것을 분담 목표로 삼아 지속적이고 대폭적인 인상을 요구하는 한편, 한국 정부의 방위비 부담 의지를 동맹에 대한 태도로 해석하겠다는 입장을 보여왔다.17) 이에 반해 노무현 정부는 급격한 방위비 분담 인상은 곤란하다고 밝혔다. 이와 관련해 주한미군

---

17) 일례로 버웰 벨 주한미군 사령관은 2006년 3월 7일 미국 상원 군사위원회 청문회에서 "주한미군을 지원하기 위한 방위비의 균형된 분담은 동맹의 힘의 근본"이라며, "한국이 공평하고 적절하게 방위비 분담을 할 용의가 있느냐가 미군의 한국 주둔을 원하고 존중하느냐에 대한 확고한 징표"라고 말했다.

사령관은 2008년 3월 미국 상원 청문회에서 한국의 방위비 분담금이 2007년 현재 40% 수준에서 조속히 50%는 되어야 한다는 입장을 밝히면서 새로운 한국 정부가 이에 협력할 것으로 기대한다고 말했다. 둘째는 한국이 지원한 방위비의 '전용' 문제다. 미국은 2사단 이전비용을 한국이 제공한 방위비로 충당하려 하는 반면에, 노무현 정부는 이에 대해 난색을 표한 바 있다.[18] 셋째는 현행 총액 지불 방식에서 '소요 충족형'으로 전환하는 문제다. 노무현 정부는 방위비 분담 및 집행 방식의 투명성을 높이기 위해, 방위비 분담금을 전액 현금으로 제공하는 방식에서 현물 제공이나 '소요 충족형'으로 바꾸자고 제안했지만, 미국 정부는 이에 대해 부정적이었다. 이러한 문제들과 관련해 이명박 정부가 노무현 정부보다 한미동맹을 중시하고 있다는 점에서 미국 측 요구를 상당 부분 수용할 가능성이 높아 보인다. 그러나 이는 국회와 시민단체의 반발을 낳을 것이라는 점에서 향후 한미관계는 물론이고 국내 정치에서도 뜨거운 쟁점이 될 것이다.

세 번째, 노무현 정부 때 미국과 이견을 보인 미2사단의 성격 문제다. 2003년 이후 주한미군 재배치와 전략적 유연성을 강력히 추진해온 미국은 미2사단을 '장기 주둔군'이 아닌 '순환 배치군'으로 운용할 계획이다. 이는 2사단이 '붙박이형'에서 이른바 '테러와의 전쟁'이나 동북아 분쟁 등 해외에서의 임무를 원활하게 수행하는 '신속 기동군'으로 바뀐다는 것을 의미한다. 그러나 노무현 정부는 북한과의 군사적 대치를 감안하여

---

18) 참고로 노무현 정부는 용산기지와 2사단 이전비용을 총 10조 원으로 추정하면서, 용산기지는 한국이 이전을 요구했기 때문에 한국이 부담하고, 2사단은 미국의 이전 요구에 따라 미국이 부담키로 했다고 발표했다. 그러나 미국은 2사단 이전비용의 상당 부분은 한국 측이 제공하는 방위비 분담금으로 충당될 것이라는 입장을 '줄곧' 밝혀왔다.

2사단의 '급격한' 성격 변화는 곤란하다는 입장을 전달한 것으로 알려졌다.[19) 이와 관련해 이명박 정부의 입장은 알려진 바 없지만, 한미동맹을 강화하겠다는 입장과 2사단의 순환 배치군으로의 재편이 미국의 대한국 안보공약의 약화로 해석될 수 있다는 지적을 함께 고려해야 할 상황이다.

네 번째, 잠재되어 있지만 한미동맹에서 가장 폭발성 있는 문제인 전략적 유연성이다. 이 부분은 이미 노무현-부시 때 원칙적인 합의가 이뤄졌기 때문에, 이명박 정부 임기 동안 특별한 사안이 발생하지 않으면 이슈가 되지 않을 것이다. 그러나 북한의 급변 사태나 중국-대만 사이의 무력 충돌과 같은 특별한 사안이 발생하거나 그러한 징후가 나타날 때 상황은 달라질 수 있다. 우선 미국은 북한의 급변 사태가 발생해 핵무기와 같은 대량살상무기(WMD)가 위험 세력의 수중에 넘어가는 것을 방지하기 위해 군사력을 투입해 북한의 WMD를 확보한다는 계획을 가지고 있다. 이것이 이른바 '개념계획 5029'다. 이와 관련해 노무현 정부는 북한이 남한이나 미국을 공격하지 않은 상태에서 군사력이 투입되면 전면전이 발생할 우려가 크다며, 5029를 작전계획으로 격상하는 것에 난색을 표했다. 그러나 이명박 정부와 군 당국 일각에서는 북한의 급변사태 발생에 대비해 5029를 작전계획으로 격상해야 한다는 목소리가 나오고 있다. 만약 한미 양국 정부가 이러한 계획을 추진할 경우, 남북관계와 북미관계는 물론이고 한국사회에서도 엄청난 논란을 야기하게 될 것이다.

동북아 분쟁, 특히 양안분쟁 시 주한미군이나 한미연합군의 투입과 관련된 문제 역시 중대하다. 한미 양국은 2006년 1월, 주한미군의 전략적 유연성의 필요성을 한국이 인정하고 한국이 원하지 않는 동북아 분쟁에 개입하지 않겠다는 한국의 입장을 미국이 존중한다는 두 가지 합의에

---

19) 《경향신문》, 2008년 1월 10일자.

도달했다. 그러나 미국은 양안 사태 등 동북아 지역의 분쟁에 대한 개입을 염두에 두고 주한미군의 전략적 유연성을 추구했다는 점에서 이러한 두 가지 합의는 상호모순적이다. 노무현-부시 때 이에 대해 명확한 합의에 도달하지 못했고, 양측의 설명도 달랐다. 이에 따라 전략적 유연성에 대한 이명박 정부의 입장과 한미 간의 논의 방향도 큰 관심사다.

다섯 번째, 이라크와 아프가니스탄 파병 문제가 또 다시 불거질 가능성도 있다. 일단 이라크 파병은 2007년에 또 다시 연장되어 자이툰 부대는 이라크 북부 아르빌에 2008년까지 주둔하게 된다. 그러나 이라크 상황이 획기적으로 개선될 가능성이 거의 없다는 점에서 미국이 또 다시 파병 연장을 요구해올 가능성은 얼마든지 있고, 한미동맹과 원유 확보 등 자원 외교를 중시하는 이명박 정부가 이를 수용할 가능성이 높아 보인다. 아프 가니스탄 역시 탈레반 세력이 부활하는 등 미국과 NATO가 주도하는 안정화 작전이 한계에 봉착해 있어, 미국이 한국에게 재파병을 요구해올 가능성도 있다. 인수위가 이명박 정부의 중점과제의 하나로 "국제평화유지(PKO) 활동 강화"를 제시하고 정치권 일각에서 PKO법 제정 움직임이 보이는 것도 해외 파병을 원활하게 하기 위한 의도에서 나온 것으로 보인다.

여섯 번째, 주한미군 감축 계획의 재조정 및 미군 근무 기간 연장 여부도 주목된다. 벨 사령관은 3월 12일 하원 청문회에서 한미정상회담에서 이명박 대통령이 주한미군 감축 중지를 요청할 가능성이 있다며, "만약 한국에서 이러한 요구를 한다면, 미국은 이 문제를 논의할 것인가의 여부에 대해 신중하게 검토해야 한다"라고 말했다. 한미 양국은 2004년에 2008년까지 2만 5,000명으로 줄이기로 합의했고, 이러한 합의에 따라 미군 수는 꾸준히 감축되어 2008년 3월 현재 2만 8,500명이 한국에 주둔하고 있다. 그런데 이명박 정부는 전임 정부와 한미동맹이 달라졌다는 것을 보여주기 위해 주한미군 감축 중지를 미국에 요구할 가능성이 있다. 그리고 미국은 이를 수용하는 대신에 방위비 분담금 인상, MD 및 PSI 참여 등을 요구할 수 있다.

또한 주한미군의 한국 근무 기간을 1년에서 가족을 동반한 3년으로 늘리는 문제도 한미동맹의 미래와 관련해서 중요한 함의를 갖는다. 벨 사령관은 주한미군의 삶의 질 개선과 한반도 통일 이후에도 주둔을 보장받기 위해서는 '3년 근무 프로그램'이 절실히 요구된다고 주장해왔다. 3월 12일 하원 청문회에서 '3년 근무 프로그램'이 북핵 문제의 해결, 평화협정, 관계정상화는 물론 심지어 통일 이후에도 "주한미군을 집으로 오게 하지 않고 한국에 계속 주둔할 것이라는 메시지를 국제사회에 분명히 하는 것"이라고 강조한 것은 이러한 의도를 잘 보여준다. 그러나 미국 일각에서는 3년 근무 프로그램이 추가적인 예산 지출과 미군 운용의 유연성을 저해할 수 있다는 우려를 제기하고 있다. 이에 대해 벨 사령관은 추가적인 비용의 대부분은 한국이 부담할 것이고, 이미 주한미군이 '순환 배치군'으로 재편되고 있기 때문에 별문제가 없다는 입장이다. 그런데 이 사안과 관련해서 이성출 한미연합사 부사령관은 가족 동반 3년 근무 프로그램이 "주한미군의 복지 및 사기는 물론이고 한미동맹의 발전에도 긍정적인 기여를 할 것"이라며 지지 입장을 밝혔다.[20] 미국 내에서 동의가 이뤄질 경우 한국 정부도 수용할 가능성이 높다는 것을 예고해준다.

끝으로 이명박 정부의 국방정책도 살펴볼 필요가 있다. 노무현 정부의 '협력적 자주국방'이 한미동맹 재편과 동전의 양면 같은 관계이듯이, 이명박 정부의 국방정책은 한미동맹과 긴밀한 연관성을 갖기 때문이다. 이와 관련해 노무현 정부 때 마련된 '국방개혁 2020'에 대한 입장이

---

20) Jung Sung-Ki, "CFC Role for South Korea's Lee," *Defense News*(March 24, 2008).

주목된다. 이명박 정부는 2020년까지 68만에서 50만 명으로 병력을 감축하는 것에 대해 재검토를 시사하고 있다. 한반도 안보 환경 및 전시작전통제권 환수 등을 함께 고려해야 한다는 이유 때문이다. 이러한 이명박 정부의 입장은 주한미군 측의 시각과 맥락이 닿아 있다. 주한미군 사령관이 2008년 3월 11일 상원 청문회에서 "한국군의 감축은 북한군의 감축과 함께 이뤄져야 한다고 믿는다"라고 말한 것은 이를 잘 보여준다. 이에 따라 이명박 시기에 병력 감축 계획이 재조정될 가능성도 높다.

4. 이명박 시대의 한미동맹은 어디로?

최초의 캠프 데이비드 한미정상회담이 보여주듯 이명박 시대의 한미동맹은 당분간 우호적인 분위기를 바탕으로 '강화'의 길로 가게 될 것으로 보인다. 그러나 사안에 따라서 국내 여론과 대북한, 그리고 주변국 관계가 대단히 복잡하게 전개될 수 있다. 이라크와 아프가니스탄 등 해외 파병 및 방위비 분담금 인상은 국내적으로 대단히 민감한 문제다. 또한 MD 및 PSI 정식 참여 여부는 국내적으로 민감한 사안일 뿐만 아니라 북한, 중국, 러시아와도 연관된 문제다. 전략적 유연성에 따라 주한미군이 양안 문제에 개입하는 문제는 한중관계의 미래는 물론 한국의 생존과도 직결되어 있다. 이명박 정부가 한미동맹을 단순히 양국 정부 사이의 관계가 아니라 정부와 국회 및 시민사회, 북한과 주변국 관계, 국제사회 전반의 흐름을 종합적으로 판단해야 할 까닭이 바로 여기에 있다.

잘 알려진 것처럼, 이명박 정부는 김대중–노무현 정부 10년을 "지구상에서 뒤떨어진 이념 갈등의 시대"로 규정하면서 이념보다 국익을 앞세우고 있다. 그리고 이를 '실용주의'로 규정한다. 이러한 정책 기조에 따른다면, 국익이 우선적인 고려 사항이 되고 한미 간에는 사안별로 협력과 갈등이 나타날 것이라고 전망할 수 있다. 그러나 한미동맹이 이러한 방향으로 전개될지는 회의적이다. 이명박 대통령과 한나라당, 그리고 보수적 전문가들은 '한미동맹 강화=국익'이라는 선험적인 결론을 내리고 한미 관계를 바라보고 있기 때문이다. 한미동맹을 국익을 달성하는 하나의 수단이나 그 하위 변수로 보는 것이 아니라 그 자체를 국익과 동일시하게 되면, 국익에 기초한 사안별 판단 능력은 이러한 인식틀에 종속되기 마련이다.

이처럼 이명박 정부는 표면적으로는 '실용'을 앞세우면서도 실제로는 한미동맹 강화가 곧 국익이라는 '이념'에 갇힐 우려가 크다. 실용주의는 "이익을 평가의 기준으로 삼는 결과주의"와 "항상 옳음을 전제하는 독단주의의 거부"를 요체로 하는데, 정작 이명박 정부는 한미동맹 강화를 선험적 가치로 규정하면서 국익을 여기에 종속시키고 있다는 지적도 이러한 맥락에서 나오는 것이다.[21]

이에 따라 이명박 정부의 대미 외교는 미국을 자극하는 발언을 삼가고 정치적 유대감을 높이면서, 한미동맹 강화가 국익에 도움이 된다는 '실용적 수사'와 '친미적 정책'의 조합으로 나타날 가능성이 상당히 높다. 그리고 노무현 대통령의 '반미적 수사'가 '친미적 정책'을 은폐하는 기능을 했던 것처럼, 이명박 정부가 즐겨 사용하는 '실용적 수사' 역시 국민들에게 착시 현상을 유발할 것이다. 실상은 이명박 정부가 과거 어느 정부보다도 한미관계를 '이념적 관점'에서 접근하고 있는데도, 정부 스스로이를 실용으로 믿거나 실용으로 포장하고 있기 때문이다.

---

[21] 참여연대 평화군축센터, "이명박정부의 '글로벌 코리아' 구상에 대한 비판적 검토와 제언," 2008년 2월 20일.

이명박 시대의 한미동맹과 관련해 결코 간과할 수 없는 문제는 바로 한미일 삼각군사협력체제가 등장할 가능성이다. 안보 구조상 한국과 일본은 미국과 군사동맹을 맺고 있어, 한미동맹과 미일동맹은 간접적으로 연결되어 있다. 또한 세 나라 모두 자유민주주의와 시장경제라는 '가치'를 공유하고 있다. 이에 따라 한미 양국의 일각에서는 북한 위협에 효과적으로 대처하고, 중국의 부상을 견제하며, 한반도 통일을 자유민주주의와 시장경제 체제로 이루기 위해서는 한-미-일 세 나라가 공동전선을 펴야 한다는 주장이 끊임없이 제기되어왔다. 그러나 노무현 정부는 한-미-일 '남방 삼각동맹'이 북-중-러 '북방 삼각동맹'을 야기해 한국의 이익에도 부합하지 않는다고 보았을 뿐 아니라, 역사, 영토 문제, 대북정책 등을 둘러싸고 일본과 대립각을 세웠다. 특히 대북정책에서는 일본보다는 중국, 러시아와의 협력에 비중을 두었다.

이에 반해 이명박 정부는 한일관계를 개선하겠다는 의지가 강하다. 과거사 문제에 대해 "일본의 사과를 더 이상 요구하지 않겠다"는 대통령의 발언, 취임 후 첫 정상회담 상대를 일본의 후쿠다 야스오(福田康夫) 총리로 결정한 것, 정상 간의 '셔틀외교'를 복원하기로 한 것에서 이를 알 수 있다. 또한 2003년 한일관계가 악화되고 6자회담이 시작되면서 중단된 한미일 대북정책조정그룹(TCOG)을 재개할 움직임도 보이고 있다. 무엇보다도 한일 두 나라 정부가 미국과의 동맹 강화를 선호하고 있고 납북자 문제를 비롯한 북한 인권 문제에 대한 관심이 높다는 점 역시 양국 간의 유대를 강화하는 요인이 될 것이다. 3월 11일 외교부 업무 보고에서는 "동아시아 전략적 협력 강화의 일환으로 한-미-일 3자 협의를 가동해서, 한-미-일 3자 협의를 통해서 한반도 및 동북아 문제뿐만 아니라 범세계적 문제를 협의하는 체제를 만들겠다"고 말했다. 미국 역시 한-미-일 3각 안보협력의 강화를 원하고 있다. 일례로 티모시 키팅

(Timothy J. Keating) 태평양사령부 사령관은 "한-미-일 세 나라는 아시아-태평양 지역에서 복잡한 우발 상황을 다룰 수 있는 재원(財源)과 병참 역량, 그리고 계획 능력을 갖고 있다…… 우리는 한-미-일 세 나라 사이의 삼각 협력을 고무시키고 있다"라고 말했다. 이것이 '테러와의 전쟁'을 비롯한 지역적·국제적 협력을 증진시키는 데 도움이 된다는 것이다.[22] 이에 따라 대북정책을 둘러싼 한-미-일 3국 간의 공조 및 군사협력관계가 강화될 가능성이 높아지고 있다.

그러나 한미동맹 강화 및 한-미-일 삼각협력체제의 복원이 탄탄대로를 가게 될지는 미지수다. 우선 북핵 문제의 향방을 점치기가 어렵다. 만약 한·미·일 세 나라가 대북 강경책으로 전환하려고 할 경우, 북한·중국·러시아의 반발이 만만치 않겠지만, 국내에서도 저항이 거셀 것이다. 또한 2008년 11월 미국 대선도 큰 변수다. 공화당이 승리하면 이명박 정부와 코드가 비교적 잘 맞겠지만, 민주당이 집권할 경우 상당한 변화에 직면할 수 있다. 민주당은 보호주의 성격이 강해 자유무역협정(FTA)에 부정적인 반면 안보정책에서는 공화당보다 국제주의 성격이 강하기 때문이다.

가능성은 낮지만 이명박 정부 임기 내에 한미동맹에 일대 파란이 일어날 수도 있다. 미국이 안팎의 조건과 환경의 변화에 따른 세계전략의 변화를 꾀할 경우 한미동맹에도 주한미군의 철수 등 근본적인 변화가 올 수 있기 때문이다. 과거 주한미군 대폭 감축을 단행한 닉슨과 카터, 그리고 아버지 부시 행정부 때 한국 정부는 박정희와 노태우 정부였다. 이 정부들이 한미동맹의 중요성을 간과하지 않았음은 물론이다. 이처럼 미국은 한미동맹에 대한 한국 정부의 태도와 관계없이 자신의 필요에

---

22) Timothy J. Keating, Commander of U.S. Pacific Command, Testimony before the Senate Armed Services Committee(March 11, 2008).

따라 주한미군의 감축 또는 철수를 추진했다.

그런데 이러한 상황은 앞으로도 얼마든지 재현될 수 있다. 미국에서 군 입대자의 감소 및 막대한 군사비 부담에 따른 경제적 부담 가중, 세계경찰국가로서의 미국에 대한 미국 안팎의 비판 여론 증대, 이라크 및 아프가니스탄 사태의 장기화 등은 군사력에 의존해온 미국의 세계전략이 한계점에 도달하고 있음을 보여준다. 여기에 더해 한반도 비핵화 및 평화체제가 구축되고 북미관계가 정상화되며 동북아 다자간 안보협력 체제 구축에 진전이 있으면, 주한미군에 대한 미국 내부의 동의를 얻기가 더욱 힘들어질 수 있다. 이러한 상황 변화에 직면한 미국이 중국에 대한 군사적 견제의 수위를 낮추려고 할 경우 한국에 대규모의 미군을 주둔시킬 동기도 약해진다. 그러므로, 가능성은 낮지만 대단히 역설적으로 '한미동맹의 강화'를 내건 이명박 정부 임기에 주한미군의 대폭 감축이나 철수가 이뤄질 수도 있는 것이다.

벨 사령관이 최근 한국의 전략적 가치를 강조하면서 '3년 근무 프로그램'을 관철시키려고 하는 것도 이러한 맥락에서 이해할 수 있다. 주한미군의 핵심적인 주둔 근거가 북한의 위협 및 한반도 정전체제에 있는 만큼, 북한의 위협이 해소되고 정전체제가 평화체제로 대체되면 주한미군의 주둔 근거도 설자리가 좁아진다. 반면에 3년 근무 프로그램을 비롯해 한미동맹의 제도화의 수준을 크게 높이면, 주한미군 장기 주둔의 '관성'이 강해진다. 3년 근무 프로그램이 한반도 평화체제 시대에 대비한 '예방적 제도화'의 성격을 갖고 있는 것이다.

그러나 한반도 통일 이후에도 주한미군의 주둔을 보장받기 위한 이러한 시도는 북한·중국·러시아의 반작용을 야기할 공산이 크다. 이 세 나라는 미국의 의도가 한미동맹 주도로 한반도 통일을 완성하는 것이라고 보고, 대비책을 세울 것이기 때문이다. 특히 중국과 러시아는 주한미군의 장기 주둔을 NATO의 동진과 같은 맥락으로 바라볼 것이다. 그리고 그 결과는 한미동맹의 북진을 초래할 한반도 통일보다는 현상유지를 선호하는 것으로 나타나게 될 것이다. 한반도가 태평양 건너에 있는 미국에게 전략적으로 중요하다면, 압록강과 두만강을 각각 사이에 두고 있는 중국과 러시아에게는 더욱 중요해지기 때문이다. 21세기의 한국이 진정으로 지난 세기와는 다른 새로운 미래를 설계하려 한다면, 한미동맹과 주한미군에 대한 다른 접근이 필요하다.

한미동맹 관련 문서

한미 상호방위조약

본 조약의 당사국은 모든 국민과 모든 정부와 평화적으로 생활하고자 하는 희망을 재인식하며, 또한 태평양 지역에 있어서의 평화기구를 공고히 할 것을 희망하고, 당사국 중 어느 일방이 태평양 지역에 있어서 고립하여 있다는 환각을 어떠한 잠재적 침략자도 가지지 않도록 외부로부터의 무력공격에 대하여 그들 자신을 방위하고자 하는 공통의 결의를 공공연히 또한 정식으로 선언할 것을 희망하고, 또한 태평양 지역에 있어서 더욱 포괄적이고 효과적인 지역적 안전보장 조직이 발생될 때까지 평화와 안전을 유지하고자 집단적 방위를 위한 노력을 공고히 할 것을 희망하여 다음과 같이 합의한다.

제1조   당사국은 관련될지도 모르는 어떠한 국제적 분쟁이라도 국제적 평화와 안전과 정의를 위태롭게 하지 않는 방법으로 평화적 수단에 의하여 해결하고, 또한 국제관계에 있어서 국제연합의 목적이나 당사국이 국제연합에 대하여 부담한 의무에 배치되는 방법으로 무력에 의한 위협이나 무력의 행사를 삼갈 것을 약속한다.

제2조   당사국 중 어느 일방의 정치적 독립 또는 안정이 외부로부터의

무력침공에 의하여 위협을 받고 있다고 어느 당사국이든지 인정할 때에는 언제든지 당사국은 서로 협의한다. 당사국은 단독적으로나 공동으로나 자조와 상호원조에 의하여 무력공격을 방지하기 위한 적절한 수단을 지속하여 강화시킬 것이며, 본 조약을 실행하고 그 목적을 추진할 적절한 조치를 협의와 합의하에 취할 것이다.

제3조   각 당사국은 타 당사국의 행정관리하에 있는 영토 또한 금후 각 당사국이 타 당사국의 행정관리하에 합법적으로 들어갔다고 인정하는 영토에 있어서 타 당사국에 대한 태평양 지역에 있어서의 무력공격을 자국의 평화와 안전을 위태롭게 하는 것이라고 인정하고 공통한 위험에 대처하기 위하여 각자의 헌법상의 수속에 따라 행동할 것을 선언한다.

제4조   상호합의에 의하여 결정된 바에 따라 미합중국의 육군, 해군과 공군을 대한민국의 영토 내와 그 주변에 배치하는 권리를 대한민국은 이를 許與하고 미합중국은 이를 수락한다.

제5조   본 조약은 대한민국과 미합중국에 의하여 각자의 헌법상의 절차에 따라 비준되어야 하며, 그 비준서가 양국에 의하여 워싱턴에서 교환되었을 때에 효력을 발생한다.

제6조   본 조약은 무기한으로 유효하다. 어느 당사국이든지 타 당사국에 통고한 일년 후에 본 조약을 종지시킬 수 있다.

이상의 증거로서 하기 전권위원은 본 조약에 서명하였다.
본 조약은 1953년 10월 1일 워싱턴에서 한국문과 영문의 2통으로 작성되었다.

대한민국을 위하여 변영태

미합중국을 위하여 존 포스터 델레스

1953년 10월 1일 워싱턴

한미 정상 공동성명

2003년 5월 14일 노무현 대한민국 대통령과 조지 W. 부시 미합중국 대통령은 워싱턴 D.C. 백악관에서 정상회담을 가졌다. 2003년이 한·미 상호방위조약 50주년임에 유의하면서 양 정상은 양 국민이 공유하고 있는 민주주의, 인권, 시장경제의 가치 증진과 한반도 및 동북아의 지속적인 평화와 번영을 위한 포괄적이고 역동적인 동맹관계를 구축해나가는 데 공동 노력키로 다짐하였다.

(한미동맹)

노 대통령과 부시 대통령은 한미동맹 50주년을 환영하면서 한미동맹에 기여한 이들, 특히 미군이 주둔하는 한국 지역사회 및 한반도에서 평화와 자유 수호를 위하여 헌신해온 주한미군 장병들에 대하여 경의를 표명하였다. 부시 대통령은 한반도 및 아태 지역에서의 미군의 강력한 전진 주둔에 대한 공약을 재확인하였다. 양 정상은 기술력을 활용하여 양국 군을 변혁시키고 새로이 대두하고 있는 위협에 대한 대처 능력을 제고함으로써 한미동맹을 현대화하기 위해 긴밀히 협력해나가기로 하였다.

동맹 현대화의 맥락에서 양 정상은 주한 미군을 주요 축을 중심으로

통합하는 계획을 마련하고 조속한 시일 내에 용산기지를 재배치하기로 합의
하였다. 부시 대통령은 한반도에서 미군의 주둔이 보다 큰 능력을 갖추고
지속 가능한 주둔으로 전환되는 동안 주한미군이 취할 적절한 대비태세에
대하여 노 대통령과 긴밀히 협의해나가기로 약속하였다. 양 정상은 한강
이북 미군 기지의 재배치는 한반도 및 동북아시아의 정치·경제·안보 상황
을 신중히 고려하여 추진해야 한다는 데 인식을 같이하였다. 양 정상은
또한 대한민국의 국력 신장에 따라 한반도 방위에 있어 한국군의 역할을
계속 증대하는 기회가 주어지고 있는 데 대해서도 유의하였다.

노 대통령과 부시 대통령은 한반도를 넘어선 국제 안보상의 도전에 맞서
한·미 양국 간 협력이 증대하고 있음을 환영하였다. 부시 대통령은 이라크
전에 대한 노 대통령의 지지에 사의를 표하였으며, 한국이 의료 및 공병부대
를 파견하고 이라크전에서 전후 인도적 지원 및 재건을 위한 여타 노력을
수행키로 결정한 데 대해 환영의 뜻을 표하였다. 노 대통령은 중동 지역에서
항구적인 평화와 안보를 구축하기 위한 미국과 국제사회의 노력에 대해
지지를 표명하였다. 양 정상은 또한 '항구적 자유 작전' 및 아프가니스탄
재건에 대한 한국군의 기여에 주목하면서 대테러전쟁의 진전 및 협력 상황
을 검토하였다.

양 정상은 한미동맹 50주년을 기념하기 위하여, 미래 한미관계에 대하여
토론하고 양국 정부에게 새로운 아이디어를 제공할 전문가 회의 개최를
환영하였다.

(북한)

노 대통령과 부시 대통령은 북한의 핵무기 보유를 용인하지 않을 것임을

재확인하였다. 양국 정상은 북한의 재처리 및 핵무기 보유에 관한 언급과 이러한 무기의 과시 및 이전 위협에 대해 심각한 우려를 가지고 주목하였다. 양 정상은 북한의 사태 악화 조치는 북한을 더욱 고립되고 절박한 상황으로 이끌 뿐이라고 강조하였다.

양 정상은 국제적 협력에 기반하여 평화적인 수단을 통해 북한 핵무기 프로그램의 완전하고 검증 가능하며 불가역적인 제거를 위해 노력해나간다는 강력한 의지를 재천명하였다. 양 정상은 4월 23~25일 북경 3자회담에서의 중국의 역할을 환영하였다. 양 정상은 다자외교를 통한 성공적이고 포괄적인 해결에 있어 대한민국과 일본이 필수적이며, 러시아와 여타 국가들도 건설적 역할을 할 수 있다는 데 동의하였다. 양 정상은 한반도에서의 평화와 안정에 대한 위협이 증대될 경우에는 추가적 조치의 검토가 이루어지게 될 것이라는 데 유의하면서, 문제의 평화적 해결이 이루어질 수 있다는 확신을 표명하였다.

양 정상은 한국과 미국이 북한에 대한 인도적 식량지원의 최대 공여국임에 주목하면서, 인도적 지원이 정치적 상황 전개와 연계되지 않고 이루어질 것이라는 점을 재확인하고, 동 지원이 이를 필요로 하는 주민들에게 확실히 전달되도록 할 필요에 대해 유의하였다. 부시 대통령은 북한의 핵 프로그램이 과감한 접근방안 및 국제사회가 북한 주민의 다양한 필요를 지원하기 위한 포괄적인 조치를 검토하는 데 장애가 되고 있다는 점을 강조하였다.

노 대통령은 평화번영정책의 개요를 설명하였으며, 부시 대통령은 남북화해 과정에 대한 지지를 재천명하였다. 부시 대통령은 이러한 대화 채널이 북한에게 핵문제 해결을 촉구하는 데 활용되고 있음에 주목하였다. 노 대통령은 향후 남북교류와 협력을 북한 핵문제의 전개 상황을 보아가며 추진해나갈 것이라는 입장을 표명하였다. 양 정상은 이 문제에 대한 한미 정부 간 긴밀한 공조 유지와 한미일 3국 간 협의 약속을 재확인하였다.

(경제관계)

양 정상은 양국 간, 지역 내 그리고 전 세계적인 번영을 증진하기 위한 공동노력의 중요성에 동의하였다. 양국 정상은 한국경제 기초 여건이 견실하다는 데 견해를 같이하고, 한국의 무역, 투자, 성장의 지속적 증가 전망에 대한 강력한 확신을 표명하였다. 부시 대통령은 지속적인 한국경제의 구조개혁에 대한 노 대통령의 의지와 한국을 동북아시아의 무역, 금융, 투자의 중심으로 만든다는 노 대통령의 목표를 환영하고 지지하였다. 두 지도자는 무역개방, 투자, 투명성의 제고가 동북아 경제중심 개념을 실현하는 데 필수적 요소임에 동의하고, 이러한 노력에 있어 민간부문 역할의 중요성을 인정하였다.

양 정상은 양국 간 경제협력 강화의 필요성을 천명하고, 협의를 통해 양자 간 통상현안을 해결한다는 의지를 재확인하였다. 또한 양 정상은 기존의 긴밀한 경제·통상 관계를 더욱 심화시키는 방안을 모색해나가기로 합의하였다. 양 정상은 범세계적 무역자유화의 중요성을 인정하면서, 도하개발 아젠다(DDA)의 성공적 타결을 위해 공동 노력할 것임을 천명하였다. 양국 정상은 또한 아시아·태평양 경제협력체(APEC) 포럼에서 협력을 강화해나가기로 하였다.

(완전한 동반자 관계 지향)

부시 대통령은 미주 한인 이민 100주년을 기념하면서, 한국계 미국인의 미국사회에 대한 기여뿐만 아니라 한국민이 실현한 민주주의, 평화 및 번영의 이상에 대해서도 깊은 존경을 표하였다. 노 대통령은 한국계 미국인들이 미국사회에서 꿈을 이룰 수 있도록 도와준 미국 정부와 국민에게 감사를 표명하였다.

노 대통령은 광범위한 범세계적 문제에 있어서의 양국 간 협력증진의 중요성을 강조하였다. 이러한 맥락에서, 양 정상은 국제열핵융합로(ITER) 프로젝트 및 이달 말 서울에서 개최되는 세계 반부패 포럼에 있어서, 그리고 환경을 개선하고 전 세계적인 전염병과 범죄를 퇴치하려는 여타 다른 노력에 있어서 한미 간 협력을 환영하였다.

양 정상은 작년 12월 노무현 대통령의 당선 이후 이루어진 빈번한 통화와 워싱턴에서의 심도 있는 협의가 양 정상 간 개인 차원에서의 상호신뢰와 존경의 기반을 형성하였으며, 이러한 상호신뢰와 존경에 힘입어 향후 북한 핵문제 및 여타 도전을 해결하기 위한 한·미 간 공조가 강화될 것이라는데 의견을 같이하였다. 노 대통령은 부시 대통령의 환대에 사의를 표하였고, 부시 대통령이 편리한 시기에 한국을 방문해줄 것을 초청하였다. 부시 대통령은 한국을 다시 방문할 것을 기대하고 있다고 언급하였다.

2003년 5월 15일, 워싱턴

한미동맹과 한반도 평화에 관한 공동선언

노무현 대한민국 대통령과 조지 부시 미합중국 대통령은 2005년 11월 17일 경주에서 정상회담을 개최하였다. 부시 대통령은 경주에서 노 대통령과 함께 체험할 수 있었던 한국의 자연미와 옛 문화에 대한 깊은 감명을 표시하였다. 양 정상은 한미동맹, 북한핵 문제, 남북관계와 한반도 평화체제 구축, 경제협력 그리고 지역 및 범세계적 문제에 대한 협력 등 폭넓은 사안에 관해 심도 있는 협의를 하였다. 양 정상은 한미동맹 관계가 굳건함을 재확인하면서, 북한 핵문제의 해결이 한반도에서 공고한 평화를 구축하는 데 긴요하다는 데 의견을 같이하였다.

(한미동맹)

노 대통령과 부시 대통령은 한미동맹이 지난 50여 년간 한반도와 동북아시아의 평화와 안정을 확보하는 데 기여하여왔다는 데 주목하였다. 양 정상은 2003년 5월 14일 워싱턴에서 개최된 한미정상회담에서 합의한 바와 같이, 한미관계가 포괄적이고 역동적이며 호혜적인 동맹관계로 지속적으로 발전하고 있다는 데 만족을 표명하였다.

양 정상은 주한미군 재조정 문제가 성공적으로 합의된 것을 평가하고, 이러한 재조정이 한미 연합방위력을 더욱 강화시킬 것이라는 데 의견을 같이했다. 양 정상은 주한미군이 한반도 및 동북아시아의 평화와 안정에 긴요하다는 데 대해 공동의 이해를 표명하였다.

양 정상은 한미동맹이 위협에의 대처뿐만 아니라 아시아와 세계에서 민주주의, 시장경제, 자유 및 인권이라는 공동의 가치 증진을 위해 있다는 데 동의하였다.

노 대통령과 부시 대통령은 용산기지를 포함한 주한미군 기지이전 및 주한미군 일부 감축이 한·미 간 긴밀한 협의를 통해 성공적으로 합의된 것을 높이 평가하였다. 양 정상은 양측 간에 이루어진 합의가 충실히 이행되고 있다는 데 대해 만족을 표명하였다.

부시 대통령은 이라크와 아프가니스탄의 조속한 평화정착과 재건을 위한 한국군의 지원에 대해 사의를 표명하였으며, 또한 한국 정부가 이러한 노력을 통해 한미동맹 강화에 기여한 데 대해서도 사의를 표명하였다.

노 대통령과 부시 대통령은 양자, 지역 및 범세계적인 상호 관심사안을 협의하기 위해 동맹 동반자 관계를 위한 전략협의체라는 명칭의 장관급 전략대화를 출범시키기로 합의하였다. 양 정상은 2006년 초에 첫 번째 전략대화를 개최하는 데 합의하였다.

(북한 핵문제)

노 대통령과 부시 대통령은 북한의 핵무장을 용인하지 않을 것임을 재강조하고, 북한 핵문제가 평화적이고 외교적인 방식으로 해결되어야 하며 북한이 조속하고 검증 가능하게 핵무기 프로그램을 폐기하여야 한다는 원칙을 재확인하였다.

양 정상은 9월 19일 채택된 제4차 6자회담 공동성명을 북한 비핵화라는 목표를 향한 중요한 진전으로 환영하였다. 양 정상은 모든 핵무기와 현존하는 핵 프로그램을 폐기하겠다는 북한의 공약을 환영하고, 공동성명에 제시된 조치들을 취해나가겠다는 공약을 재확인하였다.

양 정상은 공동성명 이행이 논의될 제5차 6자회담에서 진전이 이루어지기를 기대하였다.

(남북관계 및 평화체제 구축)

노 대통령은 평화번영정책의 목표하에서 남북관계의 발전이 북핵 문제 해결 진전과 상호 보강할 수 있도록, 조화롭게 계속 추진해나갈 것이라고 재확인하였다. 부시 대통령은 남북 간 화해에 대한 지지를 표명하였으며, 이러한 화해의 진전에 따라 계속 긴밀하게 협력하고 조율해나갈 것이라고 약속하였다.

양 정상은 북한 핵문제 해결 과정이 한반도에서 공고한 평화체제를 수립하는 데 중요한 기초를 제공할 것이라는 데 인식을 같이하였다.

양 정상은 한반도에서 군사적 위협을 감소시키고 현 정전체제로부터 평화체제로 이행하는 것이 한반도에서의 완전한 화해와 평화 통일에 기여할 것이라는 데 동의하였다.

양 정상은 9월 19일 6자회담 공동성명에 따라, 평화체제에 관한 협상이 6자회담과는 별도의 장에서 직접 관련 당사자들 간에 개최되어야 하고 6자회담의 진전에 수반될 것이라는 데 동의하였으며, 평화체제에 관한 협상과 6자회담이 상호 보강하기를 기대하였다.

양 정상은 이러한 평화협상이 한미동맹의 평화적 목표와 부합되게 한반도에서 군사적 위협 감소와 신뢰 증진 방향으로 나아가야 한다는 데 동의하였다.

양 정상은 북한 주민들의 상황에 대해 의견을 교환하고, 보다 나은 미래를

위한 공동의 희망에 입각하여 그들의 여건을 개선시키기 위한 방안들을
계속 모색해나가기로 합의하였다.

(경제·통상 관계)

양 정상은 APEC이 아시아 태평양을 포괄하는 주요경제협력체로서 향후
역내 중요한 과제에 보다 효과적으로 대응할 수 있도록 한·미 간 협력을
강화하기로 합의하였다. 노 대통령과 부시 대통령은 다가오는 6차 WTO
각료회의의 성공 및 WTO 도하개발어젠더(DDA) 협상의 최종 타결을 보장
하는 것을 목표로 상호 긴밀히 협력하기로 합의하였다.

양 정상은 긴밀한 경제적 유대가 양국관계의 중요한 지주라는 데 인식을
같이하고 경제·통상 협력을 심화하고 강화하는 것이 양국의 번영과 자유에
기여할 것이라는 데 동의하였다.

부시 대통령은 한국이 비자면제계획 가입을 위한 요건을 충족시키는 것을
지원하기 위해, 미국이 한국과 함께 비자면제계획의 로드맵을 개발하는
데 공동 노력 할 것이라고 발표하였다. 비자면제계획 가입에 대한 한국의
관심은 양국 간 공고한 동반자 관계를 반영하고 있으며, 교류 증진과 상호
이해 제고에 기여할 것이다.

(지역 및 범세계적 협력)

노 대통령과 부시 대통령은 역내 안보 문제에 공동 대처하기 위하여
지역다자안보대화 및 협력 메카니즘을 발전시키기 위해 공동 노력하기로
합의하였다. 이와 관련, 양 정상은 6자회담 참가국들이 공동성명에서 동북아

시아에서의 안보협력 증진을 위한 방안을 모색하기로 합의한 것을 주목하고, 북핵 문제가 해결되면 6자회담이 역내 다자안보협의체로 발전될 수 있다는 데 참가국들 간에 공감대가 형성되었다는 데 유의하였다.

또한 양 정상은 PKO 활동과 같은 유엔에서의 양자 간 협력과 여타 국제기구에서의 양자 간 협력을 지속적으로 강화해나가기로 합의하였다. 양 정상은 전 세계적인 테러와의 전쟁을 수행하고 초국가적 범죄를 포함한 다양한 국제안보 문제에 대처하기 위한 협력을 지속해나가기로 합의하였다. 양 정상은 지역 및 세계적 차원에서 군축 및 대량살상무기와 그 운반수단의 확산방지 노력에 있어서 협력하기로 합의하였다.

(결어)

노 대통령과 부시 대통령은 동맹 간 완전한 동반자 관계를 향해 계속 공동 노력해나가기로 합의하였다.

2005년 11월 17일, 경주

동맹 동반자 관계를 위한 전략대화 출범에 관한 공동성명

제1차 '한·미 동맹 동반자 관계를 위한 전략대화'가 19일 워싱턴에서 개최됐다. 장관급 전략대화를 출범시키기로 한 결정은 2005년 11월 경주 한·미 정상회담에서 이뤄졌으며, 이는 한국과 미국 간 동반자 관계의 지평과 열망이 확대되고 있음을 잘 보여준다.

한·미 동맹은 전장에서 맺어졌으며, 냉전의 오랜 세월을 견뎌내었다. 오늘날 양국 간의 동맹은 동북아 안정의 보루로 계속 남아 있으며, 양국 간의 안보협력은 경제적인 유대관계의 발전과 성장, 그리고 민주주의와 인권 및 법치주의에 대한 존중을 공유하는 데 뿌리를 두고 있는 공동의 가치를 증진시키고 보호하기 위한 틀을 제공해오고 있다.

반기문 외교장관과 라이스 국무장관은 한·미 동반자 관계가 광범위한 이익과 목표를 포괄한다는 데 의견을 같이했다. 동맹 동반자 관계를 위한 전략대화는 정례적인 고위급(장관급) 회동과 이를 보완하는 차관급 대화를 통해, 양국 사회가 각기 갖고 있는 저력을 모으고 집중하여 지역 및 범세계적으로 당면한 도전을 극복하는 것을 지향하고 있다.

반기문 외교장관과 라이스 국무장관은 전략대화의 틀 내에서 앞으로 논의할 역동적인 의제를 설정하였다. 양 장관은 구체적 결과를 도출하면서 양국의 협력을 부각시킬 수 있는 창의적 조치들을 강조하였다. 핵심적인 조치들은 아래 내용을 포함한다.

- 이라크와 아프가니스탄에서 한미 양국이 성공적인 공동의 노력을 통해 보여준 것과 같이, 전 세계에 개방되고 민주적인 제도 및 인권을 증진시키고자 하는 노력에 있어서의 협력과 조정
- 테러와의 전쟁에 있어서의 협력 강화및 대량살상무기와 그 운반 수단의 확산을 방지하기 위한 국제 안보협력체제의 준수와 이행을 위한 공동 노력 경주
- 초국가적 전염병 퇴치에 관한 포괄적인 국제적 전략 개발을 위한 노력의 조정과 결합
- 동북아시아의 평화와 안정에 기여하며 궁극적으로 지역 다자안보협력체제

로 이어질 가능성이 있는 강력한 한미동맹 관계 유지
• 다자 차원의 평화유지 활동과 위기 대응 및 재해 관리에 관한 협력을 향상시
  켜 평화와 안정을 강화하기 위한 공동의 접근 방법 개발

이러한 조치들은 유명환 외교통상부 차관과 니콜라스 번즈 국무부 차관을 각각 수석대표로 하여 서울에서 개최될 예정인 차관급 전략대화의 핵심의제가 될 것이다.

반기문 장관과 라이스 장관은 주한미군의 전략적 유연성 문제에 관하여 양국 정부의 양해 사항을 아래와 같이 확인하였다.

한국은 동맹국으로서 미국의 세계 군사전략 변화의 논리를 충분히 이해하고 주한미군의 전략적 유연성의 필요성을 존중한다. 전략적 유연성의 이행에 있어서 미국은 한국이 한국민의 의지와 관계없이 동북아 지역분쟁에 개입되는 일은 없을 것이라는 한국의 입장을 존중한다.

양 장관은 공히 한반도에서의 항구적 평화체제를 위한 기반이 북한 핵문제의 해결 과정에서 모색될 수 있기를 희망하였다. 반 장관과 라이스 장관은 한반도에 평화체제를 구축하기 위한 노력이 한미동맹을 근간으로 한다는 점을 재확인하였다.

양 장관은 북한의 핵무기와 프로그램으로부터 오는 위협을 종식시키기 위해 양국이 함께 취할 수 있는 조치에 대해 논의했다. 양 장관은 북한이 6자회담에 조속히 복귀해야 하며 베이징에서의 향후 논의는 9·19 공동성명의 이행을 위한 조치에 집중돼야 한다는 데 의견을 같이하였다.

양 장관은 한·미 통상관계에 있어서의 최근의 진전을 환영하였으며 양자 경제협력관계를 보다 심화시키기 위한 방안들을 논의하였다.

반기문 장관과 라이스 장관은 '동맹 동반자 관계를 위한 전략대화'가 한미관계의 강화에 중요한 기여를 하는 것으로 보면서 그 출범을 환영하였다. 양 장관은 금년 후반에 있을 추가적인 대화를 통해 후속 협의를 유지하기로 하였다.

2006년 1월 19일, 워싱턴

한미연례안보협의회의(SCM) 공동성명(2002~2006년)

제34차 SCM 공동성명(2002년 12월 5일, 워싱턴)

1. 제34차 한·미 안보협의회의(SCM)가 2002년 12월 5일 워싱턴에서 개최되었다. 이 회의에는 이준 대한민국 국방장관과 도널드 럼스펠드 미국 국방장관이 수석대표가 되어 양국의 국방 및 외교분야 고위관료들이 참석하였다. 이 회의에 앞서 한국과 미국의 합참의장인 이남신 대장과 리차드 마이어스 대장은 2002년 12월 4일 제24차 한·미 군사위원회(MCM) 회의를 주재하였다.

2. 이 장관은 '항구적 자유작전'과 세계적인 대테러전쟁에 대한 한국정부의 계속적인 지지 입장을 재확인하였다. 럼스펠드 장관은 한국정부의 이러한 지원에 대해 사의를 표명하였다. 한국은 미국이 대량살상무기와 장거리 운반 수단을 사용하는 테러집단 및 이를 지원하는 국가들로부터 자국과 동맹국들

을 보호하기 위해 대응수단을 개발하고 조치를 취하는 데 대해 이해를 표명하였다. 양 장관은 아프가니스탄이 또 다시 테러의 온상이 되는 것을 방지하기 위해 그 나라의 국가재건 필요성에 견해를 같이하였다.

3. 럼스펠드 장관은 지난 6월 2명의 여중생이 사망한 비극적인 사고에 대해 개인적인 슬픔과 유감을 표하고, 훈련 중 사고발생 방지를 위해 한국과 긴밀히 협력해나갈 것이라는 미국의 약속을 거듭 다짐하였다. 이 장관은 주한미군을 위한 훈련여건 개선과 보다 안정적인 주둔 환경을 위해 노력할 것을 약속하였다. 양 장관은 동맹관계의 당사국들이 자국민들에게 동맹의 가치를 보다 잘 인식시키게 하는 것이 필요하다는 견해를 피력하고, 이러한 사안에 대해 함께 대처해나가기로 합의하였다.

4. 양 장관은 북한의 군사적 위협과 한반도 및 주변 안보 상황을 평가하고, 북한이 한반도와 동북아 지역에서 한·미 양국의 국익에 계속적인 위협이 되고 있다는 데 대해 심각한 우려를 표명하였다. 양 장관은 한·미 연합군사력이 최상의 준비태세를 유지하고 있다는 것을 높이 평가하고, 한미동맹 군사능력이 과거 어느 때보다도 강력하다는 데 견해를 같이하였다. 럼스펠드 장관은 미국의 한국방위 공약과 한국에 대한 핵우산 제공 공약을 재확인하였다. 양 장관은 한국에서의 연합방위태세를 개선하기 위해 군사 기술 및 과학의 발전을 활용할 필요가 있다는 데 합의하였다.

5. 이 장관과 럼스펠드 장관은 북한이 핵무기 개발을 위한 우라늄 농축계획을 추진하고 있음을 시인한 것은 지역 및 국제안보에 위협이 되며, 이는 미·북 기본합의(AF), 핵비확산조약(NPT), IAEA 안전조치협정 및 한반도 비핵화 공동선언에 대한 위반이라는 데 견해를 같이하였다. 이 장관과 럼스펠드 장관은 북한이 신속하고 검증 가능한 방법으로 핵무기 개발계획을 폐기하고

모든 국제적 의무들을 이행할 것을 촉구하였다. 양 장관은 북한 핵문제의 평화적 해결을 위해 공동 대처하겠다는 결의를 재확인하였다. 양 장관은 북한의 핵 위협을 외교적으로 해결하기 위해서는 강력한 억제력을 바탕으로 동맹국 간의 일치된 행동이 필요하다는 데 합의하였다.

6. 양 장관은 북한이 한·미 공동이익에 대해 어디에서나 위협이 되고 있다는 데 합의하였다. 경제가 피폐되고 주민들이 굶주리고 있음에도 불구하고 북한은 주요 무기체계의 생산 및 수출을 계속하고 있다. 럼스펠드 장관은 북한이 비무장지대를 따라 포병을 대량 집중배치 하는 것은 한국에 대해 재래식 위협이 되고 있음을 강조하였다.

7. 양 장관은 북한이 미사일과 관련 기술의 시험, 개발, 배치 및 수출을 중지할 것을 촉구하였다. 이 장관과 럼스펠드 장관은 북한이 핵 및 화생무기와 같은 대량살상 무기를 사용할 경우 엄중한 결과를 초래할 것이라는 점을 재확인하였다.

8. 양 장관은 남북 간의 화해를 위한 일관된 포용정책이 한반도의 평화와 안정에 필수적이라는 데 견해를 같이하였다. 양 장관은 한반도의 평화와 안정을 유지하는 데 있어 정전협정의 역할이 긴요하다는 점에 합의하였다.

9. 이 장관과 럼스펠드 장관은 한반도에서 미군의 주둔을 지속 유지해나갈 필요성에 합의하고, 한미동맹이 동북아 및 아·태지역 전체의 평화와 안정증진에 기여할 것이라는 데 견해를 같이하였다. 양 장관은 한미동맹을 세계 안보 환경의 변화에 적응시켜 나가는 것이 중요하다는 데 합의하고, 미래 한미동맹 정책구상을 추진해나가기로 하였다. 이에 따라, 양국 국방부는 동맹관계를 현대화하고 강화하기 위한 방안들을 발전시키기 위해 정책차원의

협의를 실시할 것이다.

10. 럼스펠드 장관은 부대방호를 강화하고 준비태세를 향상시키며 한국 국토의 효율적 이용과 균형된 발전을 증진하는 한편, 주한미군 전력구조를 지속시켜 나가는 토대를 마련하기 위해 주한미군의 주둔을 통합하는 목표를 재확인하였다. 양 장관은 주한미군을 서울시 밖으로 이전하기 위해 상호 수용 가능한 방안을 모색해나갈 필요성에 합의하였다.

11. 이 장관은 주한미군지위협정(SOFA)의 이행을 개선하기 위한 한국정부의 각별한 관심을 전달하였으며, 럼스펠드 장관은 이 장관의 설명을 주의 깊게 경청하였다.

12. 양국 대표단은 제34차 한·미 안보협의회의(SCM)와 제24차 군사위원회 회의(MCM)가 한·미 안보동맹을 더욱 강화시키고 현재와 미래의 안보동맹관계에 관한 현안들을 논의하는 훌륭한 계기가 되었다는 데 일치된 견해를 표명하였다.

제35차 SCM 공동성명(2003년 11월 17일, 서울)

1. 제35차 한미 안보협의회의가 2003년 11월 17일 서울에서 개최되었다. 이 회의에는 조영길 대한민국 국방장관과 도널드 럼스펠드 미국 국방장관이 수석대표가 되어 양국의 국방 및 외교 분야의 고위관료들이 참석하였다. 동 회의에 앞서 2003년 11월 15일 한국과 미국의 합참의장인 김종환 대장과 리차드 마이어스 대장은 제25차 한미 군사위원회 회의를 주재하였다.

2. 럼스펠드 장관은 이라크에 추가병력을 파견하고 2003년부터 2007년까지 2억 6,000만 불의 재건비용을 제공키로 한 노무현 대통령의 결정에 사의를 표하였다. 럼스펠드 장관은 순조롭고 시의적절한 파병을 보장하기 위해 특히 정보공유 및 군수계획과 관련하여 대한민국과 긴밀히 협력할 것을 약속하였다. 럼스펠드 장관은 이라크 및 아프가니스탄에 기 파견 된 한국군이 세계적 수준의 군사능력을 보여주고 있다고 언급하면서 이들의 활동을 높이 평가하였다. 양 장관은 이라크 및 아프가니스탄 국민들이 그들의 국가를 재건하면서, 공격행위를 예방하고 테러리즘을 제거할 수 있는 안정적이고 민주적인 기구를 수립할 수 있도록 지원할 필요가 있다는 점에 동의하였다. 양 장관은 한국의 이라크 추가파병이 한미동맹 관계를 더욱 굳건히 하고 국제사회에서 한국의 위상을 높이는 계기가 될 것으로 평가하였다.

3. 조 장관과 럼스펠드 장관은 한미상호방위조약 체결 50주년을 맞아 정전협정과 유엔사령부가 한반도 및 동북아시아의 평화와 안정 유지에 긴요한 수단이 되어왔다는 점을 재확인하였다. 양 장관은 1953년 10월 1일 체결된 한미상호방위조약 50주년 의의에 주목하면서, 지난 반세기 동안 한미동맹이 이룩한 업적을 높이 평가하고, 역내의 평화와 번영을 보장하기 위한 한·미 양국 장병들의 노고를 치하하였다. 양 장관은 한·미 동반자 관계가 양국 이익의 근간을 이룬다는 강한 신념을 표명하면서 미래를 위해 동맹을 강화하고 향상시키는 노력을 지속할 것을 약속하였다.

4. 양 장관은 2003년 개최되고 2004년에도 지속될 예정인 「미래한미동맹정책구상」 협의의 현재까지의 결과에 대한 만족을 표하였다. 양 장관은 서울내 주한미군의 이전, 연합군사능력 증강, 군사임무전환 및 주한미군 재배치 등에 대한 합의사항을 검토하였다. 양 장관은 이러한 구상들이 완전히 이행되면, 한미동맹이 현대화되고 강화되며, 세계 안보 환경의 변화에 보다 잘

적응하게 될 것이라는 점에 동의하였다. 그런 측면에서 양 장관은 주한미군의 전략적 유연성이 지속적으로 중요함을 재확인하였다.

5. 서울 도심에 소재한 주한 미군을 조기에 이전한다는 노무현 대통령-부시 대통령 간의 합의를 상기하며, 양 장관은 한미 양측이 금번 SCM 이전에 합의를 체결하지 못한 데 대해 유감을 표하였다. 양 장관은 용산기지를 가능한 한 조기에 이전하고자 하는 양국 정부의 의지를 재확인하였으며, 동 사항을 지속적으로 협의하기로 하였다.

6. 양 장관은 한미동맹을 변화하는 세계안보 환경에 적응시키고 발전된 군사기술을 활용하는 것이 연합방어능력을 향상시키는 데 있어서 중요하다는 점에 동의하였다. 럼스펠드 장관은 향후 3년에 걸쳐 한국 방위와 직접 관련된 약 110억 불 상당의 군사력 증강계획을 이행할 미국의 공약을 재확인하였다. 조 장관은 미국 측의 공약에 사의를 표했으며, 한·미 연합사의 연합작전 능력을 향상시킬 수 있도록 미국의 군사변혁을 참조하면서 한국 군사력의 발전적 변화를 추진한다는 의지를 재확인하였다.

7. 럼스펠드 장관은 한국군의 전문성과 탁월함, 그리고 한반도 방위에 더욱 주도적인 역할을 희망하는 한국의 의사를 유념하면서, 10개의 군사임무를 한국군으로 전환한다는 양국 간 합의를 확인하였다. 조 장관은 이러한 군사 임무전환이 연합대비태세 향상에 기여할 수 있도록 연합사령관과 긴밀히 협력할 것을 재확인하였다.

8. 양 장관은 주한미군을 한강이남 2개 권역으로 2단계에 걸쳐 재배치하고 통합한다는 원칙을 재확인하였다. 양 장관은 이러한 주한미군 재배치 및 통합을 통해 연합대비태세 강화와 부대방호 향상, 대한민국 국토의 효율적 이용과

균형 있는 개발을 도모하고, 한반도의 평화 및 안정을 위해 주한 미군이 지속적 기여를 할 수 있는 여건을 마련할 것이라는 데 동의하였다. 양 장관은 1단계가 가능한 한 조기에 착수될 것이라는 점을 강조하고, 2단계 재배치 시기는 2003년 5월 14일 및 10월 20일의 한·미 정상 공동발표문에 포함된 원칙에 따라 양국 국가 최고 지도부가 결정할 것이라는 점을 재확인하였다.

9. 양 장관은 북한이 열악한 경제여건에도 불구하고 양국의 공동 이익에 반해 지속적으로 범세계적 위협이 되고 있다는 점에 동의하였다. 양 장관은 북한이 스스로 인정하고 있는 핵무기 개발계획이 세계 및 지역적 안보를 위협하고, 한반도 비핵화에 대한 북한의 공약에도 위배된다는 데 대해 심각한 우려를 표하였다. 양 장관은 북한의 대량살상무기 및 장거리 미사일 개발 노력, 그리고 그러한 무기 및 관련 기술 수출의 위험성이 양국 동맹과 국제사회에 심각한 우려의 원인이 됨을 강조하였다. 양 장관은 북한의 대량살상무기 사용은 심각한 결과를 초래할 것임을 재확인하였다.

10. 양 장관은 북한이 핵무기 개발계획을 완전하고, 검증 가능하며 돌이킬 수 없게 폐기하고, 대량살상무기와 미사일 및 관련 기술의 실험, 개발, 배치 및 수출을 중지할 것을 촉구했다. 양 장관은 한미동맹의 굳건함을 재확인하고, 핵확산금지조약(NPT), 국제원자력기구(IAEA) 안전조치 및 한반도 비핵화를 위한 남북 공동선언을 상기하면서, 6자회담이 제공하는 기회를 북한이 놓치지 말아야 한다는 데 공감하였다.

11. 조 장관과 럼스펠드 장관은 동북아시아 평화 및 안정에 대한 북한 군사력의 위협을 평가하면서, 북한의 위협을 억지하기 위한 강력한 연합방위력을 유지할 것에 동의하였다. 럼스펠드 장관은 상호방위조약에 따라 미국의 대한 방위공약과 핵우산의 지속적 제공 공약을 재확인하였다. 양 장관은 한반도에

지속적인 미군의 주둔 필요성에 동의하였으며, 한미동맹은 동북아와 아시아 태평양 전반의 평화와 안정을 증진하는 데 기여할 것이라는 점에 동의했다.

12. 조 장관과 럼스펠드 장관은 제35차 SCM 및 제25차 MCM이 한·미 안보동맹 관계를 더욱 공고히 하는 한편 현재와 미래의 안보 관계에 관련된 문제들을 협의하는 소중한 기회가 되었다는 데 견해를 같이하였고, 다음 SCM 은 2004년 양측이 편리한 시기에 워싱턴 D.C.에서 개최하기로 합의하였다.

제36차 SCM 공동성명(2004년 10월 22일, 워싱턴)

1. 제36차 한미안보협의회의가 2004년 10월 22일 워싱턴에서 개최되었다. 이 회의에는 윤광웅 한국 국방장관과 도널드 럼스펠드 미국 국방장관이 수석대표가 되어 양국의 국방 및 외교 분야의 고위관료들이 참석하였다. 동 회의에 앞서 2004년 10월 21일 한국과 미국의 합참의장인 김종환 대장과 리처드 마이어스 대장은 제26차 한·미 군사위원회 회의를 주재하였다.

2. 럼스펠드 장관은 한국의 이라크 추가 파병에 대하여 사의를 표하였고, 세 번째로 큰 규모의 기여를 하고 있는 한국군이 자유롭고 안전한 이라크 사회의 재건을 돕는 데 매우 중요한 역할을 수행하고 있다고 평가하였다. 럼스펠드 장관은 이라크에서 한국군의 순조로운 임무완수를 보장할 수 있도록 미국이 한국과 특히 정보공유에 있어서 긴밀한 협조를 지속할 것을 약속하였다. 또한 럼스펠드 장관은 이라크와 아프가니스탄에서의 한국군의 활동을 높이 평가하였다. 양 장관은 전 세계적인 테러리즘에 대항하기 위한 협력을 증진시킬 필요가 있으며, 그러한 협력이 한미동맹을 더욱 강화시킬 것이라는 데 의견을 같이하였다.

3. 양 장관은 한미동맹이 양국 이익에 긴요하다는 강한 신념을 표명하고, 포괄적이고 역동적인 동맹관계를 만들기 위한 성공적인 노력에 관해 만족을 표하였다. 양 장관은 정전협정과 유엔사가 한반도와 동북아시아의 평화와 안정 유지에 긴요한 수단이 되어왔다는 점을 재확인하였다.

4. 양 장관은 지난 18개월간 진행된 미래한미동맹정책구상회의(FOTA)의 결과에 만족을 표시하였다. 양 장관은 연합군사능력 증강, 군사임무전환, 주한미군 재배치 등에 대한 구상들이 완전히 이행되면, 한미동맹이 한층 강화되고 세계안보 환경의 변화에 보다 잘 적응하게 될 것이라는 점에 동의하였다. 이러한 변화들을 유념하면서, 양 장관은 주한미군의 전략적 유연성이 지속적으로 중요함을 재확인하였다.

5. 양 장관은 변화하는 세계안보 환경에 대한 한미동맹의 적응이 중요하다는 데 동의하였다. 럼스펠드 장관은 한국 방위에 직결되는 전력증강 사업에 110억 불을 투자하고자 하는 미국의 공약을 재확인하였다. 윤 장관은 한·미 연합사의 연합작전 능력을 향상시킬 수 있도록 한국의 협력적 자주국방계획을 미국의 군사변혁과 조화되도록 추진한다는 한측의 의지를 표명하였다.

6. 양 장관은 주한미군의 임무전환 및 재조정의 이행을 통한 연합방위태세 유지의 중요성을 강조하였다. 양 장관은 한국군으로 전환되는 10개 군사임무의 현황을 검토하였으며, 성공적인 군사임무전환을 통해 연합대비태세를 강화시킨다는 공약을 재확인하였다.

7. 양 장관은 용산기지 이전과 여타 주한미군 기지들의 이전에 관한 합의내용을 검토하였다. 럼스펠드 장관은 서울 도심지역 내 주한미군기지 이전에 관한 합의 이행은 2003년 부시 미국대통령과 노무현 대통령 간에 이루어진

합의의 이행일 뿐 아니라 1990년대에 이루어진 한국 국민들에 대한 약속의 실현이라는 점을 지적하였다. 윤광웅 장관은 주한미군기지의 통합을 통해 주한미군과 한미연합사의 연합대비태세가 강화된다는 점에 대한 이해를 표명하였다. 양 장관은 이러한 기지 재배치가 동맹 양국에 공히 유익하다는 데 동의하였다.

8. 양 장관은 주한미군 1만 2,500명의 감축 계획에 대하여 장시간 논의하였으며, 감축결정까지의 긴밀한 협의 과정을 높이 평가하였다. 럼스펠드 장관은 미국의 세계방위태세 변화와 군사력 변혁 노력이 어떻게 주한미군 감축에 주요 요인이 되었는지에 관해 설명하였다. 럼스펠드 장관은 또한 지난 18개월 간 추진되어온 FOTA회의의 성과뿐 아니라, 한국군을 현대적 군대로 만들기 위한 지난 10여 년간의 한측의 투자를 통해 그러한 재조정이 가능해진 것으로 평가하였다. 마지막으로, 럼스펠드 장관은 일부 한국민이 표시한 우려에 관해 이해를 표하고, 한반도의 특수한 안보 상황이 충분히 고려되고 있다는 점을 확인하였다. 양 장관은 주한미군의 감축이 동맹의 연합억지 및 방위능력 약화를 초래하지 않도록 한다는 공동의지를 표명하면서, 그 누구든 동맹이 약화될 것으로 보는 견해는 잘못된 것이라는 점을 경고하였다.

9. 양 장관은 북한이 지속적으로 한미 양국의 국가이익에 위협을 주고 있다는 점에 동의하였다. 양 장관은 북한의 핵무기 개발계획이 지역 및 세계안보를 위협할 뿐 아니라 한반도의 비핵화에 대한 북한 스스로의 공약을 위반한 것이라는 점에 심각한 우려를 표하였다. 양 장관은 북한의 대량살상무기 및 장거리 미사일의 지속적인 개발, 그리고 이러한 무기와 기술의 수출 위험성이 한미동맹과 국제사회의 중대한 우려의 대상이라는 점을 강조하였다. 양 장관은 어떠한 이유에서건 북한의 대량살상무기 사용은 심각한 결과를 초래할 것임을 재확인하였다.

10. 양 장관은 한미 양국이 북한 핵 프로그램이 폐기되어야 한다는 의지를 공유한다는 점을 확인하고, 북한이 대량살상무기, 미사일 및 관련 기술들에 대한 실험, 개발, 배치, 수출을 중단할 것을 촉구하였다. 또한 양 장관은 한미동맹의 굳건함을 재확인하고, 핵확산금지조약(NPT), 국제원자력기구(IAEA)의 안전조치 및 한반도 비핵화에 대한 남북 공동선언을 상기하면서, 북한이 6자회담에 의해 조성된 기회를 받아들일 것을 촉구하였다.

11. 양 장관은 북한의 위협을 억지하기 위한 강력한 연합방위능력 유지가 동북아시아의 평화와 안정 유지에 중요하다는 데 동의하였다. 럼스펠드 장관은 상호방위조약에 따라 미국의 대한방위공약과 핵우산의 지속적 제공 공약을 재확인하였다. 양 장관은 한반도에 지속적인 미군의 주둔 필요성에 동의하였으며, 한미동맹은 동북아시아와 아태 지역 전반의 평화와 안정을 증진하는 데 기여할 것이라는 점에 동의하였다.

12. 양 장관은 미래한미동맹정책구상회의의 성과와 주한미군 감축협의의 성공적 타결을 재차 상기하면서, 한미 안보정책구상의 추진을 통해 고위급 협의를 지속한다는 의지를 재확인하였다. 양 장관은 이 협의체를 운영함에 있어서 종전의 성공적인 방식을 보다 광범위하고 장기적인 동맹 현안들에도 적용하기로 하였다. 또한 양 장관은 모멘텀을 유지하기 위해서 이 회의를 가능한 한 조속히 개최키로 합의하였다.

13. 윤장관과 럼스펠드 장관은 제36차 한미 안보협의회의와 제26차 한미 군사위원회 회의가 한미동맹을 더욱 공고히 하는 한편 미래의 안보협력 관계의 나아갈 바를 구상하는 데 도움이 되었다는 데 동의하였다. 양 장관은 차기 한미 안보협의회의를 2005년 양측이 편리한 시기에 서울에서 개최하기로 합의하였다.

1. 제37차 한·미 안보협의회의가 2005년 10월 21일 서울에서 개최되었다. 이 회의에는 윤광웅 한국 국방부장관과 도널드 럼스펠드 미국 국방부장관을 양측의 수석대표로 하여 양국의 국방 및 외교 분야의 고위 관료들이 참석하였다. 동 회의에 앞서 2005년 10월 20일 한국 합참의장 이상희 대장과 미국 합참의장을 대리하는 주한미군선임장교 리언 라포트 대장은 제27차 한·미 군사위원회회의를 주재하였다.

2. 럼스펠드 장관은 이라크와 아프가니스탄으로의 한국군 파병에 대해 사의를 표하였고, 한국군이 이라크 및 아프가니스탄 국민들을 위해 안전하고 자유로운 국가 수립을 지원함으로써 이 국가들의 재건에 매우 중요한 기여를 하고 있음을 평가하였다. 양 장관은 범세계적인 테러와의 전쟁에 있어서 양국 간 협력이 한·미동맹을 더욱 강화시킬 것이라는 데 의견을 같이하였다. 아울러 양 장관은 금년 11월 18~19일 부산에서 개최될 예정인 아시아태평양 경제협력체(APEC)회의에서 빈틈없는 대테러 경계태세를 갖추기 위해 긴밀한 정보교환체제를 유지하기로 약속하였다.

3. 윤광웅 장관은 허리케인 카트리나 및 리타로 인해 미국에서 발생한 심각한 피해에 대해 한국민을 대신하여 위로와 격려의 뜻을 전하였다. 윤장관은 피해지역 주민들의 생활이 정상화되도록 조속한 피해 복구를 기원하면서, 완전한 피해복구를 위해 적극 지원하겠다는 한국정부의 뜻을 표명하였다. 럼스펠드 장관은 한국 정부 및 한국민의 지원에 대해 사의를 표명하였다.

4. 양 장관은 6자회담 진전과 남북 간 화해·협력 노력을 통해 북한의 군사적 위협이 점진적으로 감소될 것이라는 기대를 표명하였다. 그러나 양 장관은

북한의 대량살상무기 및 장거리 미사일의 지속적인 개발, 그리고 이러한 무기와 기술의 확산 위험성이 한·미동맹과 국제사회의 중대한 우려의 대상 이라는 점을 주목하였다.

5. 양 장관은 북한이 지난 9월 제4차 6자회담에서 모든 핵무기와 현존하는 핵계획을 포기할 것과, 조속한 시일내에 핵확산금지조약(NPT)과 국제원자력 기구(IAEA)의 안전조치에 복귀 할 것을 공약한 점을 환영하였다. 양 장관은 북경 공동성명이 검증 가능한 북한 핵폐기를 촉진함으로써 한반도 비핵화가 조속히 실현될 수 있기를 강력히 희망하였다.

6. 양 장관은 한미동맹이 포괄적·역동적 관계로 발전되고 있음을 환영하였 다. 양 장관은 한미동맹이 양국의 이익에 긴요하며, 한반도 및 동북아의 평화와 안정을 위해 확고한 연합방위태세가 유지되어야 한다는 데 동의하였 다. 양 장관은 한미 연합군사력이 최상의 준비태세를 유지하고 있음을 높이 평가하였다.

7. 양 장관은 한반도의 안보와 동북아 지역의 안정을 확보하기 위한 미군의 지속적인 한국 주둔 필요성에 동의하였다. 양 장관은 정전유지에 있어서 유엔사 역할의 중요성을 인정하였다. 럼스펠드 장관은 상호방위조약에 따른 미국의 대한 방위공약과 핵우산의 지속적 제공 공약을 재확인하였다. 마찬가 지로 윤광웅 장관도 상호방위에 대한 한국의 공약을 재확인하였다.

8. 양 장관은 용산기지 이전과 여타 주한미군 기지이전사업의 진행 상황을 점검하였다. 양 장관은 주한미군 기지이전사업의 성공적인 완수가 미래 한미 동맹의 초석이 될 것이라는 점을 상기하면서, 기지이전사업이 계획대로 진전 될 수 있도록 더욱 노력하기로 합의하였다.

9. 럼스펠드 장관은 양국 간 긴밀한 협의를 토대로 군사임무전환과 연합군사
능력발전계획이 성공적으로 추진되고 있음을 평가하였으며, 한국이 자국
방위에 있어 더욱 많은 역할을 담당하고 있음을 만족스럽게 평가하였다.
양 장관은 지휘관계와 전시작전통제권에 대한 협의를 적절히 가속화하기로
합의하였다. 양측은 또한 주한미군의 전략적 유연성이 지속적으로 중요함을
재확인하였으며, 동맹정신에 입각하여 동 문제를 계속 협의해나가기로 약속
하였다.

10. 양 장관은 「한·미 안보정책구상(SPI)」 협의 결과를 보고받았으며, 이런
긴밀한 협의를 통해 현안들이 해결되고 있다는 점과 한미동맹 비전에 관한
공동연구가 동맹의 미래에 대한 심도 있는 분석을 이루어낼 것이라는 점에
대해 만족을 표명하였다. 양 장관은 금년의 성과를 바탕으로 2006년에도
SPI 협의를 지속하기로 합의하였다.

11. 양 장관은 '05~'06년간 적용될 방위비 분담금 협상 타결을 환영하면서,
방위비 분담이 한반도에서의 연합방위능력 강화에 기여함을 평가하였다. 럼
스펠드 장관은 한국이 주한미군 주둔비용 분담을 위해 기여함을 인정하였다.

12. 윤광웅 장관은 한국군 「국방개혁 2020(안)」의 배경과 과정 및 향후 추진
방향을 설명하였다. 럼스펠드 장관은 한국 측 국방개혁안의 기본 방향에
대해 이해를 표명하였으며, 미국의 지원 의사를 전달하였다. 또한, 윤장관은
국방개혁안이 '협력적 자주국방 계획'과 같은 맥락에서 한국군을 기술지향적
이고 질 위주의 전력구조로 전환시키기 위해 추진되고 있음을 설명하였다.
양 장관은 이러한 국방개혁안이 앞으로 동맹의 발전을 뒷받침해줄 것이라는
데 의견을 같이하였다.

13. 양 장관은 제37차 SCM과 제27차 MCM이 현재 및 미래의 안보관계와 관련된 문제들을 협의함으로써 한·미 안보동맹을 더욱 강화시키는 소중한 기회가 되었다는 데 공감하였다. 양 장관은 차기 SCM을 2006년 양측이 편리한 시기에 워싱턴 D.C.에서 개최하기로 합의하였다.

제38차 SCM 공동성명(2006년 10월 20일, 워싱턴)

1. 제38차 한·미 안보협의회의가 2006년 10월 20일 워싱턴에서 개최되었다. 이 회의에는 도널드 럼스펠드 미국 국방부장관과 윤광웅 한국 국방부장관이 양측 수석대표가 되어 양국의 국방 및 외교 분야의 고위 관료들이 참석하였다. 동 회의에 앞서 2006년 10월 18일 미국 합참의장 피터 페이스 대장과 한국 합참의장 이상희 대장은 제28차 한·미 군사위원회 회의를 주재하였다.

2. 럼스펠드 장관은 한국의 이라크, 아프가니스탄 파병에 대해 사의를 표명하고, 한국군이 이라크 및 아프가니스탄 국민들을 위해 안전하고 자유로운 국가 수립을 지원함으로써 이 국가들의 재건에 매우 중요한 기여를 하고 있음을 평가하였다. 윤 장관은 이와 관련하여 한국군과 미군 간 긴밀히 협의하기로 하였다. 양 장관은 범세계적인 테러와의 전쟁에 있어서 양국 간 긴밀한 협력이 한미동맹을 강화시킬 것이라는 데 의견을 같이하였다.

3. 양 장관은 10월 9일 북한의 핵실험에 대하여 깊은 우려를 표시하고, 이는 한반도의 안정과 국제 평화 및 안보에 대한 북한의 명백한 위협임을 강한 어조로 비난하였으며, 북한이 긴장을 악화시키는 추가적인 행위를 중단할 것을 촉구하였다. 양 장관은 유엔 안전보장이사회 결의 1718호에 대한 환영과 지지를 표명하였다. 럼스펠드 장관은 미국의 핵우산 제공을 통한 확장억제

의 지속을 포함하여 한미상호방위조약에 따른 미국의 한국에 대한 굳건한 공약과 신속한 지원을 보장하였다. 윤광웅 장관은 북한의 비타협적 행위에 대처하는 데 있어 미국의 긴밀한 협조와 지속적인 지원에 대해 감사를 표명하였다. 양 장관은 금년 9월 14일 한·미 정상회담에서 양국 정상이 북핵 문제의 평화적, 외교적 해결 원칙에 공감함을 재확인하고, 6자회담의 재개 및 진전을 위해 공동의 포괄적 접근방안을 만들어 나가기로 합의하였음을 상기하였다. 양 장관은 북한이 상황을 더욱 악화시킬 수 있는 행동을 자제해야 한다는 점에 공감하였다. 아울러 양 장관은 북한이 2005년 9월 제4차 6자회담 공동성명에 따라 모든 핵무기와 현존하는 핵계획을 포기하고 조속한 시일내에 핵확산금지조약(NPT)과 국제원자력기구(IAEA) 안전조치에 복귀한다는 공약을 충실히 이행해나갈 것을 촉구하였다.

4. 또한 양 장관은 2006년 7월 북한의 미사일 발사는 한반도 안정과 국제 평화 및 안보를 위협하는 도발행위라는 데 인식을 같이하고, 북한의 대량살상무기 및 장거리 미사일의 지속적인 개발과 확산의 위험성이 한미동맹에 대한 도전이라는 점에 동의하였다. 양 장관은 유엔 안전보장이사회 결의 1695호에 주목하면서, 북한이 탄도미사일 프로그램 관련 모든 활동을 중단할 것을 요구하고, 이 문제의 평화적 해결을 위한 방안을 모색해나가기로 합의하였다.

5. 양 장관은 한미동맹이 양국의 공통가치를 바탕으로, 포괄적, 역동적, 호혜적 관계로 지속해서 발전해나가고 있다는 점에 공감을 표시하였다. 양 장관은 한미동맹이 미래의 양국 이익에도 긴요하며, 한반도와 동북아의 평화 및 안정을 위해서는 확고한 연합방위태세가 유지되어야 한다는 데 동의하였다. 양 장관은 한·미 연합군사력이 최상의 준비태세를 유지하고 있음을 높이 평가하였다.

6. 양 장관은 주한미군의 주둔을 포함하여 한미동맹이 계속해서 한반도의 안보와 동북아 지역의 안정을 보장한다는 데 동의하였다. 이와 관련하여 양 장관은 유엔군사령부의 중요성을 인정하였다. 럼스펠드 장관은 한국의 안보와 한미 상호방위조약에 대한 미국의 공약을 재확인하였다. 윤광웅 장관도 평화 및 안보를 보존하려는 상호방위에 대한 한국의 공약을 재확인하였다.

7. 양 장관은 「한·미 안보정책구상(SPI)」 협의 결과를 보고받았으며, 주한미군 재조정 관련 현안과 미래 한미동맹 발전을 위한 공동연구들이 한·미 간 긴밀한 협의를 통해 진전되고 있다는 점에 대해 만족을 표명하였다. 양 장관은 지난 2년간의 성과를 바탕으로 2007년에도 SPI 협의를 지속하고 강화시켜 나가기로 합의하였다.

8. 양 장관은 한·미 양국이 한반도 및 동북아 안보 환경에 대한 공감대를 바탕으로 공동연구를 통해 한미동맹비전연구에 합의하게 된 점에 대해 만족감을 표명하였다. 또한 양 장관은 미래 한미동맹이 한반도와 동북아 지역 및 국제사회의 평화와 안보에 기여할 것이라는 동 연구결과에 주목하였다. 양 장관은 동 연구결과가 안보 환경 변화에 부응하여 미래 한미동맹이 나아가야 할 방향을 제시하고 있다는 데 동의하였다.

9. 양 장관은 제37차 SCM 합의에 따라 추진되어온 전시작전통제권 문제를 포함한 한·미 지휘관계 연구 결과를 점검하였다. 양측은 지휘관계 로드맵에 합의한 것을 높이 평가하였다. 양측은 2009년 10월 15일 이후 그러나 2012년 3월 15일보다 늦지 않은 시기에 신속하게 한국으로의 전시작전통제권 전환을 완료하기로 합의하였다. 이러한 전환은 양국이 상호 합의한 합리적인 계획에 따라 추진될 것이다. 군사위원회(MC)는 동 계획의 진전 상황을 매년 SCM에 보고한다. 양 장관은 합의된 로드맵에 따라 2007년 전반기 중에

구체적인 공동 이행계획이 작성되도록 즉시 착수한다는 데에 동의하였다. 목표연도 설정에 대해 럼스펠드 장관은 새로운 지휘구조로의 전환은 한반도 전쟁 억제 및 한미 연합방위 능력이 유지·강화되는 가운데 진행될 것임을 보장하였다. 럼스펠드 장관은 한국이 충분한 독자적 방위능력을 갖출 때까지 미국은 상당한 지원전력을 지속 제공할 것임을 확인하였다. 또한 럼스펠드 장관은 동맹이 지속되는 동안 미국이 연합방위를 위해 미국의 고유역량을 지속 제공할 것이라는 점에 유의하였다. 양 장관은 전시작전통제권 전환과 관련한 합의된 목표과제와 추진일정을 준수하고자 하는 굳은 공약을 확약하였다.

10. 양 장관은 용산기지 이전과 여타 주한미군 기지이전 사업의 진행 상황을 점검하였다. 양 장관은 기지이전 및 반환 사업들이 일부 어려움에도 불구하고 진전되고 있다는 데 만족을 표명하고, 이 사업들이 계획대로 진전될 수 있도록 더욱 노력하기로 합의하였다.

11. 양 장관은 한·미 공군의 훈련여건 보장을 위해 직도 공지사격장 현대화 사업이 추진되고 있는 데 대해 만족을 표명하였으며, 럼스펠드 장관은 이 문제의 해결을 위해 한국정부가 적극적 노력을 해준 데 대해 감사를 표명하였다. 윤 장관은 주한미군의 충분하고도 지속적인 훈련여건 보장이 연합준비태세를 위한 핵심적인 중요 사안임을 인정하였다. 양 장관은 직도사격장의 현대화 사업이 조기에 완료되어 한·미 연합전력의 훈련여건이 보장될 수 있도록 최대한 노력하기로 합의하였다.

12. 양 장관은 군사임무전환과 연합군사능력발전계획이 양국 간 긴밀한 협의를 통해 성공적으로 추진되고 있음을 평가하였다. 아울러 양 장관은 금년 1월 한·미 외교장관 간의 전략대화에서 발표된 주한미군의 전략적 유연성

문제에 대한 양국 간 합의를 긍정적으로 평가하였다.

13. 양 장관은 SCM 분과위원회〔안보협력위(SCC), 방산기술협력위(DTICC), 군수협력위(LCC)〕의 활동을 긍정적으로 평가하였다. 양 장관은 방산기술협력위의 공동위원장을 양국 차관급으로 격상시킴으로써 위상이 제고된 것에 주목하였다. 또한 양 장관은 동맹이 발전되어 나감에 따라 SCM 분과위원회의 구조가 현재의 필요성에 부합되도록 검토·조정되어야 한다고 인식하면서, SPI가 제39차 SCM에서 검토할 건의사항을 작성해나간다는 데 동의하였다.

14. 양 장관은 제38차 SCM과 제28차 MCM이 동맹조정 관련 현안들에 대한 심도 있는 협의와 한미동맹 발전 관련 연구과제들에 대한 합의를 통해 미래지향적 한미동맹으로의 지속적 발전에 중요한 기여를 하였다는 데 동의하였다. 양 장관은 제39차 SCM을 2007년 양측이 편리한 시기에 서울에서 개최하기로 합의하였다.

제39차 SCM 공동성명(2007년 11월 7일 서울)

1. 제39차 한·미 안보협의회의가 2007년 11월 7일 서울에서 개최되었다. 이 회의는 김장수 한국 국방부장관과 로버트 게이츠 미국 국방부장관이 공동 주최하였으며, 양국의 국방 및 외교 분야의 고위 관계관들이 참석하였다. 이 회의에 앞서 2007년 11월 6일 한국 합참의장 김관진 대장과 미국 합참의장 마이클 멀린 대장은 제29차 한·미 군사위원회 회의를 주재하였다.

2. 게이츠 장관은 대테러전쟁에 대한 한국의 지속적 지원에 대해 사의를 표명하고, 이라크, 아프가니스탄 파병을 통한 한국의 기여와 이라크 및 아프

가니스탄 국민들의 자유 증진에 있어서의 한국군의 역할을 강조하였다. 양 장관은 향후 계획에 대해 검토하였으며, 범세계적인 테러와의 전쟁에 있어 양국 간 긴밀한 협력이 한·미동맹을 지속적으로 강화시킬 것이라는 데 의견을 같이하였다.

3. 양 장관은 「2007 남북정상회담」에서 이루어진 남북관계 진전을 환영하였다. 김장수 장관은 금번 정상회담에서 남과 북이 한반도의 긴장완화를 위해 협력하기로 하였고, 이와 관련 군사적 신뢰구축 조치 협의를 위해 남북 국방장관 회담을 개최키로 하였음을 설명하였다. 양 장관은 한미동맹이 한반도 및 역내 평화와 안정에 지속적으로 기여해나갈 것이라는 데 동의하였고, 이와 관련 긴밀히 협의하고 조율해나가기로 하였다.

4. 양 장관은 6자회담의 재개와 9·19 공동성명 이행의 진전을 환영하였다. 양 장관은 북한이 모든 핵무기와 현존하는 핵 계획을 포기하고 조속한 시일 내에 핵확산 금지조약(NPT)과 국제원자력기구(IAEA)의 안전조치에 복귀하기로 합의한 9·19 공동성명의 완전한 이행을 통해 북한의 조속하고 완전한 비핵화, 한반도 평화 정착 및 동북아의 평화·안보가 증진될 수 있도록 양국이 공동 노력해나가기로 한 점을 높이 평가하였다. 또한, 양 장관은 북한의 대량살상무기 및 장거리 미사일의 지속적인 개발과 확산의 위험이 한미동맹에 대한 도전이라는 점에 인식을 같이하였다.

5. 양 장관은 주한미군의 주둔을 포함하여 한미동맹이 계속해서 한반도의 안보와 동북아 지역의 안정을 보장한다는 데 동의하였다. 게이츠 장관은 미국의 핵우산 제공을 통한 확장억제의 지속을 포함하여 한미상호방위조약에 따른 미국의 한국에 대한 굳건한 공약과 즉각적인 지원을 보장하였다. 김장수 장관도 평화 및 안보의 보존을 위한 상호방위공약을 재확인하였다.

6. 양 장관은 「한·미 안보정책구상(SPI)」 협의 결과를 보고받았으며, 전시 작전통제권 전환, 주한미군 기지 이전 등 관련 현안들이 한·미 간 긴밀한 협의를 통해 원만하게 추진되고 있는 점에 대해 만족을 표명하였다. 양 장관은 지난 3년간의 성과를 바탕으로 2008년 이후에도 SPI 협의를 지속하기로 합의 하였다.

7. 양 장관은 지난 2003년 이래 양국이 주한미군 기지 이전 및 재배치, 전시작 전통제권 전환, 전략적 유연성 등 동맹현안을 원만히 해결함으로써 변화하는 안보 환경과 양국의 미래 안보 수요에 부합하도록 한미동맹을 강화하고 변환 해나가고 있다는 데 의견을 같이하였다. 양 장관은 한미동맹이 미래의 양국 이익에도 긴요하며, 한반도의 안정과 동북아의 평화를 위해서는 확고한 연합 방위태세가 유지되어야 한다는 데 동의하였다. 양 장관은 한·미 연합군사력이 최상의 준비태세를 유지하고 지속적으로 강화되어야 한다는 확고한 의지를 표명하였다.

8. 양 장관은 금년 2월 23일 한·미 국방장관회담 시 전시작전통제권을 2012 년 4월 17일부로 전환하기로 합의한 이후 진전된 상황을 점검하였다. 양 장관은 2007년 6월 28일 한국 합참의장과 주한미군 선임장교가 전시작전통 제권 전환 이행을 위한 전략적 전환계획에 합의한 이후 이행에 실질적이고 중요한 진전이 있어왔음을 높이 평가하였다. 게이츠 장관은 이러한 양국의 노력을 바탕으로 한반도 전쟁억제 및 연합방위태세를 유지하는 가운데 전시 작전통제권 전환이 추진될 것임을 보장하였으며, 한국이 충분한 자주적 방위 역량을 갖출 때까지 미국이 상당한 지원전력을 지속 제공할 것임을 확인하였 다. 또한 게이츠 장관은 동맹이 지속되는 동안 미국이 연합방위를 위해 미국 고유의 전력을 계속 제공할 것이라는 점에 유의하였다. 양 장관은 전시작전통 제권 전환이 한반도에서의 전쟁 억제력을 강화시킬 것이라는 점에 공감하면

서 전시작전통제권 전환과 관련하여 합의된 과제와 추진일정을 준수할 것임을 확약하였다. 또한, 양 장관은 상호긴밀한 협력하에 전시작전통제권 전환을 통해 수립될 새로운 한국 주도-미국 지원의 지휘관계에 기초한 새로운 작전계획을 발전시키고 확고한 준비태세 유지를 위한 연합연습계획을 강력히 추진해나가기로 하였다.

9. 양 장관은 고위급실무회의를 통해 정전관리 책임 조정을 위한 로드맵에 합의한 점을 높이 평가하고 진전사항에 만족을 표명하였다. 양 장관은 합의된 로드맵에 따라 유엔사와 한국군 간 정전관리 책임 조정을 2012년 전시작전통제권 전환 이전에 완료하기로 합의하였다.

10. 양 장관은 주한미군 기지이전 및 반환이 진전되고 있는 점에 대해 만족을 표명하였다. 게이츠 장관은 이와 관련하여 한국정부가 기울여준 적극적인 노력에 대해 사의를 표명하였다. 양 장관은 기지이전 및 반환의 진전을 위해 공동 노력하기로 하였다.

11. 양 장관은 직도 사격장 현대화가 성공리에 완료되어 한·미 공군의 훈련여건을 보장하는 데 기여하고 있다는 점에 주목하였다. 양 장관은 주한미군의 충분하고도 지속적인 훈련여건 보장이 연합준비태세를 위해 중요하다는 점을 인식하면서 훈련여건 개선을 위해 양국이 지속적으로 노력해나가기로 합의하였다.

12. 양 장관은 '07~'08년간 적용될 방위비 분담금 협상 타결을 환영하면서, 방위비 분담이 한반도에서의 연합방위능력 강화에 기여하고 있음을 평가하였다. 게이츠 장관은 한국이 주한미군 주둔비용 분담을 위해 기여하고 있는 데 대해 사의를 표명하였다. 양 장관은 현행 방위비 분담제도를 개선해나가기

로 합의하였으며 이를 위한 협의를 계속해나가기로 하였다.

13. 양 장관은 한국의 FMS(대외군사판매) 지위 향상이 양국 간 방산협력 증대 및 한·미 연합방위력 제고에 기여할 것이라는 데 유의하면서, 지난 7월 미 의회에서 발의된 한국의 FMS 지위 향상 관련 법안에 대해 강력한 지지를 표명하였다.

14. 양 장관은 SCM분과위원회〔안보협력위(SCC), 방산기술협력위(DTICC), 군수협력위(LCC)〕의 활동을 긍정적으로 평가하였다. 또한 양국 간 동맹국을 위한 전쟁비축물자(WRSA-K)관련 협상이 계속 진행되고 있음을 주목하면서 내년도에는 양측 간 동맹국을 위한 전쟁비축물자(WRSA-K)협정을 체결하고, 그 결과를 제40차 한·미 안보협의회의에 보고하도록 권고하였다.

15. 양 장관은 제39차 SCM과 제29차 MCM이 동맹 관련 현안들에 대한 심도 있는 협의를 통해 한미동맹을 더욱 공고히 하는 한편, 미래지향적, 포괄적, 역동적, 호혜적 동반자 관계로의 지속적 발전에 중요한 기여를 하였다는 데 동의하였다. 양 장관은 제40차 SCM을 2008년 양측이 편리한 시기에 워싱턴 D.C.에서 개최하기로 합의하였다.

참고문헌

국문 논문 및 기고문

김계동. 2001. 「한미동맹관계의 재조정: 동맹이론을 분석틀로」. ≪국제정치논총≫, 제41집 2호.

김성한. 2005. 「2020 미중일 삼각관계와 동북아 안보: 미국의 시각」. 이태환 엮음.『한국의 국가전략 2020: 동북아 안보협력』. 세종연구소.

______. 2008. 「차기 정부의 북핵 및 한미동맹 정책 전망과 과제」. 한국국방안보포럼 토론회 발표문(2008. 1. 24.).

남창희 외. 2004. 「주한미군 재배치와 한미동맹의 안보 딜레마」. ≪21세기 정치학회보≫, 14권 2호.

문장렬. 2005. 「주한미군의 전략적 유연성과 한·미 군사협력 관계의 미래」. ≪전략연구≫, 34호.

박원곤. 2006. 「한미의 전략적 유연성 합의에 대한 평가」. KIDA 동북아안보정세분석(2006. 2. 23.).

박건영. 2006. 「한반도 평화체제 구축을 위한 동북아 다자간 안보협력 전략」. ≪한국과 국제정치≫, 제22권 제1호(2006년 봄).

커밍스, 브루스 1999. 「한반도문제의 포괄적 해법을 위하여」. ≪통일시론≫, 1999년 가을호.

서동만. 2006. 「한미관계와 북핵문제의 상관관계」. ≪코리아연구원 현안진단≫, 48호(2006. 10. 4.). http://knsi.org/knsi/admin/work/works/iss48_sdm061004.pdf.

서재정. 2004. "미국의 세계전략과 한미동맹관계의 변화". ≪희망세상≫, 2004년 7월호.

신욱희. 2001. 「한미동맹의 내부적 역동성: 분석틀의 모색」. ≪국가전략≫, 제7권 2호(2001년 겨울).

이삼성. 2003. 「한미동맹의 유연화를 위한 제언」. ≪국가전략≫, 제9권 제3호(2003년 가을).

______. 2006. 「동아시아-대분단체제와 공동체 사이에서」. 5·18민중항쟁 제26주년 기념 국제학술대회 자료집(2006. 5. 23~24.).

이상현. 2006. 「한반도 평화체제와 한미동맹」. ≪한국과 국제정치≫, 제22권 제1호(2006년 봄).

이혜정. 2003. 「한미동맹의 변화」. 제2차 한국학술연구원 코리아 포럼: 한반도 평화체제 구축을 위한 우리의 전략 발표논문.

장노순. 1996. 「교환동맹모델의 교환성: 비대칭 한미안보동맹」. ≪국제정치논총≫, 제36집

1호.

전재성. 2000. 「탈냉전과 동맹이론」. 2000년 한국정치학회 연례학술회의 발표 논문.

______. 2004. 「동맹이론과 한국의 동맹정책」. ≪국방연구≫, 제47권 제2호.

정재호. 2000. "중국의 부상, 미국의 견제, 한국의 딜레마". ≪신동아≫, 2000년 10월호.

하영선 외. 2006. 『한미동맹 로드맵: 한미동맹의 비전과 과제』. 동아시아연구원.

함택영. 2003. 「한국 국방정책의 도전과 선택」. ≪한국과 국제정치≫, 제19권 4호.

허만섭. 2007. "미국 국방부 '아시아-태평양 총괄' 리처드 롤리스가 밝힌 한미동맹의 진실".
　　　≪신동아≫, 2007년 8월호.

황일도. 2005. "'이종석 체제' 2년 막전막후". ≪신동아≫, 2005년 7월호.

______. 2007. "대통령 '노사모 발언'으로 확인된 '전략적 유연성 합의' 난맥상". ≪신동아≫,
　　　2007년 1월호.

______. 2008. "이명박 정부 MD 참여 구상 정밀분석". ≪신동아≫, 2008년 3월호.

국문 단행본 및 자료

강정구 외. 2005. 『한미관계 새판짜기』. 한울.

국가안전보장회의(NSC). 2004. 『참여정부의 안보정책 구상: 평화번영과 국가안보』(2004.
　　　3.).

______. 2006. 「'전략적 유연성' 합의 관련 청와대 입장」(2006. 2. 3.).

국방부. 2001. 『군비통제자료 30』(2001. 12.).

______. 2003. 『참여정부의 국방정책』(2003. 7.).

______. 2005. 『국방개혁 2020, 이렇게 추진합니다』.

김우상. 2007. 『신한국책략 II: 동아시아 국제관계』. 나남.

동용승 외. 2008. 「한반도안보지수(KPSI) 1/4분기 조사결과」. 삼성경제연구소(2008. 3.
　　　25.).

외교부·NSC 사무처. 『'전략적 유연성' 관련 설명 자료』(2006. 1. 22.).

우철구·박건영 엮음. 2004. 『현대 국제관계이론과 한국』. 사회평론.

전국경제인연합회. 2003. 「이라크 파병의 경제적 효과」(2003. 10. 27.).

정욱식. 2005. 『동맹의 덫: 지독한 역설, 두 개의 코리아와 미국』. 삼인.

조성렬 외. 2003. 『주한미군: 역사, 쟁점, 전망』. 한울.

참여연대 평화군축센터. 2008. 「이명박 정부의 '글로벌 코리아' 구상에 대한 비판적 검토와
　　　제언」(2008. 2. 20.).

최재천 의원실. 2006. 『주한미군 전략적 유연성 협의 추진 방안: NSC 상임위 논의 내용』.
　　　2005년 12월 29일 회의 자료(2006. 2. 1. 공개).

하버드대학교 케네디스쿨 엮음. 1998. 『한반도 운명에 관한 보고서』. 서재경 옮김. 김영사.

기타(국내 언론 및 웹사이트)

《경향신문》

《국민일보》

《동아일보》

《문화일보》

《세계일보》

《중앙일보》

《한겨레》

《연합뉴스》 http://www.yonhapnews.co.kr/

《오마이뉴스》 http://www.ohmynews.com/

《프레시안》 http://www.pressian.com/

<국정브리핑> http://news.go.kr/

권영길 의원실 http://www.ghil.net/

국방부 http://www.mnd.go.kr/

노회찬 의원실 http://nanjoong.net/

참여연대 http://www.peoplepower21.org/

청와대 http://www.president.go.kr/

평화네트워크 http://www.peacekorea.org/

영문 논문 및 기고문

Armitage, R. L. et al. 2000. "The United States and Japan: Advancing Toward a Mature Partnership." *INSS Speaceal Report*, October 11, 2000.

Brzezinski, Z and J. J. Mearsheimer. 2005. "Clash of the Titans." *Foreign Policy*, January/February 2005.

Campbell, K. M. 2004. "The End of Alliances? Not So Fast." *The Washington Quarterly*, Spring 2004.

Feinstein, L. and A. Slaughter. 2004. "A Duty to Prevent." *Foreign Affairs*, January/February 2004.

Flournoy, M. A. 2006. "Did the Pentagon Get the Quadrennial Defense Review." *The Washington Quarterly*, Spring 2006.

Hamm, Taik-Young. 2006. "The Self-Reliant National Defense of South Korea and the Future U.S-Korea Alliance". Seoul-Washington Forum Co-hosted by The Brookings Institution and The Sejong Institute(May 1-2, 2006).

Ikenberry, J. 2003. "Strategic Reactions to American Preeminance: Great Power Politics in the Age of Unipolarity." a Conference Report, National Intelligence Council(July 27, 2003).

Kissinger, H. 2006. "Denuclearizing North Korea." *Washington Post*, November 12, 2006.

Klaus, J. D. 2004. "U.S. Military Overseas Basing: Background and Oversight." *CRS Report*, November 17, 2004.

Kohut, A. 2006. "Bush's Concern Over Isolationism Reflects More Than Just Rhetoric." Rew Research Center for the People & Press(February 3, 2006).

Lawless, R. P. 2006. "The US-ROK Alliance." Statement to the House International Relations Committee(September 27, 2006).

Lamb, C. J. 2005. *Transforming Defense*. Washington D.C.: National Defense University Press.

Laporte, L. J. 2004. Testimony on the Fiscal Year 2005 National Defense Authorization budget request from the Department of Defense(March 31, 2004).

______. 2005. Testimony on the Fiscal Year 2006 National Defense Authorization budget request from the Department of Defense(March 8, 2005).

Leach, J. A. 2006. Hearing on "US-ROK Relations: An Alliance at Risk?"(September 27, 2006).

Lim, Wonhyuk. 2007. "Economic Consequences of ROK-U.S. Seperation." Nautilus Policy Forum(Novber 27, 2007).

Jonathan, M. 2005. "The Roots of the Bush Doctrine: Power, Nationalism, and Democracy Promotion in U.S. Strategy." *International Security*, Spring 2005.

Morgan, P. M. 2006. "The US-ROK Alliance: An American View." The US-Korea Relations in the 21st Century: Challenges and Prospects, ICKS-KAUPA-SIGUR Annual Conference 2006(October 6-8, 2006).

Niksch, L. A. 1994. "South Korea: U.S. Defense Obligations." *CRS Report*, April 1, 1994.

O'Hanlon, M. 2005. "A New Alliance." The Changing Korean Peninsula and the Future of East Asia, 2005 CNAPS Forum to Hold Series of Panel Discussions in Seoul(December 1, 2005).

Przystup, J. J. 2004. "Military Transformation: Enhancing Capabilities and Commitment." *INSS Special Report*, March 2004.

Menon, R. 2003. "The End of Alliance." *World Policy Journal*, Summer 2003.

Rice, C. 2000. "Promoting the National Interest." *Foreign Affairs*, January/February 2000.

______. 2006. "Transformational Diplomacy." Georgetown University(January 18, 2006). http://www.state.gov/secretary/rm/2006/59306.htm.

Park, Kun Young. 2005. "A New U.S.-ROK Alliance: A Nine-Point Policy Recommendation for a Reflective and Mature Partnership." *CNAPS Working Paper Series*, September, 2005.

Sherman, J. 2006. "Rumsfeld Summons Top Brass for QDR Talks." *InsideDefense.com*, January 4, 2006.

Starobin, P. 2006. "Beyond Hegemony." *National Journal*, December 1, 2006.

Steel, R. 2007. "An Iraq Syndrome?" *Survival*, Spring 2007.

Weaver, Teri. 2006. "Transformation in South Korea making 'More Capable'." *Stars and Stripes*, February 14, 2006.

영문 단행본 및 자료

Armacost, M. and D. Okimoto(ed.). 2004. *The Future of America's Alliances in Northeast Asia*. Stanford, Calif.: Asia-Pacific Research Center.

Bell, B. B. 2006. Prepared Testimony before the Senate Armed Services Committee on U.S. Pacific Command Posture(March 7, 2006).

Bell, B. B. and S. Finley. 2007. "South Korea Leads the Warfight." *Joint Force Quarterly*, 4th Quater, 2007.

Department of Defense. 1993. *Report on the Bottom-up Review*, October 1993.

______. 1997. *Quadrennial Defense Review*, May 1997.

______. 2001. *Quadrennial Defense Review*, September 30, 2001.

______. 2003. *Transformation Planning Guidance*, April, 2003.

______. 2004. *REPORT TO CONGRESS: Strengthening U.S. Global Defense Posture*, September 17, 2004.

______. 2006. *The National Defense Strategy of The United States of America*, March 2006.

______. 2006. *Quadrennial Defense Review*, February 2006.

Fallon, W. J. 2006. *Prepared Testimony before the Senate Armed Services Committee on U.S. Pacific Command Posture*, March 7, 2006.

Feith, D. 2003. "Transforming the U.S. Global Defense Posture." Speech hosted by CSIS(December 3, 2003). http://www.csis.org/features/031203feith.pdf.

Hill, C. 2006. "The US-ROK Alliance." Statement to the House International Relations Committee(September 27, 2006).

Institute for Foreign Policy Analysis. 2004. *Coordinating Regional Strategies for a WMD-Free Korean Peninsula*. IFPA's Workshop(Februray 20, 2004).

Jung, Sung-Ki. 2008. "CFC Role for South Korea's Lee." *Defense News*, March 24, 2008.

Pollack, J. D. and Cha, Young Koo. 1995. *A New Alliance for the Next Century: The Future of U.S.-Korean Security Cooperation*. Santa Monica: RAND.

Project for the New American Century. 2000. "Rebuilding America's Defenses." *A Report of The Project for the New American Century*, September 2000.

Rumsfeld, D. H. 2001. Prepared Testimony to the Senate Armed Services Committee (June 21, 2001).

______. 2002. "Transforming the Military." *Foreign Affairs*, May/June 2002.

White House. 2002. *The National Security Strategy of The United States of America*, September 2002.

______. 2006. *The National Security Strategy of The United States of America*, March 2006.

기타(외국언론 및 웹사이트)

Los Angeles Times(미국)

Independent(영국)

Reuter(프랑스)

People's Daily(중국)

The Baltimore Sun(미국)

The Guardian(영국)

The New York Times(미국)

Washington Post(미국)

미국 국방부 http://www.defenselink.mil/

미국 해병대 http://www.usmc.mil/

미국 태평양 사령부 http://www.pacom.mil/

Global Security http://www.globalsecurity.org/

PBS http://www.pbs.org/

지은이 **정 욱 식**은 1990년대 후반 북한의 대기근과 남한의 IMF 사태를 보면서 한반도 주민들의 고통을 덜 수 있는 방법을 고민하게 되었다. 그 방법 가운데 하나로 군사비 축소를 생각했고, 이것이 1999년 9월 대학 졸업과 동시에 평화네트워크를 만들어 평화 연구와 운동에 뛰어든 계기였다. 그리고 지난 9년의 시간은 한반도 평화군축이 얼마나 어려운 일인가를 절실히 깨닫는 과정이었다. 아직 젊은 만큼, 긴 호흡을 가지고 이 목표를 향해 정진하고 싶다.

고려대학교 정치외교학과를 졸업하고 2007년 경남대학교 북한대학원에서 북한학 석사 학위를 받았다. 2006년 9월부터 2007년 8월까지는 '제국의 심장부'인 미국 워싱턴에 있는 조지워싱턴 대학에서 객원연구원으로 있었다. 현재 평화네트워크 대표로 일하면서 인터넷 신문 오마이뉴스 평화·통일문제 담당기자를 부업으로 삼고 있다.
저서로는 『북핵, 그리고 그 이후』(공저, 2007), 『동맹의 덫: 지독한 역설, 두 개의 코리아와 미국』(2005), 『북핵, 대파국과 대타협의 갈림길』(2005), 『2003년 한반도의 전쟁과 평화: 부시의 예방 전쟁과 노무현의 예방 외교』(2003), 『미군 없는 한국을 준비하자』(2000), 『한반도 시나리오』(2004), 『미사일방어체제 MD』(2003), 『한반도의 선택: 부시의 MD 구상, 무엇을 노리나』(공저, 2001) 등이 있다.

21세기의 한미동맹은 어디로?

ⓒ 정욱식, 2008

지은이 • 정욱식
펴낸이 • 김종수
펴낸곳 • 도서출판 한울
편집책임 • 김경아
편집 • 배은희

초판 1쇄 인쇄 • 2008년 4월 14일
초판 1쇄 발행 • 2008년 4월 21일

주소 • 413-832 파주시 교하읍 문발리 507-2(본사)
121-801 서울시 마포구 공덕동 105-90 서울빌딩 3층(서울 사무소)
전화 • 영업 02-326-0095, 편집 02-336-6183
팩스 • 02-333-7543
홈페이지 • www.hanulbooks.co.kr
등록 • 1980년 3월 13일, 제406-2003-051호

Printed in Korea.
ISBN 978-89-460-3906-3 93340

* 가격은 겉표지에 있습니다.